中世禅の知

末木文美士 監修
榎本 渉・亀山隆彦・米田真理子 編

臨川書店

扉図　栄西の花押『因明三十三過記』紙背
真福寺宝生院（大須観音）蔵

目次

第Ⅱ部

目次

目　次

主要関連人物一覧

＊本書に多く登場する人物名の読み、生没年、別称を五十音順に掲載した。

栄西〔明庵、葉上(用浄)房、千光国師〕	えいさい(ようさい)	一一四一—一二一五
叡尊	えいそん(えいぞん)	一二〇一—一二九〇
懐奘〔孤雲〕	えじょう	一一九八—一二八〇
圜悟克勤	えんごこくごん	一〇六三—一一三五
延寿〔永明〕	えんじゅ	九〇四—九七六
円珍	えんちん	八一四—八九一
円爾〔弁円、東福円爾、聖一国師〕	えんに	一二〇二—一二八〇
覚晏〔仏地房〕	かくあん	？—？
覚心〔無本、心地房〕	かくしん	一二〇七—一二九八
空海	くうかい	七七四—八三五
九条道家	くじょうみちいえ	一一九三—一二五二
瑩山紹瑾	けいざんじょうきん	一二六四—一三二五
後鳥羽天皇	ごとばてんのう	一一八〇—一二三九
最澄	さいちょう	七六六／七六七—八二二
寂雲〔嶺翁〕	じゃくうん	—一二九三—一三三九—
宗峰妙超〔大燈国師〕	しゅうほうみょうちょう	一二八三—一三三八
宗密〔圭峰〕	しゅうみつ	七八〇—八四一

主要関連人物一覧

拙庵徳光〔仏照禅師〕	せったんとっこう	一一二一—一二〇三
尊賀	そんが	?—?
大慧宗杲	だいえそうごう	一〇八九—一一六三
達磨	だるま	?—五三〇?
癡兀大慧〔大恵、仏通禅師〕	ちこつだいえ	一二二九—一三一二
重源〔俊乗房〕	ちょうげん	一一二一—一二〇六
道元	どうげん	一二〇〇—一二五三
南浦紹明〔大応国師〕	なんぽ(なんほ)じょうみょう(じょうみん)	一二三五—一三〇八
如浄〔長翁、天童如浄〕	にょじょう	一一六二—一二二七
能信	のうしん	一二九一—一三五四
能忍〔大日房〕	のうにん	?—?
白隠慧鶴	はくいんえかく	一六八六—一七八九
無準師範	ぶじゅん(ぶしゅん)しはん(しばん・しぱん)	一一七七—一二四九
北条時宗	ほうじょうときむね	一二五一—一二八四
法然	ほうねん	一一三三—一二一二
明恵〔高弁、栂尾上人〕	みょうえ	一一七三—一二三二
無学祖元	むがくそげん	一二二六—一二八六
無住道暁〔無住一円〕	むじゅうどうぎょう	一二二七—一三一二
夢窓疎石	むそうそせき	一二七五—一三五一
文観弘真〔文観房〕	もんかんこうしん	一二七八—一三五七
蘭渓道隆〔大覚禅師〕	らんけいどうりゅう	一二一三—一二七八

序章　中世禅の形成と知の交錯

末木文美士

中世禅への新視角

本書は、臨川書店から刊行された『中世禅籍叢刊』一二冊（二〇一三―一八）〔以下、『叢刊』と略す〕及び同別巻『中世禅への新視角――『中世禅籍叢刊』が開く世界』（二〇一九）の成果に基づき、それを広い視野から検証するとともに、さらにそこから展開する中世禅の多様な世界を見通し、専門外の方にも共有していただくことを目的として編纂された。

『叢刊』は、もともと名古屋市中区にある真言宗智山派別格本山北野山真福寺宝生院の大須文庫所蔵聖教の調査から出発している。真福寺聖教は、阿部泰郎名古屋大学教授（現、同名誉教授・龍谷大学教授）を中心として調査研究が進められ、すでに『真福寺善本叢刊』第一期一二冊、第二期一三冊（臨川書店、一九九八―二〇〇六）として出版された。第三期・神道篇全四冊（二〇一九―二一）も近く完結予定である。その間、悉皆調査が進められる中で、とりわけ栄西の自筆書状の発見（二〇〇三）が大きなきっかけとなって、禅に関する写本がかなりあることが分かってきた。中でも、栄西の著作『改偏教主決』『重修教主決』、ならびに達磨宗関係の『禅家説』の断簡が多数見つかり、それらから原型を復元できたことが大きな弾みとなって、禅に関係する多数の写本を精査することになった。

こうして解明されてきた真福寺本に加えて、同時代の横浜市称名寺所蔵・神奈川県立金沢文庫管理の禅籍をあわせ、さらに他からも善本を選んで編纂されたのが、『叢刊』であった。その構成は、1・栄西集、2・道元集、3・達磨宗、4・聖一派、5・無住集、6・禅宗清規集、7・禅教交渉論、8・中国禅籍集1、9・中国禅籍集2、10・稀覯禅籍集、11・聖一派続、12・稀覯禅籍集続となっている。別巻は、『叢刊』の成果を論文集としてまとめたものである。

このように、『叢刊』は中世禅の幅広い領域にわたり、新資料を多く影印・翻刻して紹介することができた。それによって、従来の中世禅の見方を大きく変えることになった。とりわけ、栄西・達磨宗・聖一派について、次のようなことが明らかになった。

まず、栄西については、『改偏教主決』『重修教主決』の発見により、栄西の密教僧としての活動と思想が明らかになった。また、発見された栄西の自筆書状はすべて東大寺勧進職時代のものであり、晩年の活動が知られる。そうなると、従来の臨済禅の請来者としての栄西像は大きく修正が必要となり、密教僧として、また南都復興者としての栄西という面が重要であることが分かる。栄西にとっての禅は、それらと調和するものでなければならない。それに伴って、栄西を「禅宗」の請来者とする評価も再検討する必要がある。確かに『興禅護国論』では、「禅宗」の公認を求めているが、その場合の「禅宗」は今日考えるようなセクト的なものではなく、他の諸宗と兼修が可能である。禅宗は他の諸宗・諸行と一緒になることでその役割を果たすと考えられるのである。

次に、いわゆる「達磨宗」についてては、かつて称名寺聖教から関連資料が発見されて大きく研究が発展したが、近年はやや研究が停滞していた。その中で、真福寺の断簡から『禅家説』（原題不明）が復元されたことにより、新たな光が当てられることになった。第一に、能忍が尼無求の援助で黄檗の『伝心法要』を出版していたことが分かり、能忍における禅籍の扱い方や出版との関わりが分かったこと、第二に、仮名法語で女性への布教を行なっていたことなど、いわゆる達磨宗の新しい面が知られるようになった。さらに『叢刊』完成後に、舘隆志氏によって金沢文庫から「達磨宗」二祖の覚晏の著作が発見された。これは、唯識に関するもので、達磨宗における教学研究が知られる重要な著作である。また、覚晏の弟子の懐弉らが道元の門下に入ったので、道元研究の上でも大きな意味を持っている（本書第Ⅱ部の舘氏「達磨宗新出史料『心根決疑章』の発見」参照）。

達磨宗に関しては、はたしてこの呼称が能忍一派の呼称として適切かどうかという問題が古瀬珠水氏によって提起されてきた（本書第Ⅱ部の古瀬氏の論考参照）。おそらく氏の指摘のように、「達磨宗」は特定の教団の呼称ではなく、「禅宗」と同義と取るべきであろう。この問題は、栄西における「禅宗」とも関わる問題であり、当時の「宗」とは何かが改めて問われることになる。

聖一派に関しては、真福寺の開山能信が継承した大須三流のうちの安養寺流が、円爾の弟子癡兀大慧（仏通禅師）に由来することから、真福寺には癡兀関係の資料が多数蔵されている。もともと円爾は入宋して無準師範の法を継いだが、その一方で台密の研究や実践を晩年まで続けていた。癡兀は円爾からこの禅と台密を受け継ぐとともに、独自に東密のとりわけ醍醐寺三宝院流を継承しているために、その思想は非常に錯綜して、複雑なものになっている。『叢刊』には、円爾・癡兀関係の多数の著作を影印・翻刻により収録したが、それでもまだ不十分であり、今後に残されている。しかし、これまで刊行したものからも、密教を基軸としながら、そこに禅を入れ込んだ癡兀の思想は複雑なものがあることが知られ、さらに解明が必要とされる。なお、無住道暁は円爾に参禅したことで知られるが、真福寺から二十数葉に及ぶ円爾の講義の聞書の断簡が発見された。それらは『無住逸題聞書』として『叢刊』第三、一二巻に収録したが、円爾の思想をうかがう上でも注目される資料である。

このような聖一派の禅密一致思想は、一見するときわめて特殊な立場のように思われるかもしれない。しかし、一三世紀後半から一四世紀初めにかけて、京都では聖一派が最も有力な禅の潮流であったことを考えると、この聖一派の禅密一致論はむしろ当時のもっとも正統的な立場であったと考えられる。このような複合的な禅観が崩壊して、宗派化した「純粋禅」的な立場が確立するのは、夢窓疎石や宗峰妙超が活動する時代、即ち、一四世紀中葉に鎌倉幕府が崩壊し、南北朝期になってからのことと考えられる（本書第Ⅱ部所収のダヴァン氏の論考参照）。

以上、栄西、達磨宗、聖一派に関して、『叢刊』による新資料の解読によってもたらされた新しい知見の概略を紹介した。もちろんこれは『叢刊』の成果の一部であり、その他にもさまざまな新たな問題が提起されている。それに関しては、本書の各章をご覧いただきたい。この序章では、以下、思想史的な観点から、そもそも本書の表題ともなっている禅における「知」がどのように成り立つかという問題を中心に、いささかの検討を試みたい。そこから、中世禅の思想が、きわめて深い哲学的な議論を、しかも多面的に展開していることが知られるであろう。その展開は密教思想と深く関係しているのであり、単に当時勢力を持っていた密教と妥協した「兼修」ではなく、禅と密教は内的に深い必然的な関係を持つものと捉えられていたことが理解できよう。

ちなみに、本書では「中世禅」という時に、一二世紀から一四世紀初め頃まで、即ち、院政期から鎌倉期の中世前期を中心として考察を進める。中世後期には大きな転換があり、禅のみならず、仏教界全体が宗派化していくので、中世前期と必ずしも同一視することができない。以下、この序章では、当時の禅密関係論の中で最も深く探究されたテーマの一つである言語と真理の関係に焦点を当てて少し考えてみたい。それは、我々は世界の究極の真理をどこまで知ることができるのかという、まさしく禅と密教における「知」の問題に深く関わることになる。

禅と密教における言語と知

禅における言語と知

本書は『中世禅の知』というタイトルであるが、それに違和感を覚える方もあるかもしれない。「禅」は「不立文字、教外別伝」であり、そこには「知」は存在しないのではないのか。「知」を超えることこそ禅の目的ではないか。「不立文字」ということは、真理は言語によって表現される「知」の領域を超えているということであり、また、「教外別伝」というのは、仏陀によって教説として説かれた経典は方便に過ぎず、その外に仏陀の真意があるということである。言語化されない真理は体得する他ない。

もともと仏陀の悟りの境地は言語によって表現できるか、という問題は、大乗仏教においては早い時期から大きな問題となっていた。原始経典で四諦説などに纏められ、言語化されて整理されていた教説が、固定化することへの批判から、般若経典では否定的な表現が多用され、「一切法皆不可説」（『小品般若経』七、大正蔵八・五六六下）のように、事物の真実のあり方は言語によって把握できないという主張が至るところに見える。禅の「不立文字」はその系譜上に立ち、それを徹底したものである。

だが、だからと言って、「知」が否定されるわけではない。円爾の著作として知られている『十宗要道記』は、その最後が仏心宗（禅宗）であるが、そこには「霊知」という言葉や、「知の一字、衆妙の門」というフレーズが使われている。これは通常の言語表現を超えた霊妙な知と考えられる。このフレーズや「霊知」という言葉は、じつはもともとは圭峰宗密の『禅源諸詮集都序』に出てくる。宗密は、華厳宗第五祖とされるが、同時に荷沢宗の禅の継承者を自認する。荷沢宗は、六祖慧能の弟子荷沢神会（六八四―七五八）に由来するが、実質的な継承関係はなく、宗密が勝手に名乗ったものである。宗密は禅教一致論の立場に立ち、『都序』では禅を三宗に分け、他方、教学もまた三種類に分けて、次のように対応させる。

教の三種
- 密意依性説相教
  - 人天因果教
  - 断惑滅苦教
  - 将識破境教 ―― 息妄修心宗
- 密意破相顕性教 ―― 泯絶無寄宗
- 顕示真心即性教 ―― 直顕心性宗

禅の三宗
- 息妄修心宗
- 泯絶無寄宗
- 直顕心性宗

禅の三宗のうち、息妄修心宗は、妄想を断ずることで仏性を現わし悟りを求めるために、坐禅するというもの。北宗禅など。泯絶無寄宗は、すべては空であり、悟るべき仏もないというもの。石頭・牛頭・径山など。直顕心性宗はまた二つに分かれ、第一は「即今の語言動作、貪嗔慈忍、造善悪受苦楽等が、そのまま汝の仏性である」というものであり、「不断不修任運自在」のままが解脱だというものである。第二は「妄念本寂、塵境本空であり、空寂の心は、霊知不昧であり、この空寂の知が、汝の真性である」というものである。ここには明記されていないが、第一は馬祖系の洪州宗に該当し、第二は宗密自身の荷沢宗に該当すると考えられる。「知の一字、衆妙の門」という言葉も、この説明の中に出る（大正蔵四八・四〇三上）。

このように、通常の「知」を超えた霊妙な「霊知」は宗密によって禅に導入されたが、日本への影響は宗密から直接ではなく、智覚禅師永明延寿の『宗鏡録』を通している。『宗鏡録』が中世の日本禅に大きな影響を与えたことはよく知られており、本書第Ⅱ部の柳幹康氏の論考に適切に纏められている。私もいささか触れたので（『叢刊』別巻所収論文）、ここでは注意すべき点を少しだけ記すに留めたい。

第一に、『宗鏡録』の教禅一致、禅浄一致の立場は、確かに後代に大きな影響を与えたが、必ずしも当時の禅の主流的な流れとは言えないことである。宗密も当時実体のなかった荷沢宗を名乗ったように、必ずしも禅宗の主流とは言えない。延寿の場合も、宋代の禅では臨済宗の公案禅・看話禅が主流となる中で、傍系的な位置に押しやられる。『宗鏡録』の特異性は、宗密の霊知説を継承している点にも見られるが、他にも特殊な性格を持つ『釈摩訶衍論』（『釈論』）を活用していることも注目される。『釈論』は、契丹（遼）など、中国でも周縁的な非漢民族によって重視された。延寿には高麗の光宗が僧を派遣して弟子入りさせたとも伝えられ、中国周縁の非漢民族と深い関係を持っている。日本における『宗鏡録』の盛行もそれと関わるところがあるであろう。

第二に、日本での受容を見ると、達磨宗や聖一派で積極的に受け入れ、また、『教月要文集』のような天台系のテキストでも重視されているが、他方で道元などは受け入れていない。特に、道元は、後述のように「霊知」説に対する激烈な批判によって知られている。かつまた、『宗鏡録』が重視され、その「霊知」説が受容されたのは、一四世紀前半までで、後半になるとほとんど使われなくなることも注意される。

密教における言語と知

このように、宗密—延寿系の説く「霊知」は、絶対的な真理を認識する悟りの智慧と考えられるが、中世禅の「知」の問題は、さらに密教の問題が関わることで複雑化するとともに深められる。それでは、密教における知の問題はどのように扱われていたのであろうか。密教は大乗仏教よりもさらに深い真理を解明するというのであるから、それを知る知がどのようなものか、本当に究極の真理が人間に知られうるのかが、大きな問題となる。

この問題に対して、密教においては究極の真理を言語化して知ることができると表明したのが空海であった（藤井淳『空海の思想的展開の研究』、トランスビュー、二〇〇八参照）。それが法身説法説である。空海は『弁顕密二教論』において顕教と密教を対比する中で、顕教では表現できない究極の真理が密教では法身によって説かれると主張した。即ち、「応化の開説は名づけて顕教と曰う。言は顕略にして機に逗《かな》う。法仏の談話は之を密蔵と謂う。言は秘奥にして実説なり」（大正蔵七七・三七四下）と主張する。さらに、それを詳しくして、次のように言う。

如来の変化身は、地前の菩薩及び二乗凡夫等の為に三乗教法を説く。他受用身は、地上の菩薩の為に顕の一乗等を説く。並びに是れ顕教なり。自性・受用仏は自受法楽の故に自の眷属と各おの三密門を説く。之を密教と謂う。（同三七四下―三七五上）

仏身論としては、法身・報身・応身が広く知られているが、ここでは、自性身・受用身・変化身（応化身）の呼称が使われている。ひとまず自性身が法身、受用身が報身、変化身が応身に当ると考えてよい。そのうち、受用身がまた自受用身と他受用身に分かれる。即ち、以下のようになる。

変化身　――顕・三乗教法――地前（初地以前）の菩薩及び二乗凡夫のため

他受用身　　　　――顕・一乗教法――地上（初地以上）の菩薩のため

自性身・自受用身――密・三密門　――自受法楽と自の眷属のため

ここでは、密教の教説は自性身または自受用身の説法とされている。即ち、その説法は自分自身で楽しむためと、自ら作り出した内輪の眷属の為のものであり、最高位の菩薩でも理解できず、まして凡夫には到底近寄ることもできない世界である。密教の教えがそのように高度なものだとしたら、それは私たち衆生にとってどのような意味を持ち得るのだろうか。それは人間の言葉も知も及ばない世界であり、所詮は無意味ではないのか。

ここで、『即身成仏義』で展開される即身成仏思想が重要な意味を持ってくる。即身成仏して、修行者が仏になってしまえば、仏にしか理解できない自性身の教えも理解できることになる。それは禅の悟りと同じ構造であり、自ら仏と同格の位置に立つことができれば、最高の悟りの世界を理解する霊知に到達するのである。ただ、禅においてはそれは言語化できない「不立文字」の世界であるが（ただし、後述のように、公案のナンセンスな言語によっては表現される可能性がある）、密教においては『大日経』『金剛頂経』などの経典として言語化されるのである。

もっともこれらの経典は、ひとまず凡夫にも理解できるような言葉で表現されているように見えながら、そこに述べられた言葉の本当の内実の意味は、即身成仏して仏の境地に達していなければ理解できないのである。三密門と言われるように、身・語・意の三つのはたらきが仏のはたらきと一体化することによってはじめて到達されることになる。

空海の法身説法説はきわめて独創的なものであり、即身成仏説とセットになることで、世界の究極の真理に人間が到達しうる可能性を認める理論であった。その点では禅とも近いものである。しかし、独創的であるだけに、さまざまな問題を含んでいる。第一に、密教経典の解釈として適切なのかどうか、という問題がある。『大日経』の経文自体に空海の理解と異なるところがあり、それをどう解釈するかが、改めて中世に問題になる。本当に法身が説法するのであろうか。

第二に、空海はその法身説法説を証拠立てる文献として『釈論』を重用している。『釈論』は、馬鳴作とされる『大乗起信論』に対する龍樹の注釈ということになっているが、そもそも『起信論』は龍樹以後の如来蔵思想を軸とするもので、今日では中国で撰述されたものとされている。それに対して龍樹が注釈を書くということ自体があり得ないことで、内容的にも偽書であることは明白である。日本には奈良時代に伝わり、すでに淡海三船によって偽撰説が唱えられていた。空海は本書を重視し、法身説法説だけでなく、十住心の体系の形成においても活用している。この『釈論』が院政期に再び注目されることになる。本書は、はたして究極の真理を認識できるかという問題を正面から扱っている。その点がとりわけ聖一派において、密教と禅を結ぶ問題として改めて取り上げられることになる。

以下、これらの点を考慮しながら、中世の禅密論がどのように展開しているかをいささか考察したい。第一に、栄西の『改偏教主決』の議論を中心に考えてみる。栄西は尊賀という僧と、密教教主である大日如来がどのような性格であるかをめぐって論争した。それは改めて言葉と真理の関係を問い直すことになる。第二に、円爾の講義録を中心に、密教と禅の究極が言語との関係でどのように捉えられるかを考察してみる。最後に、言語に関して、彼らと異なったアプローチをする道元の場合を取り上げることにしたい。言語と真理をめぐって、中世の禅と密教は、このように多様な思想の展開を示しているのである。

中世禅における言語と知

法身は言語を用いるか——栄西・尊賀の教主論争

栄西は、二回入宋しているが（一一六八、一一八七—一一九一）、二回目の入宋の前は十年以上にわたって北九州を拠点に活動している。その間、密教に関する著作を多く著わしているが、とりわけ真福寺からの新出資料である『改偏教主決』（『改偏』）は、密教の教主に関する従来知られていなかった論争を伝え、真理と言語の問題に一石を投じている。

この論争は、原山（大宰府にあった寺）の天台僧尊賀との間で交わされたもので、何度も往復して、激烈な議論がなされた。しかし、本書及びその続編である『重修教主決』（『重修』）以外に関連する資料がなく、尊賀という僧についても、他ではまったく知られない。尊賀という名も『重修』になってようやく見えるもので、『改偏』では、「原山の僧」としか言われていない。

『改偏』によると、尊賀の最初の論難は四項目あるが、その第一が「真言教主自受用身」ということである。それに対して、栄西は真言教主は自性身であるとして、両者の間で激しい論争となった。

上述のように、空海は密教を自性身・自受用身の説法として、両者を分けていないが、その後の解釈の中で、自性身説法説が正統とされ、それに対して自受用身説法説はかなり特異な説と見られたようである。

尊賀の自受用説の根拠は、理論的には次のように説明される。

無相法身は真空冥寂にして説くこと無く、示すこと無しと雖も、而るに自受法楽の為に自性所成の内眷属・金剛手等に対して『大日経』『金剛頂経』等を説くなり。所以に、能加持の本地ビルサナ……自受用身の界会を示現し、自在神力を以て、三密を運勤して現身説法するなり。

（『叢刊』一、三八〇頁下）

即ち、法身は「真空冥寂」であって説法することができない。そこで、自受法楽の為に『大日経』や『金剛頂経』を説こうとして、本地のビルサナ（毘盧遮那＝大日）が自受用の姿を現わし、そうして創り出した眷属たちに現身説法するというのである。説法するためには、聴衆となる他者が必要である。そうして現出させた他者に対して説法するのであるから、自性身でなく、自受用身でなければならない、という論法である。

ここで、「加持」（adhiṣṭāna）という言葉が出てくる。仏の慈悲の力が衆生の信心と合致してはたらくことと説明されるが、この場合はむしろ法身たる仏が自らの法楽のために他者としての眷属を現わしだすはたらきと考えられる。そうなると、自性身自身は他者へのはたらきかけを持たない超越的なあり方になる。

この「加持」という言葉は、そもそも『大日経』の正式の名前が『大毘盧遮那成仏神変加持経』であるように、きわめて重要であり、『大日経』の冒頭は、「如是我聞。一時薄伽梵、如来加持広大金剛法界宮に住し、……」（大正蔵一八・一上）と始まっている。尊賀は、それに対する『大日経義釈』一の「薄伽梵は即ち毘盧遮那本地法身なり。次に如来と云うは。是れ仏加持身なり。……」（『続天台宗全書』密教一・五上。『大日経疏』一、大正蔵三九・五八〇上）を引いて、説法するのは加持によって現出した自受用身であることの文証としている。

この部分の解釈が後に問題となり、頼瑜（一二二六―一三〇四）によって加持身説法説が提示される。自性身自身ではなく、自性身から加持によって現わし出された加持身によって説法がなされるというのである。この説を主張する系統が後に新義真言宗と呼ばれるようになり、自性身説法説を維持する古義真言宗と対抗するようになって、真言宗は二分化される。尊賀の自受用身説法説はその先駆となるものと言うことができ、きわめて注目される。

それでは、それに対して栄西はどのように自性身説法説を主張するのであろうか。『改偏』では、巻四、五で多くの文証を挙げてこの問題を論ずるが、譬喩を使った説明が分かりやすい。尊賀は、自受用身説法を説明するのに、「例せば、神明の人に託して言説するは、神明に属すと雖も、然れども正しく言説する所は人の所為なるが如きなり。故に所現海会の聖衆、正しく是れ自受用身の界会なり」（『叢刊』一、三八〇頁下）という譬喩を用いている。即ち、神が人に憑依して語る場合、確かに神の託宣であっても、言葉を発するのは人間であり、その言葉は人間の言葉である。

ところが、栄西はこの尊賀の譬喩を逆手に取る。

一切の受用身、一切の変化身、一切の等流身の所説、皆自性身の教なり。譬えば神明の巫女に託して言説するを、正しくは巫女が口より出せども、実には神明の神力、応じて和光利物の不思議の教に同ずるなり。然かの如く受用より以来の説教、正しくは受用等の身口意の三密の所作なれども、実には自性能加持の神変の用なり。故に真言教主は自性身と云うなり。（同、三九〇頁上）

神が巫女に憑依して語ることは、確かに巫女の口から出る人間の言葉であるが、実は神の力で人々に伝えようとするのであるから、それは神の言葉と考えなければならない。それと同様に、受用身や変化身が説いたことであっても、実際は自性身の説いた言葉と考えなければならない、というのである。

このように、栄西の自性身説法説は、自受用身が言葉を用いていることを否定するわけではない。しかし、自受用身の説法が可能であるのは、自性身が能加持としてはたらくからであり、根本の主体は自性身のほうにある。尊賀の自受用身説法説では、自性身は「真空冥寂」であり、自受用身と切り離された自存的な絶対的なあり方になる。それに対して、栄西の自性身説法説は、自受用身の根拠となる自性身のはたらきに重点を置く見方となる。

このように見れば、両者の激しい論戦にもかかわらず、実のところ両者は相補的であるとも言える。根源の自性身のほうに重点を置くか、それとも加持により他者に理解できる言葉で語る自受用身のほうに重点を置くかという重点の置き方の問題となる。修行する人間の側から言えば、自性身と一体化することを求めるか、それとも仏に対して他者性を維持して、他者たる仏の言葉を聞くことに重点を置くかという相違になる。

栄西の自性身説法説が、その後の彼の禅の受容と結びつくかどうかについては、はっきりした証拠は出せない。しかし、根源である自性身そのものに至る「知」を認め、自性身と一体化することを目指すその方向は、禅の実践と相似的なところがあると考えることも可能である。他方、他者性に重点を置く尊賀の立場は、あえて言えば、他者的な仏を重視する浄土教に結び付くところがあるとも考えられる。栄西と尊賀の論争は、従来知られていなかったこともあり、その思想史的な意味は十分に解明されていないが、さまざまな面から今後の検討が必要と思われる。

言語を超えた究極とは何か——円爾における禅と密

聖一派における禅密関係は、円爾の弟子の癡兀大慧によって大きく展開したが、円爾自身に関しても、新出資料によってかなり明らかになってきた。聖一国師円爾は、入宋（一二三五—四一）して無準師範の法を継いだが、同時に晩年まで密教をも捨てていない。従来、禅密関係に言及した著作としては、『十宗要道記』が知られるのみであった。そこでは禅の優位が説かれていたので、円爾は禅を優位としながら、密教をも兼修したとされ、両者の内的な必然性は必ずしも明らかでなかった。しかし、真福寺から従来知られていなかった晩年の講義録が多く見つかり、『叢刊』に収録したので、そこから新たに円爾の思想をうかがうことができるようになった。

それらによると、円爾は単純に禅と密教の間に優劣関係を付けているわけではない。晩年近くの文永七年（一二七〇）から一一年（一二七四）には毎年『大日経』『同義釈』『瑜祇経』などの密教経典を講じている。また、臨終近くに弟子たちに灌頂を与えている。そうした点から見ると、最期まで密教を重視していたことが知られる。

それでは、禅と密教はどこまで世界の真理を明らかにすることができるのであろうか。これに関しては、既に、『叢刊』の第四、一一、一二巻の解題総説などにある程度論じてきたので、ここでは多少の修正と補足を含めて簡単に述べたい。この問題に関して、もっとも正面から論じているのは『大日経義釈見聞』（一二七〇。癡兀の筆録）である。本書の写本はきわめて保存状態が悪いので、比較的復元しやすく、かつ教判論など重要な問題を扱っている巻七、九のみ『叢刊』一二に収録した。なお、無住による『逸題無住聞書』断簡もやはり円爾の『大日経』に関する講義の聞書であり、しかも癡兀の筆録がない文永八年（一二七一）のものであることが分かっているが、ここでも禅密関係が立ち入って論じられている。

無住の聞書に、次のような図があり（『叢刊』五、四七八頁）、それが禅密関係を考える上で大きなヒントになる（『叢刊』四、解題・総説参照）。

一、今経重々大意図

無覚無成
無相菩提𑖀字義也
無知解々々　無教
真如理智
元旨非真言教

自證菩提真言教根本
一法界身　字相
一智身𑖀字也
能加持於不生際
無相也、布教発
実相真言教也。
内證

所加持
所現八葉中台○　皆自性会也

皆内證
三乗六通
已上果海
本地身

「三乗六通」は、三乗（声聞・縁覚・菩薩）が示す六神通で、密教的な顕現のもっとも低い段階と考えられる。次の「所現八葉中台」は、胎蔵曼荼羅の中台八葉院であり、曼荼羅に現出した大日如来である。それは、所加持であり、能加持の一智法身から現わされたものである。これが、通常は経典を説く教主と考えられるが、ここではもう一段上の法身のあり方が考えられている。即ち、それが「一智法身」であり、円爾の独創的な法身の捉え方である（水上文義『日本天台教学論』、春秋社、二〇一七）。そこでは、「自証菩提真言教根本」「一法界身」とされ、また、「能加持於不生際無相也。布教発実相真言教也」などと言われている。円爾の理解では、この「一智法身」が真言教を説く根本的な教主ということになるのであろう。

注目すべきは、さらにその上に「無相菩提」を立てていることである。これに関しては、「無覚無成」とされ、「無知解々々」「無教」「真如理智」「元旨非真言教」とされている。このことは、無住の聞書にさらに説明がある。即ち、そこでは、「真言教の極意は𑖀字なり。若し真如理智に直入すれば、是れ真言教に非ざるなり。無相にして相を現ず、不生にして生なり」（最後の句「不生而生ヨリ」とあり、読みにくい）と述べている（『叢刊』一二、六一六頁）。

これは、「非真言教」と言われているので、真言を超えた禅の境地を指すように見える。実際、無住はその後に圜悟の語を引いており、禅を指示することは明らかである。しかし、密教と無関係かというと、そうではない。あくまでも「真言教の極意」と言われているのであり、密教の究極の立場でもある。密教を究極まで突き詰めた「真言教の極意」では、もはや言語化された密教は超えられるのであり、それ故、「非真言教」と言われなければならない。

ここでは、その境地が「無覚無成」と言われているが、この語は『大日経疏』六に見える。「我覚本不生とは、謂く自心本より以来不生なるを覚れば、即ち是れ成仏す。而も実には無覚無成なり」（大正蔵三九・六四六中）と言われている（大久保良峻氏のご教示による）。従って、これも『大日経』あるいは『大日経疏』で説かれる範囲に属するのである。このことは、『義釈見聞』巻七、九を見るとさらに詳細に説かれている。それについては、『叢刊』一二の解題・総説に譲り、ここではこれ以上立ち入らない。

このように、円爾にあっては、密教の究極と禅の悟りとは一致するもので、密教で段階を追いながら最後に到達する世界に、禅は一挙に直入するのである。それ故、両者は優劣は付けられないが、手掛かりも何もなしに究極に突入しようとする禅はそれだけ難しく、その点では密教のほうが手掛かりが得やすいと考えられる。円爾が晩年に密教に力を入れて弟子たちを導いたのは、そのような理由によるものであったであろう。

いずれにしても、密教であれ、禅であれ、究極のところは言語化できず、体得する以外ない領域があることになる。言語による「知」の範囲は限定されている。言語で到達できないところにこそ、言語化される世界の根拠がある。最終的にはそこに到達しなければならない。このように見れば、円爾が決して表面的に密教と禅を結び付けて兼修しただけではないことは明らかである。両者は根底において深く結び付き、一体化しているのである。

ここで補足しておきたいのは、このような言語化できない究極の領域を問題化している文献として、すでに触れた『釈論』があり、この時代に広く用いられるようになっていたことである。『釈論』は、もともとは密教文献というわけではないが、空海が用いたことから、真言宗で研究されるようになった。しかも本書は契丹（遼）で重用され、それが院政期に日本に輸入されて、『釈論』研究を一段と盛り上げることになった。

癡兀が『釈論』を重視したことは、加藤みち子氏によって論じられている通りである（『叢刊』一二の『大日経義釈見聞』解題、ならびに『叢刊』別巻論文）。癡兀は、『釈論』に由来する有覚・無覚という根本概念を縦横に使っており、また、『釈論』に関する注釈書も書いているので、その重用ははっきりしている。しかし、円爾がそれを使っていたかどうかははっきりしない。前述のように、「無覚無成」の語は用いているが、その出典は『大日経疏』であり、有覚・無覚のような対では用いていない。ただ、東福寺栗棘庵所蔵印信群とともに伝来し、菊地大樹氏によって翻刻された『心生滅真如両門図』（『叢刊』別巻所収）は古い由来のもので、円爾と関係するものと考えられる。そこでは『起信論』解釈がすべて『釈論』に基づいてなされている。そうとすれば、円爾自身、あるいは癡兀以外の円爾門流でも『釈論』が用いられていた可能性は十分にあったと考えられる。

そこで、『釈論』について簡単に見ておきたい。『釈論』の基本構図は三十三種法門と言われる。それは、「所謂十六所入本法と十六能入門、及び不二摩訶衍」（大正蔵三二・六〇〇上）とされる。即ち、不二摩訶衍を除く三十二種は、それぞれ能入の門（修行者が入っていく道）と所入の法（修行によって到達される真理）の因果関係で十六のセットになっている。それも、前重（修行が進んだ段階）と後重（初心者の段階）に分かれて、それぞれが八セットずつになっている。それに対して、不二摩訶衍は「何が故に不二摩訶衍法は因縁なきや。是の法、極妙甚深独尊にして、機根を離るるが故に」（同、六〇一下）と言われるように、一切の因縁を離れ、機根を離れて独存している。それは、早川道雄氏によると、次ページ図のように示される。

このように、根本の不二摩訶衍は言語を超え、思惟を超えた超絶領域であり、そこに接近する道（因）はすべて断ち切られている。因となる修行（能入の門）によって到達される果としての境地（所入の法）ではないから、修行を重ねても到達できるものではない。もしそこに到達できるとすれば、それは段階を踏んだ修行によるのではなく、一気に飛び込む体験によるしかないことになるであろう。

こう見ると、このような『釈論』の構造は、円爾の禅・密の構造ときわめて近いことが知られるであろう。『大日経』『金剛頂経』などの密教経典、禅の不立文字、そして『釈論』の三十三種法門と、異なる由来の思想がここで合体して、言語と知の限界を明らかにし、その限界を突破した究極にして根源の世界に突入しようというのである。円爾による知の極北への探究はここに窮まることになる。

不二摩訶衍〔法〕　門無き法＝因縁無き果

①	前重八能入門＝因縁（機根＋教説）	②	前重八所入法（八種本法）＝果
1	一体一心門	1	一体一心摩訶衍〔法〕
2	三自一心門（＝『華厳経』と相応の機根）	2	三自一心摩訶衍〔法〕（＝盧舎那仏）
3	無量無辺諸法差別不増不減体大門	3	無量無辺諸法差別不増不減体大摩訶衍〔法〕
4	寂静無雑一味平等不増不減体大門	4	寂静無雑一味平等不増不減体大摩訶衍〔法〕
5	如来蔵功徳相大門	5	如来蔵功徳相大摩訶衍〔法〕
6	具足性功徳相大門	6	具足性功徳相大摩訶衍〔法〕
7	能生一切世間因果用大門	7	能生一切世間因果用大摩訶衍〔法〕
8	能生一切出世善因果用大門	8	能生一切出世善因果用大摩訶衍〔法〕
③	後重八能入門＝因縁（機根＋教説）	④	後重八所入法＝果
1	真如門（一体門・利機根相応の修行方便）	1	一体摩訶衍〔法〕（利機根相応の果）
2	生滅門（三自門・鈍機根相応の修行方便）	2	三自摩訶衍〔法〕（鈍機根相応の果）
3	無量無辺諸法差別不増不減門	3	無量無辺諸法差別不増不減摩訶衍〔法〕
4	寂静無雑一味平等不増不減門	4	寂静無雑一味平等不増不減摩訶衍〔法〕
5	如来蔵功徳門	5	如来蔵功徳摩訶衍〔法〕
6	具足性功徳門	6	具足性功徳摩訶衍〔法〕
7	能生一切世間因果門	7	能生一切世間因果摩訶衍〔法〕
8	能生一切出世間善因果門	8	能生一切出世間善因果摩訶衍〔法〕

①＋③＝十六能入門
②＋④＝十六所入法　門より生じる法・因縁所生の果
③の1・2＋④の1・2＝起信論所説の四法〔門〕（四種法〔門〕・二法二門）

（出典：早川道雄『釈摩訶衍論の新研究』、ノンブル社、2019、525頁）

ちなみに、空海にあっては、『釈論』を用いながら、不二摩訶衍の超絶性には注意を払わない。『二教論』には前掲の不二摩訶衍に関する箇所も引用するが、それをも含めて、法身の説法は成り立つというのである。

それに対して、一二―一三世紀の仏教は、はたして言語が究極の世界にまで到達しうるのかどうか、改めて問い直す。栄西・尊賀論争も円爾の禅密論も、まさしくこの問題をめぐって展開している。このような言語の問題に対して、まったく異なる観点から独自の説を提示したのが道元であった。

道元における「道得」

道元は、「霊知」説に対して厳しい批判をする。それは、『正法眼蔵』（『眼蔵』）の「即心是仏」巻、及び「弁道話」に先尼外道の説として出てくる。「弁道話」には、こう言われている。

> かの外道の見は、わが身、うちにひとつの霊知あり、かの知、すなはち縁にあふところに、よく好悪をわきまへ、是非をわきまふ。痛痒をしり、苦楽をしる、みなかの霊知のちからなり。しかあるに、この霊性は、この身の滅するとき、もぬけてかしこにむまるゝゆゑに、……ながく滅せずして常住なりといふ
>
> （『正法眼蔵』一、岩波文庫、三三頁）

即ち、「霊知」とか「霊性」とか言われるのは、この身のうちにある本体的なものであり、それが認識や判断の主体となるとともに、永遠に輪廻を繰り返すというのである。これは、仏教の無常や無我・縁起などの教説に背くことになるから、外道説と言われてもやむを得ないところである。宗密から円爾に至る系統で用いられる「霊知」がただちにこうした本体的存在を意味するとは言えないであろうが、少なくともそれと類した実体的な存在というニュアンスはあるものと考えられる。

それでは、道元は言葉と知について、どのように考えていたのであろうか。そのためにまず、当時の中国禅の言語観との相違を知る必要がある。先にも触れたように、宗密—延寿系の説は、宋代の禅宗では必ずしも主流とはならない。主流は公案を用いた看話禅であり、『碧巌録』の著者圜悟克勤から、その弟子の大慧宗杲の段階で確立する。

道元はこの看話禅に対しても批判的であった。「山水経」の巻では、当時の中国の禅僧たちがナン

センスな公案の言葉を『無理会話《むりえわ》』と呼んで、それこそ悟りの境地を表わすものとしていたことが記されている。即ち、「いまの東山水上行話、および南泉の鎌子話ごときは、無理会話なり。その意旨は、もろ〳〵の念慮にかゝはれる語話は仏祖の禅話にあらず。無理会話、これ仏祖の語話なり」（同二、一八九頁）というのである。

無理会話というのは、「東山が水上を行く」とか、南泉の草刈り鎌のような言葉である。南泉の話は、「南泉の道はどこへ行くのか」（南泉はどのような悟りを目指すのか）という問いに対して、南泉が「私の草刈り鎌は三〇文で買ったのだ」と答えたという話である。無理会話は、このような文脈を無視したナンセンスな言葉ということである。看話禅においては、このようなナンセンスな言葉で日常の意味の世界を打破し、それを超えた悟りを目指させるのである。

ところが、道元はそのような言語観を真っ向から批判する。「なんじに理会せられざればとて、仏祖の理会路を参学せざるべからず」（同、一九〇頁）というのである。仏祖はあくまでも「理会」できるものであり、「念慮の語句」である。一見ナンセンスに見えても、じつはどこまでも「理会」できるものとして、参究していかなければならない。

それ故、「東山水上行」もまた、「理会」できなければならない。「この「東山水上行」は仏祖の骨髄なり」（同、一九一頁）と言われるのである。このように、「理会」と言っても、日常的、論理的な言語で表現できるというのではない。「諸山くもにのり、天をあゆむ」（同）ような世界に参入するのでなければならない。そこではじめて「理会」が成り立つのである。

このように、道元は「不立文字」のように言語を超越するわけではないし、「無理会話」のようにナンセンスな言語を用いて一気に言語世界を破壊するのでもない。あくまでも言語表現の可能性を追求していく。『眼蔵』には、「道得」という巻がある。文字通り「道《い》い得る」ということであり、その冒頭から「諸仏諸祖は道得なり」（同二、二八二頁）と断言する。仏祖の悟りはあくまでも「道い得る」のでなければならない。言語化され、語り得るものでなければならないのである。しかし、この場合もその言語は単純に日常的な意味構造のままの言語ではない。

道元は、「你《なんじ》若し一生叢林を離れず、兀坐して道《い》わざること（不道）十年五載すとも、人の你を唖漢と喚作すること無からん。已後には諸仏も也《ま》た你に及ばず」（同、二八五頁）という趙州の言葉を肯定している。一生叢林で修行して、ただひたすら坐禅に励んで、十五年ものを言わなかったとしても、それでもその「不道」は「道得」なのであり、諸仏も及ばない境地に達しているというのである。「不道」という「道得」もあるのである。

道元の言語は、日常言語の論理を超える点で、看話禅の「無理会話」に似ているように見える。しかし、「無理会話」がほとんど暴力的に言語の脈絡を破壊し、悟りの世界へと一気に突入していくのに対して、道元はどこまでも言語にこだわり、日常世界を超越した世界に入り込みながらも、それを丁寧に言語化していく。道元にとって、このように究極の世界は言語化しうるものであった。

中世禅の「知」の可能性

以上のように、栄西・尊賀論争、円爾、道元は、一二世紀後半から一三世紀の日本において、禅と密教に関係しながら（道元の場合、密教との関係は薄いが）、言葉と真理の関係、そして知の可能性へと、それぞれの異なる思索を展開した。尊賀が究極の自性身への到達を否定して、言葉は自受用身の段階で生まれるものと考えたのに対して、栄西はあくまでも言葉の根本の主体は自性身であると主張した。円爾は、究極の境地は言葉では表現できず、体得する他ないと考えた。道元はあくまでも究極の悟りも言葉として表現できるとした。

もちろんこのような言語をめぐる諸説の展開は、中世禅、広くは中世仏教の成果の一端に過ぎず、そこにはもっとさまざまな人間と世界をめぐる根源的な思索が展開されている。例えば、悟りを求める実践においては、否応なく人間の身体をどう捉えるかという問題が生まれる。中世の身体論の進展は、きわめて興味深いものがある。それに関しては、本書第Ⅱ部の拙稿で多少触れた。

こうしたさまざまな新しい思想の展開は、根源的、究極的な仏の悟りの世界を求める仏教者の真剣な営みの中から生まれてきたものである。その多様な展開は、以下の本書の論考でさまざまな角度から光が当てられることになるであろう。新しい資料の発見が、どのように従来の常識を壊し、新しい見方を生み出すことになるのか。本書にその一端が示されたと思われる。中世仏教の世界には、まだまだ解明しきれていないさまざまな思想が豊富に蔵されている。これからも新しい資料の発掘と、その分析解明が進められることを期待したい。

第Ⅰ部

日中交流史の中の中世禅宗史

榎本　渉

はじめに

中世日本の禅宗は、入宋・入元僧や来日宋元僧を通じて宋元代中国の江南地方（特に両浙地域）から伝えられた。彼らは宋元と同様の寺院空間を日本でも再現しようと試み、在来の顕密諸宗とは異なる生活作法や儀礼を実践した。彼らの拠点となった禅院は日本社会の中に生まれた異国空間と言うべきものであり、日本社会に宋元文化を発信するセンターとしても機能した。

中世の日本社会が権門体制・イエ制度・荘園制など、宋元代の江南に見られない様々な要素を備えていたことを考えれば、江南の禅宗を単純に模倣するだけで受け入れられることは期待できない。禅僧たちは異質の社会に由来する宗教を自国社会に適応させる努力を、絶え間なく行なった。特に既存の顕密八宗との関係をどうするかは大きな問題だったが、『中世禅籍叢刊』ではこの問題を考える上でカギとなる多くの文献が紹介された。

以上のように中世禅宗の展開においては、宋元仏教の導入とその日本社会への適応という二つの大きな課題があったが、もう一つ、その前提として考えなければならないのは、参照元である宋元代江南との交流の問題である。日宋・日元間の交流のあり方は、禅宗史の展開を外的に規定する要素の一つであり、宋元という時代に禅宗が日本に伝わった事情を説明するものでもある。本稿では主にこの点の検討を引き受ける。具体的には日本で禅宗の導入が始まった背景、禅宗諸門派による入宋僧派遣の様相、日宋・日元間の僧侶の往来規模の変遷、南北朝期の日本における入元僧の影響力などについて、概観することにしたい。

第一章　中世禅宗史の始まりと日宋交流

南宋仏教界との接触

宋代以後の禅宗において、師僧から悟境の証明を受けること（印可）は、初祖達磨以来の法脈を受け継ぐための必須条件とされた。つまり日本で禅僧として活動するためには、その前に宋の禅僧から何らかの印可を受ける必要があった。もしも師僧としての適格者が日本に存在しなければ、適格者のいる国に行って印可を受け帰国するか、来日した適格者に会わなければならず、いずれにしても外国との間の人の往来が必要だった。

禅思想自体はすでに八世紀には日本に伝わっており、特に遣唐使として入唐した最澄が帰国直後の八〇六年に創めた日本天台宗は、もともと円密禅戒の四宗を内包するものだった。だが天台宗における禅の法脈は、一〇世紀以後顧みられなくなる。これとは別に八四七年には禅僧義空が唐から来日し、また入宋僧奝然《ちょうねん》（九三八―一〇一六）は九八六年に帰国した後、北宋の禅教律三学を意識したと思しき三学宗の創立を計画したが、前者は数年で帰国してしまい、後者は諸宗の反対を受けて挫折している。

平安時代には宋商船が定期的に日宋間を往来し、大宰府の管理下で貿易を行なったから、二〇年に一回程度しか入唐便がなかった遣唐使の時代と比べて、はるかに容易に交通手段を得られた。だが海外渡航に当たっては天皇の勅許が必須であり、それはあまり頻繁には発せられなかった。これを冒して密航したとしても、帰国後公然と宗教活動を行なうことは困難である。その上一一世紀になると、入宋僧の多くが宋での入滅を前提として入宋するようになる。一〇七二年に入宋した成尋《じょうじん》（一〇一三―八一）もその一人である。ただし成尋は宋で得た日本未渡典籍を得て日本に送っており、その中には『永嘉集』『六祖壇経』など禅宗に関わるものも含まれた〔藤善眞澄二〇〇六〕。平安期の日本には他にも『宗鏡録』などの禅籍が伝えられていたが、それらは入宋僧が宋海商に附して送付したものか、日本人が宋海商から購入したものと考えられる。これを中世禅宗史の前史として見ることもできるだろう。一二世紀末に入宋せず独悟した大日房能忍の一門では、『宗鏡録』がしばしば参照されており、舶載典籍を通じた禅の受容もたしかにあった。

僧侶の入宋は一〇八〇年代以後、しばらく確認できなくなる。その後約八〇年ぶりに現れた入宋僧が、一一六七年に入宋した俊乗房重源だった（『元亨釈書』巻一四）。南宋の仏教史書『仏祖統紀』巻四七には同年の日本遣使記事が見えるが、この使人は明州の郡庭で仏法の大意を問うたとされることから僧侶と見られ、重源その人に当たるだろう。重源の背後には派遣主となった日本の有力者の存在が想定される。

なぜこの時に入宋僧が現れたのか。僧侶の入宋が元来国家的認可を必要とする案件だった以上、背景として中央の政情を考える必要もある。当時は親政を目指す二条天皇（一一四三—六五）の崩御により、後白河院（一一二七—九二）が国政に主導権を発揮するようになっていた頃である。後白河を軍事的に支えたのが平清盛（一一一八—八一）の率いる平家一門だが、清盛弟の頼盛（一一三三—八六）は一一六六年、大宰大弐（大宰府長官）に任命されて翌年まで大宰府に赴任している（『公卿補任』）。当時の大宰府長官は現地赴任しないのが通例だった。頼盛の異例の行動は、重源入宋とも関わる可能性が高い。重源は村上源氏の源師行（?—一一七二）と親しかったが、師行とその子有房は平清盛一門と姻戚関係を結んでいた（有房の妻は平清盛の女、平宗盛の妻は師行の女）。入宋僧は頼盛の大宰府下向を契機に復活し、その折に村上源氏の人脈が活用されたと考えられる。これが頼盛の独断で行なわれたと考えることは難しく、背後には後白河や清盛の意向があったのだろう。

さらに重源入宋翌年の一一六八年には、葉上房《ようじょうぼう》栄西が入宋する。栄西は宋で重源と落ち合い、同道して明州（慶元・寧波）阿育王山・台州天台山をめぐり、同年に帰国した。両者の入宋はもともと一連の計画の下に行なわれたものだろう。栄西は後に再入宋を志した時に平頼盛に引き止められたという逸話があり（『元亨釈書』巻二）、重源と同様に頼盛との縁故が推測される。

重源・栄西の帰国を契機として、後白河は南宋仏教に関心を抱いたらしい。後白河は一一六九年に出家して、阿育王山の禅僧従廓《じゅうかく》（一一一九―八〇）と連年連絡を取って弟子の礼を修めるとともに、材木を施入して舎利殿の造営を行なった。重源がこの事業に関わったことは、自ら『南無阿弥陀仏作善集』に記すところである。さらに一一七〇年代前半には、南宋朝廷と後白河・清盛の間で数次の使者の往来が確認できる。一一七〇年に比叡山の覚阿が入宋し、その帰国後の一一七五年に宋に使僧を派遣したのも含めて、一連の出来事だったと考えられている［渡邊誠二〇一〇］。この間後白河と阿育王山の間では、宋海商や入宋僧を通じたやり取りが続いたと見られる。

栄西・重源が参じた頃の天台山は禅宗の影響力が増しており、阿育王山も禅院化していた。二人とも天台章疏の獲得や聖地の歴遊を目的としており、禅宗の伝法には及ばなかったが、南宋仏教界との交流が進展すれば、いずれ禅宗の影響が日本に及ぶのが必然である。たとえば覚阿は一一七一年に臨安（杭州）霊隠寺の瞎堂慧遠《かつどうえおん》（一一〇三―七六）に参じて印可を受け、一一七三年頃に帰国し、日本で禅宗を始めた。また『中世禅籍叢刊』十巻所収の『法門大綱』で改めて注目された入宋僧直念も、一一九四年に入宋して明州で教院の延慶寺に参じ、ついで「天台本院」の天台山国清寺に赴いて、壁に書かれていた坐禅儀を写し取っている。歴遊地から見るに天台僧として入宋したものだろうが、そこで触れた禅の一端を日本に伝えることになったのである。直念のその後は不詳だが、少し前には能忍・栄西が南宋の高僧から相次いで禅の印可を受け、禅僧としての活動を始めていた。

初期禅宗と宋海商

最澄がかつて禅を伝えた事実自体は一二世紀にも知られていたが、その法脈はすでに途絶えていた。入宋僧が復活した時点で南宋仏教を体験したことのある僧侶は国内に皆無であり、南宋の禅宗の知識はほぼ舶載典籍を通じたものに留まった。だが南宋仏教の情報源はもう一つ存在した。日本に来航する宋海商である。一一世紀後半以後、貿易港博多には宋海商の居留区が設けられたが、そこに出入りする宋海商たちの間では禅宗が信仰されており［川添昭二 一九八八］、日本人は彼らから禅宗の情報を得ることも可能ではあったのである。

たとえば栄西は一一六八年、入宋のために博多に赴いた時に、両朝通事の李徳昭なる者から宋における禅宗の盛行を聞いている（『興禅護国論』第五門）。また一一八七年の第二次入宋時、栄西は本来の目的だった陸路での入竺が認められなかったため、帰国の途に就いた。その便は日宋間を往来する貿易船だったはずである。ところがこの船は出港後、南の温州府瑞安県に漂着してしまう。栄西はこの時、海商たちの勧めで近くの天台山に参じ、そこで禅を学ぶ機縁を得た（『元亨釈書』巻二）。覚阿も臨安での禅宗盛況を宋海商から聞いて、入宋を志したとされている（『嘉泰普燈録』巻二〇）。さらに覚阿の帰国に関わったと見られる宋海商張国安は、自らも覚阿の師である瞎堂慧遠の下に出入りしており、帰国後の栄西とも関係を持った［佐藤秀孝 二〇一〇］。

情報源としての宋海商の位置を示すものとして、「達磨和尚秘密偈（達磨大師知死期偈）」（『中世禅籍叢刊』三巻所収）がある［榎本渉 二〇一六］。その識語に拠ると、「秘密偈」は範勝なる宋海商が来日して、鎮西の陽尋聖人に授けたもので、これが一二世紀に比叡山の学僧や出雲の天台聖らの間で禅宗の秘法として流通した。栄西も第一次入宋に先立って伝授され、上陸地の明州でその真偽を禅僧に問うている（その結果偽物と喝破された）。

「秘密偈」自体は「纔覚玉池無滴瀝、次於波底取神光、無常須聴髑髏頭鼓、得数方知幾日亡」という、達磨の事跡を踏まえた七言絶句で、後半の第三・四句は達磨が自らの頭蓋骨から聞こえる音によって死期を予知したことが詠まれている。当時天台聖の間ではここが注目されたようで、自らの死期を予知する秘法として扱われた。およそ禅思想と関係のない代物が禅と関係するものとして流通したのは、真偽を判定できる知識を持つ僧が日本国内におらず、確認のために宋に渡る手段もなかったことによる。南宋仏教に関心を持つ僧侶が舶載典籍以上の情報を求める場合、このような玉石混交の情報を宋海商から（おそらく相応の謝礼を渡して）まとめて入手するしかなかったのである。

ただ一方でその流通状況からは、禅宗に関する情報を求める天台聖の存在を知ることもできる。栄西は明州僧に「秘密偈」の真偽を尋ねた時、最澄が伝えた禅を日本で再興する志を語ったといい（『興禅護国論』第五門）、比叡山で失われた祖法として禅に着目し「秘密偈」を伝授されたらしい。同様の理由で「秘密偈」に注目した天台僧は他にもいたに違いない。

宋海商の影響は、禅宗導入の前史に留まるものではない。彼らは帰国後の栄西や円爾にも接触し、博多聖福寺・承天寺の創建にも関わった［川添昭二 一九八七・一九八八］。特に一二四一年の円爾の帰国は博多の宋海商に歓迎され、その翌月には円爾の頂相を用意して賛文を求める宋人もいたほどだった（『聖一国師年譜』）。翌年の博多承天寺創建は宋海商謝国明によるものであり、承天寺は当初宋海商を檀越としていたと推測されている。南宋寺院と同様の信仰空間の再現を目指した禅宗寺院は、宋海商の結集の場としても機能したと考えられる。

円爾は帰国前から注目される存在だったようで、径山で同門だった日本僧の湛慧・神子栄尊《じんしえいそん》らは先に帰国して、大宰府崇福寺や肥前万寿寺など所縁の寺に円爾を迎える準備をしていた。宋海商は彼らから事前に円爾の評判を聞き、その帰国を待ちわびていたのだろう。ただ『聖一国師年譜』に拠れば、円爾は入宋前から宋海商と接点を持っていた。すなわち円爾は入宋のために博多に下向し円覚寺に入ったが、大宰府大山寺の天台僧に襲われる恐れがあったため、謝国明が博多櫛田の自宅に住まわせてこれを護衛したというのである。

博多円覚寺は聖福寺と至近の距離にあり、聖福寺開山である栄西の一門と関係する寺院だった可能性が高い［川添昭二 二〇〇六］。円爾は上野長楽寺・鎌倉寿福寺など栄西一門の寺院で修行した上で入宋の途に就いており、博多で円覚寺に滞在したのも、一門の縁を頼ったものと見られる。これを護衛した謝国明も、栄西一門と関係を有する海商だった可能性が高い。謝国明はこの縁を利用して円爾に近い位置を確保し、承天寺を建てて檀越の代表者の地位を得たのだろう。

対外貿易港の博多は南宋文化の入口として重要な位置にあり、宋海商はその媒介者としても重要な位置にあった。一四世紀に禅宗が国内に普及し、日本人の外護者を広く得られるようになると、宋海商の存在感は薄れていくが、時折来日する渡来人の滞在の場として、博多の禅院はなお一定の意義を持ち続けた。元末内乱が激化した一三六六年頃に博多に避難した平江（蘇州）の儒者陸仁は、聖福寺に滞在して住持の無隠法爾と交わり、同じ頃に日本に亡命した陳延祐は、博多妙楽寺住持の無方宗応に参じている［榎本渉 二〇〇七］。無隠・無方とも入元僧であり、元人とのコミュニケーション能力も高かっただろう。渡来人が九州に定着するに当たり、留学経験を持つ僧の下で元・明に近い作法・儀礼が行なわれた禅宗寺院は、重要な拠点となったのである。

入宋僧とその門流(1)

鎌倉期の禅宗導入に当たって、特に初期においては海商の役割も大きかったが、もちろん主役となったのは僧侶であり、中でも入宋僧・来日宋僧（渡来僧）たちだった。彼らは国家使節として渡航したものではなく、国家的認可を得たものでもなかったが、その出自を見ると特定の門流から多く出ていることに気付く。

入宋僧を特に多く輩出した門流としては、一二〇〇―三〇年代に栄西の門流（臨済宗黄龍派）、一二一〇―五〇年代に俊芿《しゅんじょう》（一一六六―一二二七）の門流（泉涌寺流律宗）、一二四〇―七〇年代に円爾の門流（臨済宗聖一派）、一二五〇―七〇年代に蘭溪道隆（来日宋僧）の門流（臨済宗大覚派）がある。彼らは南宋仏教界と接点を持つべく、絶えず南宋へ僧侶を送り出した。

栄西門流の入宋僧を見ると、参学先が判明する例はいずれも慶元の天童寺に参じている。これは栄西が天童寺で禅を学び、帰国後に木材を送って千仏閣を建てた由緒が関係する。たとえば一二二五年に南宋で撰述された『日本国千光法師祠堂記』は、栄西（千光法師）の事跡を記念して天童寺に建てられた祠堂の由緒を刻んだもので、千仏閣の件を含む栄西の略歴も記されている。『祠堂記』撰述の契機は、栄西の忌日である某年（一二二四年頃か）七月五日に行なわれた冥飯の大斎である。その主催者である明全《みょうぜん》（一一八四―一二二五）は栄西の法嗣で、会子（紙幣）千緡を持って入宋し、天童寺で大斎を行なった。ただし明全は客死したため、遺骨は『祠堂記』の写しとともに、従僧の道元が日本に持ち帰るところとなった。

会子千緡とは、銅銭に両替して日本に持ち込めば千貫、現代の価値ならば一億円に相当する額であり、明全個人の喜捨とは考えられない。明全一行は、栄西門流の代表者として天童寺に派遣されたもので、巨額の大斎開催費用は門流全体で拠出したものだろう。明全一行は日宋の教団を媒介する使僧であったといってもよい。栄西門流はこれ以前から天童寺に僧侶を留学させており、たとえば道元は天童寺で、先に入宋していた同門の隆禅と会っている。栄西門流は天童寺との関係を保つべく、一定の頻度で僧を派遣し続けたと見られる。栄西門流が祠堂を建てて大斎を開催し、『祠堂記』を祠堂に刻むことによって栄西を顕彰したのも、その記憶の風化を防ごうとしたものであり、そのためには多少の出費も厭わなかった［榎本渉 二〇一九］。

ただし道元は、在宋中常に天童寺にいたわけではなく、臨安径山・台州天台山なども巡歴している。そして天童寺に戻った時に出会った新住持の長翁《ちょうおう》如浄に随侍して得悟を果たし、帰国後はその法を嗣いで日本曹洞宗を始めた。このように一門から使命を受けることで入宋の便宜を与えられた僧には、渡航後自らのために巡礼修道を行なう者もおり、その成果次第では帰国後に別門派を立ち上げることもあった。

この事情については、同じく栄西門流として入宋した円爾の例も参考になる。円爾は一二三五年に入宋し、やはり天童寺に参じた。しかし円爾はまもなく天童寺を出て臨安に移り、上天竺寺・浄慈寺・霊隠寺を歴参した。その最中に出会った退耕徳寧という僧から、師である径山住持の無準師範を薦められた。円爾は無準に参じて印可を受け、帰国してからはその法を嗣ぎ、博多承天寺や京都東福寺などの開山となった。栄西門流の留学先である天童寺に行った後も自らの関心に従って遊歴し、新たな参学先を見出したのである。日宋仏教界の人脈は、このようにして深化と拡大を続けた。

円爾は帰国後も連年無準に手紙を送っており、無準もこれに対して返事を送っている。そこにはしばしば「某上人が来たので手紙を受け取った」などと書かれており、円爾が入宋僧を継続的に径山に派遣し連絡を取ったことが知られる。円爾の手紙を届けた使僧としては祐・音・豪・能・印などが知られるが、最初の三人は道祐・覚音・一翁院豪《いちおういんごう》という僧に該当する。彼らも宋に着いた後は自らの関心に従って巡歴や修行を行なっており、使者の役目のみに終始したわけではない。

無本覚心・無象静照《むぞうじょうしょう》（一二三四―一三〇六）も円爾から紹介状を受けて入宋し、径山に入ったとされる。彼らも入宋に当たって便宜の提供を受ける代わりに、何らかの使命を請け負ったのだろう。円爾としては、入宋留学を望む僧に便宜を提供して連絡役とすることで、径山との縁を継続することができた。逆に南宋仏教界とのパイプを持っていたことは、入宋を望む若い僧を惹きつける要素にもなったと考えられる。門流維持のために入宋僧が再生産される構造ともいえよう。円爾門流で行なわれた宋風の規式や儀礼は、組織的に派遣された入宋僧のもたらす情報によってアップデートを続けたと考えられる［榎本渉 二〇二〇］。

もちろんこれは円爾門流に限るものではない。栄西門流では栄西法孫の大歇了心《だいかつりょうしん》（?―一二五七）が禅僧の衣服・礼数を定めたとされ（『空華日用工夫略集』応安七年一〇月八日条）、道元門流では道元法孫の徹通義介（一二一九―一三〇九）が入宋して禅院の規矩を学び、越前永平寺の伽藍整備に寄与したという（『三大尊行状記』）。何を基準としていつまでアップデートを続けるかは門流ごとの判断があり、その差異がそれぞれの宗風の特色の一つとなった。

入宋僧たちが帯びた使命として確認できるものに、序跋（著作の前後に付ける文）の獲得がある。南宋禅林での文学的営為への理解が進むとともに、日本でも高僧の語録・詩文集が、その遷化後に編纂されるようになった。これは単なる作品集ではなく、門人たちが師を顕彰し門流を権威付けることを目指すものでもあった。その目的のためにはできるだけ高名な僧の序跋を得ることが期待された。そしてその場合、日本僧よりも宋僧が望まれることがあり、そのために宋に使僧が派遣されることがあった。

事例としては元代が多いが、南宋の事例としては渡来僧蘭溪道隆が一二六一年頃に門人らを派遣して、自らの語録に宋僧の序跋を求めさせたものがある（『蘭溪和尚語録』）。その二年後には寒巌義尹（一二一七―一三〇〇）が、師の道元の語録を持って入宋し、諸師に序跋を乞うている（『永平元禅師語録』)。さらに元代には、師僧の伝記(行状・塔銘等)の撰述や頂相の著賛を求めるために入元する僧も現れる[大塚紀弘 二〇一四、村井章介 二〇一三]。

こうした動向の嚆矢となった『蘭溪和尚語録』の序跋獲得の経緯からは、その目的を垣間見ることができる。この語録は蘭溪生前に編纂された異例のものだが、これは外護者の北条時頼(一二二七―六三)が、蘭溪に続く来日宋僧である兀庵普寧《ごったんふねい》(一一九八―一二七六)を、一二六〇年に宋から招聘したことが関わっている。蘭溪はかつて自発的に来日したところを時頼に着目されて鎌倉に留められたもので、宋での住持歴もなかったが、兀庵は慶元府象山県広福院や常州府無錫県南禅寺で住持を務めた経歴を持ち、南宋仏教界での地位は蘭溪よりも高かった。時頼は兀庵を鎌倉建長寺の二世住持とし、それまで建長寺住持を務めていた蘭溪を京都建仁寺に移した。強力なライバルの出現に危機を覚えた蘭溪は、自らの評価をアピールするために、語録を編纂して宋僧の序跋を得ようとしたのだろう。語録は宋で刊行されたが、これも南宋での評価をアピールする意味があったと考えられる。

特殊だが重要な入宋・入元僧の任務として、宋元僧の招聘も忘れることはできない。たとえば蘭溪が建長寺で入滅した一二七八年、北条時宗は蘭溪門人らに対して、蘭溪に代わる名僧を宋から招聘するように命じた(『円覚寺文書』)。この結果建長寺には新たに無学祖元が迎えられ、さらに円覚寺の開山とされた。以後も元からは多くの禅僧が入元僧に連れられて来日し、日本禅林の指導者となった。

なお無学を招聘した使僧の一人傑翁宗英は、蘭溪生前にも入宋したことがあり、その時には宋僧希叟紹曇の下を訪れて、北条時宗のために法語を得ている(『希叟和尚語録』)。傑翁はこの時に建長寺住持蘭溪の書簡を希叟に呈しており、建長寺檀越である北条得宗家の意向を受けた蘭溪が門人を派遣したことが分かる。外護者—住持—門人という組織を通じた使僧派遣の構造は、建長寺に限らず広く見られただろう。

このように入宋僧・入元僧たちは、禅宗の門流や外護者から任務を託されて留学の機会とした。もちろんすべての入宋・入元僧がこのケースに当てはまるわけではないが、先述の道元や後年の絶海中津（一三六八年、師の夢窓疎石の碑銘を得るために入明）のように、史上有名な禅僧の中には使僧として留学し成果を上げた者が少なからず含まれた。

第二章　僧侶の往来規模

宋元代の往来頻度

南宋中期から元代、日本の鎌倉時代から南北朝前期は、前近代でもっとも多くの日本僧が中国に渡った時代である。しかし国家的事業として派遣されたものではないこともあり、その全貌を知ることは容易ではない。網羅的な研究としては、戦前の木宮泰彦『日支交通史』下巻（金刺芳流堂、一九二七年。一九五五年に『日華文化交流史』として冨山房より再刊）があり、南宋期の入宋僧を一〇九件、入元僧を二二二件挙げ、また来日宋僧を一四件、来日元僧を一三件挙げている。本書はすでに刊行から一世紀近くを経ており、木宮の年代・人名比定の誤りの指摘や個別事例の紹介は少なからず行なわれているものの、それらの成果をまとめたものはいまだに見ない。

そこで私は別稿で、現在の研究状況を踏まえ、一一八五―一三七〇年に日中間を往来した僧侶の事例を一覧表にし、入宋僧(一一八五年以後)を一六一件、入宋僧または入元僧を一〇件、入元僧を三五〇件、入元僧または入明僧を三四件、来日宋僧を一五件、来日元僧を二二件、合計五九二件を挙げた(2)[榎本渉 二〇二二]。木宮が挙げたのはこの内三五七件なので、件数としては約一・六六倍に増えたことになる。もちろんこれは当時日宋・日元間を往来した僧侶の総体ではなく、全体の一部を取り出したサンプルに過ぎないが、具体的な事例の分布を見れば、南宋・元代における僧侶の往来の傾向をある程度知ることができるだろう。以下ではこれについて考えてみたい。

まず一一六七年の入宋僧復活は、先述の通り後白河・平家の意向を受けたものと見られ、政権の関与にかかわらず活動した平家滅亡(一一八五)以後の入宋僧とは性格を異にする。木宮はこの時期の入宋僧として重源・栄西・覚阿・金慶の四人を挙げている。一一六七〜八四年の入宋僧は、木宮が挙げなかった事例を含めても全部で一〇件前後に過ぎず、一年当たり一件に満たない。続く一一八五―一二三九年の五五年間では五〇件程度の入宋僧が確認でき、複数次入宋した僧も勘案すると五四次の入宋が想定できる。入宋年代が特定できない事例が多く、実際の件数には多少増減がある可能性も念頭に置くべきだが、平均一年一件程度の入宋は確認できていると考えられる。一二四〇―七五年の三六年間には、入宋僧・来日宋僧合わせて一二六―一四三次程度の往来が想定される。一年当たりで平均三・五〇―三・九七件の入宋・来日があったことになり、頻度はこれ以前よりも大幅に増えている。

入宋僧というと禅僧を中心に考えてしまうが、実は俊芿門流も含めた律僧や天台僧も意外と多く入宋している。入宋僧の出自がすべて明らかになるわけではないが、一二三〇年代以前の入宋僧五〇件中で栄西・能忍の門流から入宋したと見られるのは、練中・勝弁・隆禅・了心・明全・道元・廓然・高照・月輪房覚心（心地房無本覚心とは別人）・栄尊・円爾・妙空の一二件で、全体の約四分の一に満たない。俊芿門流からは九件（思斉・幸命・思敬・湛海・道玄・思就・来縁房定舜・思順・智鏡）、高弁門流からは四件（勤杲・信慶・弁海房・行弁）の入宋僧が確認され、禅を標榜しない門流の方が件数としては多い。この時期の入宋僧は必ずしも禅なり律なりを専修するわけではないので、禅僧とその他に分けるのは必ずしも適切ではないが、少なくともこの頃の入宋僧が禅宗一色でなかったことは明らかである。

一方一二四〇―七五年の入宋僧は一〇四―一一二件を挙げることができるが、その中で禅宗との関わりが不明な僧は三三件で、三割前後に過ぎない。それでも平均一年一件程度は確認でき、一二三〇年代までと比べて頻度が落ちたわけではないが、特に円爾・蘭溪道隆の門流の入宋僧が急増するため、全体としては禅僧の比率が目立つようになる。この傾向は元代になるとさらに顕著になる。

ついで元代について見よう。一二七六年正月、南宋の首府臨安府が元軍に降伏した。残存勢力はなお海上および南方で抵抗を続けるものの（伝統的にはこの残存勢力が滅んだ一二七九年を以て南宋滅亡とする）、少なくとも日宋交通の窓口だった慶元およびその周辺地域は臨安府に倣い元に降伏したから、日本の交流の相手はこの時を以て南宋から元に代わった。ただし東シナ海から慶元に入る航路上にある昌国州（舟山群島）や定海県では、同年秋まで南宋の残存勢力が抵抗活動を続けたため（『元史』巻一三二、哈剌䚟伝）、無事に往来できた貿易船はなかったと見られる。日本・元の史料で貿易船に関わる記事が現れるのは翌年からで、日元間の僧侶の往来もこの時から始まると見られる［榎本渉 二〇〇六a］。

しかしすでに一二七四年には、元・高麗軍が高麗経由で日本に攻め込んでおり（文永の役）、日本側も元に軍事的な警戒心を抱いていた。一二七九年には元が日本再征の準備を始め、二年後には高麗および慶元から大規模な遠征軍を派遣した（弘安の役）。弘安の役後の数年間は日元間で貿易船の往来が途絶し、その後も元・高麗からの外交的接触の直後には貿易船の活動の形跡が見られなくなる。一二八一―八七年、一二九三―九四年、一三〇〇―〇四年の一四年間には、日元間で貿易船・僧侶の往来が確認できない。一二七七―一三〇四年の二八年間からこの一四年を除く一四年間に、入元僧は二三―三八件、来日元僧は八件が確認でき（一二八二・八四年に元使として日本に派遣された愚溪如智を除く）、合計三一―四六件を数える。複数次の往来を行なった僧を考慮すると、往来回数は三二―五〇次となる。一年当たりでは平均二・二九―三・五七件の入元・来日があったことになるが、これは先に見た一二四〇―七五年の頻度（三・五〇―三・九七件）を下回る見込みが高い。南宋期を通じて増加傾向にあった僧侶の往来頻度は、宋元交替を契機として一時落ち込んだか停滞したと見られる。

日元交流の盛期は一四世紀である。元は文永・弘安の役後も一三世紀末まで日本にたびたび臣従を求めたが、いずれも成功しなかったため、一三〇二年頃にこの方針を放棄し、代わりに日本への警戒態勢を強化することで継続的な貿易を行なうことにした［榎本渉二〇〇七］。これにより一三〇五年頃から日元間では貿易船が盛んに往来するようになり、僧侶の入元も活発化した。実際には貿易商人の暴動事件や元末の治安悪化により、何度か交通の途絶があったが（一三三六—四二年、一三五二—五六年、一三六六—六七年）、僧侶の往来は空前の規模に達し、一三〇五—七〇年の六六年間で、入元僧と来日元僧を合わせて三三七—三八七次が確認できる。往来の途絶が確認できる一四年間を除く五二年でこの回数を割ると、一年平均で六・四八—七・四四件の入元・来日が確認できることになる。これは末期日宋交流の倍近い頻度である。

往来規模総体の推計

以上で見た件数は、あくまでも偶然残った史料から数え上げたものである。実際の件数がこれを上回っていたことは言うまでもない。では我々が把握している僧侶は、全体の中でどの程度の割合なのだろうか。これを正確に知ることはもちろん不可能だが、私は全体の半分かもう少し少ないくらいと考えている。

一艘に乗った僧侶の全員の名前が判明する唯一の事例として、一三五〇年に元から来日した船があり、洞院公賢『園太暦』観応元年四月一四日条に引用される乗員リストから、帰国した一八人の日本僧の名前を知ることができる。首位に挙げられるのは龍興路兜率寺で住持を務めた龍山徳見（一二八四—一三五八）である。彼は一三四九年に帰国の途に就いたものの、日本への帰国便が得られなかった。通常日本へ行く便は慶元から出航するため、龍山も慶元で船を待ったのだろう。だが便がなかったため、龍山は北に移動して、翌年長江河口南岸の太倉から出航した。太倉の劉家港は、元代江南の国内航路の拠点である。龍山の船はここから北上した後、高麗沿岸を南下して対馬を経由し博多に着いたが、これは慶元から外洋をつっきる当時の一般的な日元間航路とは大きく異なるものである。日元間は直行便なら一―二週間の行程だが、龍山の船は二カ月近くを要しており、通常の航路の方が効率的に移動できたことは明らかである。船員はわずか一一人であり、外洋航海には堪えない小規模な沿海航行船だろう［榎本渉 二〇二〇］。

　龍山が慶元発の直行航路を用いなかった背景として考えられるのが、一三四八年末に慶元南方の台州路黄巌県で勃発した方国珍の乱である［榎本渉 二〇〇七］。一三五〇年頃には慶元近海で方国珍の襲撃の恐れが認識されていたことが元の史料より確認できるが、一三四九年にも影響が現れていたのだろう。そこで龍山は慶元で帰国便を待っていた他の僧を誘い、沿海航行船の雇用というイレギュラーな手段で帰国したのである。

　この船に乗った一八人の中で、龍山と円薫・天岸祥麟・無夢一清・克中致柔・足庵祖麟・特峰妙奇の七人は、帰国後に日本の寺院で住持を務めており、その関係史料からも入元の事実を知ることができる。この七人以外を見ると、善慧侍者は常陸国法雲寺の復庵宗己《ふくあんそうき》（一二八〇―一三五八）の使者として元に派遣され、一三四九年一二月に帰路に就いた慧侍者と同一人物と考えられる（『大光禅師語録』）。元東首座についても確実ではないが、清拙正澄《せいせつしょうちょう》（一三二六年来日、一三三九年示寂）から入元を見送られた東禅人と同一人物の可能性がある。他の九人は人名リスト以外の資料から入元の事実を知ることができない。つまり我々は偶然残った人名リストがなければ、一八人中で八―九名の名しか分からなかった。なお一三四二年に室町幕府が派遣した天龍寺船には、六十数人の僧が乗っていたことが知られるが（『愚中周及年譜抄』）、この時の入元僧は三一人程度の名前が判明しているので、やはり半分程度の人名が判明していることになる。

そこで現状で判明する入元僧の件数（三四一―三九二件）が、龍山の船の事例に基づいて全体の一八分の八―九程度に当たると仮定してみる。さらに他の条件も勘案して調整の上で試算すると、入元僧の総件数はおおよそ六〇〇―一〇〇〇人程度と推計できる。同様にして一三〇五年以後の一年当たりの平均入元人数を試算すると一一―一八件程度となる[3]。大雑把に言えば、毎年十数人の日本僧が入元していたことになる。

ただ先に見たように、天龍寺船には六十数人が乗っていた。毎年平均十数人が入元したと推計する場合、その数倍に及ぶ本船の乗員規模は問題になろう。実はこの船は、元の日本船来航禁止措置（一三三五年）以来七年ぶりの入元便だった［榎本渉 二〇〇七］。入元を望みながら数年間ってを得られなかった禅僧たちはこの船に殺到し、通常を大きく超える規模の入元僧を搭載することになったと考えたい[4]。これ以前、一三二五年に鎌倉幕府が派遣した建長寺船にも二十数人が乗っていた［榎本渉 二〇一四］。幕府派遣船は一般の船よりも安全性に優れ、大規模でもあっただろう。そのため多くの僧侶が集まりやすかったと考えられる。一三二六年には瑞興ら四〇人の日本僧が元から帰国したことが

『元史』泰定帝本紀に見えるが、これも建長寺船の帰還に便乗したものかもしれない。

元における入元僧

入元僧で滞在年数が判明する事例を四〇ほど見出して平均してみたところ、約一四年という結果になった（別掲表）。毎年一一―一八人が入元して、それぞれが平均一四年間元に滞在したのならば、元国内には平均して一五四―二五二人の日本僧がいたことになる。遭難・客死による目減りを考慮して一割程度を減じても、一四〇―二三〇人程度は見込んでよい。また一三二二―二五年頃に集慶保寧寺の古林清茂《くりんせいむ》に仕えた竺仙梵僊《じくせんぼんせん》は、保寧寺で侍者を務めていた頃、日本僧が寺に三二人おり、これを見た古林が戯れて自らを「此れ日本の国師なり」と言ったというエピソードを述べている（『梵竺仙禅師語録』建長禅寺語録）。当時の保寧寺は日本僧がもっとも多く参じた寺の一つだが、そこには在元中の日本僧の二割前後が集まっていたことになる。

言うまでもなく、元の遠征軍を撃退し招諭に応じなかった日本は、元にとって潜在的な敵性国家である。軍事的な対立関係が解消されていない国から次々と僧侶が来航したことは、警戒心を煽っただろう。彼ら自身が軍事的活動を行なうわけではなくても、情報漏洩などの恐れはあった。そもそも元は一四世紀初頭に、日本が臣従しないままで貿易を行なうことを認める方針を採ったが、この時点で日本僧の上陸を正式に認めたわけではなかった。そのことは一三〇五年に龍山徳見が上陸地の慶元で入城を認められず密入国したことから推測できる（『黄龍十世録』行状）。

No.	僧侶	入元年代	在元年数	入元年齢	備考
1	可菴円慧	1296	13	28	
2	虎関師錬	1299	未遂	22	
3	龍山徳見	1305	46	22	
4	遠溪祖雄	1306	11	21	
5	雪村友梅	1307	23	18	
6	無隠元晦	1308	19	25	『豊前興国寺文書』無隠元晦像楚石梵琦賛写に拠る。
7	嵩山居中	1308？	2	33	榎本渉 2013：422頁
8	嵩山居中	1318	6	42	
9	孤峰覚明	1311？		41？	
10	已	1317	5		
11	中巌円月	1318	未遂	19	
12	中巌円月	1325	8	26	
13	中巌円月	1342	未遂	43	
14	放牛光林	1318	7	29	
15	円極全珠	1318	12		
16	古先印元	1318	9	24	
17	月山友桂	1318～19	11～12		
18	寂室元光	1320	7	31	
19	別源円旨	1320	11	27	
20	円薫	1320	31		
21	大朴玄素	1320？	13	31？	
22	無涯仁浩	1321	25	28	
23	平田慈均			27	
24	月林道皎	1322	9	30	
25	無隠法爾		33		
26	霊叟太古		20？		
27	鉄牛景印	1323	10		
28	中庭宗可	1324	4		
29	天岸慧広	1324～25	5～6	52～53	
30	不聞契聞	1325	9	24	
31	古源邵元	1327	21	33	
32	正堂士顕	1328	8	41	
33	友山士偲	1328	18	28	
34	約庵徳久	1333	客死	19	
35	仲剛□銛		客死	17	
36	克中致柔	1342	9		

37	愚中周及	1342	10	20	
38	性海霊見	1342	10	28	
39	義堂周信	1342	未遂	18	
40	南海宝洲	1342	未遂	22	
41	南海宝洲	1343～45	漂流	23～25	榎本渉 2007：170 頁
42	友石清交	1342？	28	18	
43	無文元選	1343	8	21	
44	大拙祖能	1344	15	32	
45	大本良中	1345	14	21	
46	善慧	1346	5		
47	義空性忠	1346？	18？		
48	無我省吾	1348	10	39	
49	無我省吾	1363	客死	54	
50	椿庭海寿	1350	23	33	
51	大歇勇健	1350	未遂	22	
52	松嶺道秀	1351	未遂	22	
53	太初啓原	1351	客死	19	
54	中菴寿允	1359		25	
55	観中中諦	1364		23	
56	絶海中津	1368	10	33	
57	汝霖妙佐	1368	10		
58	峻翁令山	1368	未遂	25	
	平 均		13.83	24.61	

日本僧の行脚は多くの場合、南宋時代以来の慣例として黙認されたが、それも本来は取り締まりの対象だったと考えられ、日元間に緊張が走るたびに元では日本僧の入国制限や検挙が見られた。たとえば一三〇九年には、倭商の慶元城放火事件を契機に、天童寺の日本僧が十数人検挙された（『黄龍十世録』行状）。一三二八年の日本商人暴動の直後にも、同様に検挙された日本僧が確認できる［榎本渉 二〇〇七］。一三四三年には日本船来航禁止措置が解除され、天龍寺船は貿易が認められたが、日本僧の上陸は認められなかったため、僧侶たちは別船で密入国を図り、その過半は発見され処刑されたという（『愚中周及年譜抄』）。

とはいえ元代には、南宋を大きく上回る頻度・規模で日本僧の渡航が見られた。日本僧の活動は日元間に緊張が走った時を除き、黙認され放置されるのが常態だったと考えられる。たとえば一三四〇年代半ば、日本がスパイを送り込んでいることを密告する日本僧がいた。ライバルの僧侶を陥れようとしたものかもしれない。だがこれを聞いた中書省平章政事のタス＝テムルは、日本人に中国の盛んな様を知らせればよいと言って、これを取り締まらなかった（黄溍『金華黄先生文集』巻二八、勅賜康里氏先塋碑）。これは大国の余裕を示しているようにも見えるが、実際のところ、国内を広く動き回る僧侶たちを取り締まることは、上陸地や大寺院だけならばともかく全国的に行なうのは難しく、平時においてはそれほどの労力をかける動機もなかったのだろう。

実はこの点では、南宋の方が管理は厳しかった可能性がある。宋元代とも日本僧の活動の中心が上陸地の両浙（今の浙江省および江蘇省南部）だったことは共通するものの、元代には河北・山東・山西・陝西・四川・福建・江西などでも広く確認することができる。これに対して南宋期には、福建に漂着した例を除いて、両浙路の外に出た日本僧が確認できない。

これは南宋が北方に金・元という敵国を抱えていたことが関わる。たとえば栄西は陸路でインドへ行こうとして南宋の官府の許可を得られなかったが、それは華北が金の支配下にあり、西域もこれに従っていたためだった（『元亨釈書』巻二）。また重源は五臺山参詣を望んだが、金が支配していたため果たさなかったという（『玉葉』寿永二年正月二四日条）。以上は国外に出る僧への規制だが、国内においても同様の規制はあり得ただろう。南宋では僧が州境を出る場合は、師や住持の保証を得て度牒・戒牒を提出し、官府から公憑という通行許可証を得ることが義務付けられており、(5)移動先の制限は制度上でも容易だった。公憑制度は元代にも行なわれたが、軍事的な危機感が南宋ほど強くなかった元では国内移動の制限も緩く、日本僧の参学地も拡大したと考えられる。

日本僧の活動が現実に問題視されるようになるのは元明交替（一三六八）後、特に日本への倭寇取り締まり要求が効果を上げず、日本に対する明の不信感が高まった一三七〇年代後半のことだった。南京にいた日本僧は天界寺や鍾山などに集められ、監視下に置かれて寺院からの自由な出入りを禁じられた。明が日本の遣明使受入を止めた一三八〇年代には、日本僧の陝西・四川・雲南などへの配流も行なわれる［榎本渉 二〇一二］。流通・貿易の活性化による富の増大を目指した元と異なり、国際秩序の安定と国内の治安回復を重視した明は、海民の活動を抑制して民間貿易を禁止し、さらに日本を含め従順ならざる諸外国との国交を絶った［檀上寛 二〇一三］。高いコストを払ってでも国内外の安定を目指した明にとって、二〇〇人近い日本僧の存在は、倭寇との連携の可能性を考えても（それが杞憂だったとしても）放置できるものではなかった。取り締まりの対象となったのは当然の結末といえよう。

かくして約二世紀に及んだ日本僧の中国留学の時代は終わりを告げる。一五・一六世紀の遣明使はあくまでも外交使節であり、上陸地からの都への経由地以外に自由に赴くことはできなかったし、寺院で修行を行なうこともできなかった。中国に渡航する僧侶という外形は入元僧に近似するものの、実質的には留学の機会としてはまったく機能しなかったのが遣明使であった。

第三章　日本における入元僧

日本禅林における入元僧の位置

一四世紀には十数人の入元僧が毎年入元し、その多くが帰国して元の情報を伝えた。この時期の僧侶の渡航頻度は、前近代でもっとも高いものだった。時に中世の日本禅林は、中国帰りの僧であふれていたというイメージで語られることもある。だが彼らは実際のところ、日本禅林の中でどの程度の割合を占めていたのかは検証されていない。本稿では最後にこのことを考えて締めとしたい。

まず一四世紀の日本には、禅僧がどの程度いたのだろうか。参考にしたいのは一三二三年の北条貞時十三回忌法要に参加した関東の禅刹三八寺の寺僧の人数である（『円覚寺文書』六九）。具体的に見ると、円覚寺（三五〇人）・建長寺（三八八人）・寿福寺（二六〇人）・浄智寺（二二四人）の四寺で一二〇〇人以上に達し、他寺を含めれば総勢二〇〇〇人を超えたことが知られる。他に幕府の影響下にない関東の寺や関東以外の寺もあり、特に京都の南禅寺・建仁寺・東福寺などは円覚寺等と同程度の規模の僧を抱えていたと考えられる。これらの寺も含めれば、総勢は二〇〇〇人の倍を超えるだろう。その後も五山の寺僧は増加傾向にあったようで、一四世紀末には五山大刹の人員が一〇〇〇～二〇〇〇人にも及んでいたため、室町幕府によって五〇〇人に削減することが定められている［原田正俊一九九八］。また南北朝初期の最有力の禅僧だった夢窓疎石には一・三万人以上の徒弟がいたが、その中で正式な禅僧と見られるのは三八七四人である（『天龍雑誌』）。ここに他派の禅僧を加えれば、総勢一万を超えるかもしれない。この中から出た毎年十数人の入元僧は、ごく限られたエリート層と見てよい。虎関師錬（一二七八―一三四七）は凡庸な僧侶が一律に入元する当時の風潮を批判的に見ていたというが（『海蔵和尚紀年録』正安元年条）、実際には誰も彼も入元できたわけではなく、能力の高さを見込まれて寺院・門流から見込まれた者か、一族の有力者から後援を得られた者に限られたというのが実情だろう。

彼らの帰国後の処遇はどうだったか。ここで見てみたいのが、鎌倉・南北朝期の五山における日本人住持中の入宋・入元僧の比率である。『扶桑五山記』より鎌倉期の住持を見ると、建仁寺は二二人中で入宋僧五人・非入宋僧一三人（他の四人は来日宋元僧。以下同様）、東福寺は一五人中で入宋僧六人・非入宋僧九人、建長寺は二四人中で入宋僧四人・非入宋僧七人、円覚寺は一六人中入宋僧三人・非入宋僧五人、南禅寺は一二人中で入宋元僧四人・非入宋元僧七人となる。日本僧住持中で入宋元僧が占める比率は、建仁寺が二七・八％、東福寺が四〇・〇％、建長寺が三六・四％、円覚寺が三七・五％、南禅寺が三六・四％である。建仁寺のみ比率が低いが、これは創建時期が早く、初期は入宋僧自体が乏しかったという事情もある。東福寺・建長寺が成った一二四〇年代後半以後（九世大歇了心以後）に絞れば、一四人中で入宋僧四人・非入宋僧六人、入宋僧の比率は四〇・〇％となり、他寺と変わらなくなる。

ついで建武・南北朝期を見てみよう。偶然であるが、入宋僧住持はすべて鎌倉末期までに収まり、代わって建武政権期以後は入元僧住持が確認されるようになる(6)。そこで建武・南北朝期の五山住持を確認すると、建仁寺は四四人中で入元僧一七人・非入元僧二五人（入元僧四〇・五％）、東福寺は四三人中で入元僧六人・非入元僧三七人（入元僧一四・〇％）、建長寺は三九人中で入元僧一三人・非入元僧二四人（三五・一％）、円覚寺は三八人中で入元僧一四人・非入元僧二三人（三七・八％）、南禅寺は三六人中で入元僧一二人・非入元僧二〇人（三七・五％）、天龍寺は二六人中で入元僧一一人・非入元僧一四人（四四・〇％）である。東福寺は比率が低く、天龍寺は高めだが、それ以外は鎌倉期と大差ない。

以上を見るに、鎌倉～南北朝期の五山寺院の日本人住持において、入宋元僧住持と非入宋元僧住持はそれぞれ四割弱・六割強を占めており、入宋元僧が優先的に配されていたようには見えない。宋元禅林での修行体験は、住持として必須のものではなかった。母集団の規模を考えれば、入宋元僧の方が住持就任の機会に恵まれたことはたしかだが、彼らが五山禅林の中心だったとはいえない。鎌倉後期から南北朝期の著名な禅僧である高峰顕日・宗峰妙超・虎関師錬・夢窓疎石・義堂周信・春屋妙葩らがみな入元経験がないことも、考え合わせる必要があるだろう。

さらに来日宋元僧についても考える必要がある。特に鎌倉期の建長寺・円覚寺では、彼らが住持の半分近くかそれ以上を占めるほどの存在感を示しており、鎌倉禅林の中心的存在だった［村井章介 一九九五］。建武政権も同様に彼ら元僧を重用したが、一三三〇年代後半には元僧住持が次々と遷化する一方、元では日本船来航が禁止されたため、日本への新たな元僧招聘は不可能になり、一三四〇年以後の元僧住持は竺仙梵僊（一二九二―一三四八）のみとなる。一三四三年の日元貿易復活後には元僧招聘も試みられたが、元末内乱期の一三五一年に来日した東陵永璵（一二八五—一三六五）を除きすべて断られ、一三六五年の東陵入滅とともに元僧住持は途絶えた［榎本渉 二〇〇六b］。一三四〇年以後の五山は、元僧住持が一人いるかいないかの状態になっており、その存在感の低下は明らかである。しかしこれを補う形で、入元僧の住持登用が増えることはなかった。元代禅林を実体験した僧侶（来日元僧・入元僧）が住持になる割合は、結果的に減少したことになる(7)。

南北朝期の五山では、元代の『勅修百丈清規』が紹介され、元制に基づく仏事法会なども整備された［原田正俊 二〇〇七］。漢詩文（五山文学）の本格的な展開も南北朝期である。一四世紀の五山では、前世紀以上に中国化が進展していた。しかしそこに寄与した来日元僧や入元僧の地位が高まったわけではなかった。むしろ五山禅林に元代仏教が取り入れられれば入れられるほど、元代仏教をそれ以上に忠実に導入することの動機は下がることにもなったかもしれない。

無住道暁『雑談集』巻八、持律坐禅ノ事には、栄西が初め日本の風儀に任せた坐禅を行なったが、その後道元・円爾・蘭溪道隆によって南宋の正当な作法で坐禅が行なわれるようになったと評価し、「時の至るなるべし」と述べる有名な段がある。すでに日本でも南宋と同様の坐禅が行なわれているという自負を、無住は抱いていた。彼にとって禅を行なうための環境はすでに整っており、元代仏教をこれ以上学ぶ必要性は、さほど感じられていなかったのかもしれない。無住の『沙石集』『雑談集』には、中国の作法への依拠を過剰に行なう僧を批判的に取り上げる段がいくつか見られる。彼らは日本の禅宗がなお十分に整備されていないと考え、最新の宋元仏教を学ぶ必要を唱える立場を採る者だったのだろう。たとえば『雑談集』巻九、事理ノ行事には、円爾が事相を行なうことが多いことに対して、南宋と同様に坐禅を増やし陀羅尼読誦の行を減らすことを主張した入宋僧の話が見える。この時円爾は、信施に報いるためには陀羅尼も必要だと言って聞かなかったという。宋元仏教の導入をめぐっては積極派・慎重派両様の立場が見られ、禅僧の間でも必ずしも一致した考えがあるわけではなかった。

元代仏教導入をめぐる複数の立場を示すエピソードとして、後醍醐天皇（一二八八―一三三九）の僧服改革計画を取り上げたい。これは後醍醐が一三三五年に、僧服を黒から黄色に改めようとしたものである。当時入元僧に元制に依拠して黄衣を着す者がいたというので、後醍醐の案は彼らや来日元僧の提案に基づくものだろう。この計画については、五山の長老格だった夢窓疎石と虎関師錬が、日本の服制を守るべきと考えて反対したため、実現しなかった（『海蔵和尚紀年録』建武二年条）。しかし黄衣着用の風は、その後も広がり続けた。夢窓法嗣の義堂周信（一三二五―八八）は、濫進の徒が競って黄衣を着用するのを日頃から問題視していた（『空華日用工夫略集』永和元年九月二日条）。

夢窓・虎関・義堂はいずれも入元経験がなく、そのことが黄衣に対する慎重な立場に影響している可能性もある。元は一時期崇教抑禅政策を採っており、虎関はそのために元に対する不信感を抱いていたという指摘もある［康昊二〇二一］。一方で入元僧を中心に元制導入に積極的な僧もおり、一定の影響力を持っていた。建武・南北朝期の五山において、日本僧住持は四割弱が入元僧、六割強が非入元僧であり、元代仏教はこの両者のバランスの下で調整を受けつつ、日本に導入されたのである。

元末内乱と入元僧

南北朝期になると、五山外の地方の林下寺院を中心に、入元の成果に懐疑的な立場を示す者が現れる。本稿では最後に付論として、この件に言及しておきたい。

『松嶺秀禅師行状』に拠れば、伊豆曹源寺の松嶺道秀（一三三〇―一四一七）は一三五一年、日夜観音菩薩の前で祈りをささげ、入元を勧める夢告を得た。ところが師の実翁聡秀（?―一三七一）は、かつて入元して彼の地の禅に失望した自らの体験を踏まえて、航路が危険な状況下で行く必要はないと言って松嶺を留め、代わりに入元僧の寂室元光（一二九〇―一三六七）に参ずることを勧めた。これに類した逸話として、夢窓疎石が門人の黙庵周諭（一三一八―七三）の入元を留めて自分の手元に置き、元のことは入元僧の雪村友梅（一二九〇―一三四六）より学ばせたというものもある（瑞溪周鳳『臥雲日件録抜尤』寛正四年五月四日条）。日本における多くの入元僧の存在は、皮肉にも入元を不要とする理由付けにもなった。

ただ実翁の場合、入元制止の理由とともに、その時期も気になるところである。同じ頃に入元中止の事例が他にもいくつか見られるからである。たとえば信濃にいた大歇勇健《だいかつゆうけん》（一三三一―八三）は、一三四九年から入元の志を立てていたが、翌年華厳経を見て省覚するところがあり入元を中止した（『智鑑禅師年譜』）。また美濃大円寺に掛搭していた月庵宗光（一三二六―八九）は一三五一年頃に住持の峰翁祖一（一二七三―一三五七）から、まず自分（峰翁）の底蘊を学び尽くせと言われて入元を留められた（『月庵和尚語録』行実）。それぞれ理由付けはされているものの、そうした理由が持ち出されるのがなぜ揃って一三五〇年頃なのだろうか。

『松嶺秀禅師行状』は、当時元が混乱して外国船も被害を受けたことを伝える。これは一三四八年に蜂起した方国珍の影響が日元交通の拠点である慶元に及ぶようになったこと（第二章参照）を踏まえたものに違いない。実翁は元朝禅林を高く評価しないものの、航路が危険でなければ入元に反対しないとも述べており、入元中止の決定的な理由は宗教的な意義以上に、元末内乱による危険増大だったことが分かる。高僧の顕彰を目的とする僧伝で、こうした世俗的な事情が正直に書かれることはあまりないが、おそらく大歇・月庵の入元中止の背景にも同様の事情があったのだろう。

一三六八年には相模須々萱山の抜隊得勝（一三二七—八七）が、入明の志を語った峻翁令山（一三四四—一四〇八）に対して、日本にも優れた師がいるのだから異境に入りいたずらに身力を費やす必要はないと言って戒めたとされる（『広園開山行録』）。一三六六—六七年には貿易船の着岸地である両浙地域が戦争の舞台となり、日元貿易船の往来が途絶えたが、抜隊はこの状況を踏まえて入明を思いとどまらせたのだろう。

月庵・峻翁の入元・入明中止の直接の理由として挙げられているのは、まず日本の師から学ぶべきということである。これは先述の黙庵・松嶺の例と共通するものである。当時は貿易船の復活を待ち危険を冒して入元する者もいたから、月庵らは入元を中止した積極的な理由を提示する必要があった。それが上記僧伝に反映されたと考えられるが、結果として入元の意義を相対化するものとなった(8)。かつて入元の盛行を批判した虎関師錬も、入元を志しながら母に留められて中止した過去がある（『海蔵和尚紀年録』正安元年条)。元末に入元が困難な状況が生まれると、虎関と同様に入元しなかった僧が入元の価値の相対化をはかるようになったことは想像できる。それは日本で正統な禅が行なわれていることを強調することにもなっただろう。このように日元交通状況の変化は、時に入元の意義付けにも影響した。

一四世紀末になると、留学する僧自体がいなくなる。これは一三八〇年代に日明間の交通が途絶え、一五世紀に復活した遣明使も寺院で自由な宗教活動が認められなくなったことに因るもので、ひとえに中国側の事情に起因する。この段階では入明しないことを正当化する必要もなかったから、もはや僧伝にも関連の記述は見られない。日本禅宗の正統性はさらに強調され、明代仏教の導入方針をめぐる路線対立も見られなくなったと予想されるが、この点は改めて検討する必要があろう。

おわりに

本稿では中世禅宗史の背景となる日宋・日元間の僧侶の往来動向を概観した。まず第一章では、中世禅宗史の始まりを、日宋関係の展開との関わりから確認した。平安末期に入宋僧が復活したことで、日本僧が南宋の禅宗に接触する機会が訪れた。ただしその最初期には日本国内に南宋仏教の情報を持つ者はおらず、禅宗の紹介者としては博多の宋海商が大きな役割を果たした。鎌倉期に南宋仏教界との関係が本格的に始まると、日本禅宗の諸門流は留学先となる南宋の寺院・高僧との関係を確保し、一門の僧に使命を託して入宋の機会を与えた。これによって門流側も南宋仏教界と定期的に連絡を取り、その縁を継続させることができた。

第二章では、南宋・元と日本との間を往来した僧侶について、現在判明する事例数を確認した。頻度は宋末一二四〇―七五年に急増し、元代の一三〇五年以後にはさらにその倍近い頻度にまで増えた。入元僧の総件数は六〇〇―一〇〇〇程度で、毎年平均十数人の僧侶が入元したと考えられる。元には常時二〇〇人前後の日本僧が滞在し、時に取り締まりの対象とされることもあったが、基本的にその活動は黙認されていたと考えられる。しかし国際秩序の安定と国内の治安回復を重視した明は彼らを取り締まり、二世紀に及んだ留学の時代は終わりを告げた。

第三章では、日本国内における入元僧の位置を見た。当時の禅僧の中で入元できたのは、限られた一部の僧に過ぎなかった。また鎌倉～南北朝期において、五山の日本人住持の中で入元僧は四割弱に過ぎず、日本禅林が彼らを中心に動いていたと見ることはできない。南北朝期には、入元僧住持とそれを上回る人数の非入元僧住持という数的バランスの下で、元代仏教の導入が進められた。また一四世紀後半になると、地方の林下寺院では入元の価値を相対化する理屈が相次いで語られるようになった。これは日元交通状況の悪化により入元を中止することを正当化するものと考えられる。留学の評価は対外関係に伴って変化することもあった。

以上が本稿のおおまかなまとめとなる。概して禅宗史の展開の外的な環境を提示するだけのものになったが、こうした中で展開した禅思想の内実は、他の論考で展開されることになるだろう。

【注】

1 本節は、『中外日報』二〇一八年一〇月五日号に掲載された「日宋交流と禅僧―中世禅の再考」に基づき、加筆修正を行なったものである。
2 なお元明交替後の一三六九―七〇年に入明した僧も、便宜的に入元僧に含めている。
3 具体的には別稿を参照［榎本渉二〇二二］。
4 中巌円月（一三〇〇―七五）・南海宝洲（一三二一？―八二？）は官司の制止によってこの船に乗ることができなかったが（『南海和尚伝』『中岩月和尚自暦譜』）、それは乗船希望者の殺到に依るものでもあったのだろう。
5 『慶元条法事類』巻五一、道釈門、行遊、令、道釈令。なお帰明僧（外国から帰化した僧の一種）や陥蕃投帰僧（かつて外国に捕らわれた僧）は、州城から出ることすら認められなかった。
6 ただし南禅寺には、鎌倉期にも入元僧住持がいた（六世見山崇喜・一二世嵩山居中）。
7 もともと来日宋元僧を住持に迎えなかった東福寺でも、入元僧住持の比率低下が認められる。
8 特に峻翁の伝『広園開山行録』は、峻翁生前に作成されたもので、峻翁自身の主張を反映したものと見られる。

【引用文献】

榎本渉［二〇〇六ａ］「初期日元貿易と人的交流」『宋代の長江流域』汲古書院
榎本渉［二〇〇六ｂ］「元僧無夢曇噩と日本」『禅文化研究所紀要』二八
榎本渉［二〇〇七］『東アジア海域と日中交流―九～一四世紀―』吉川弘文館
榎本渉［二〇一一］「雲南の日本僧、その後」『古代中世日本の内なる「禅」』勉誠出版
榎本渉［二〇一三］『南宋・元代日中渡航僧伝記集成　附江戸時代における僧伝集積過程の研究』勉誠出版
榎本渉［二〇一四］「建長寺船の派遣とその成果」『東アジアのなかの建長寺』勉誠出版
榎本渉［二〇一六］「平安末期天台宗における宋代仏教へのまなざし―栄西入宋の前提として―」『佛教史學研究』五九―一
榎本渉［二〇一九］「中世日本僧の中国留学―一二～一三世紀を中心に―」『ＭＩＮＥＲＶＡ世界史叢書４　人々がつなぐ世界史』ミネルヴァ書房
榎本渉［二〇二〇］『僧侶と海商たちの東シナ海（増訂版）』講談社学術文庫
榎本渉［二〇二二］「日元間の僧侶の往来規模」『元朝史の新展開（仮題）』勉誠出版

大塚紀弘［二〇一四］「日本中世における中国石碑文化の受容」『文化史学』七〇
川添昭二［一九八七］「鎌倉中期の対外関係と博多」『九州史学』八八・八九・九〇
川添昭二［一九八八］「鎌倉初期の対外交流と博多」『鎖国日本と国際交流』吉川弘文館
川添昭二［二〇〇六］「博多円覚寺の開創・展開―対外関係と地域文化の形成―」『市史研究ふくおか』一
康昊［二〇二一］「『元亨釈書』の歴史構想における顕密仏教と禅宗」『中世の禅宗と日元交流』吉川弘文館
佐藤秀孝［二〇一〇］「覚阿の入宋求法と帰国後の動向（中）」『駒澤大学佛教学部論集』四一
檀上寛［二〇一三］『明代海禁＝朝貢システムと華夷秩序』京都大学出版会
原田正俊［一九九八］「中世禅林の法と組織―禅宗寺院法の基礎的考察―」『佛教大学総合研究所紀要別冊　宗教と政治』
原田正俊［二〇〇七］「中世仏教再編期としての一四世紀」『日本史研究』五四〇
藤善眞澄［二〇〇六］「成尋が齎した彼我の典籍」『参天台五臺山記の研究』関西大学出版部
村井章介［一九九五］「渡来僧の世紀」『東アジア往還』朝日新聞社
村井章介［二〇一三］「肖像画・賛から見た禅の日中交流」『日本中世の異文化交流』東京大学出版会
渡邊誠［二〇一〇］「後白河法皇の阿育王山舎利殿建立と重源・栄西」『日本史研究』五七九

【追記】

本書校正中の二〇二一年四月に、康昊『中世の禅宗と日元交流』（吉川弘文館）が刊行された。特に新稿「十四世紀の五山禅林と大元ウルス時代の江南禅宗文化」は本稿と関わるところが多い。併せて御覧いただきたい。

茶将来説話から考える中世禅の見直し
——研究史における百年の桎梏——

米田真理子

一　はじめに

栄西といえば、どのような人物を思い浮かべるであろうか。中世の文化に影響を与えた仏教といえば、どの宗派が思い浮かぶであろう。栄西は、鎌倉時代の初頭に中国で禅の法を受けて帰国し、日本に初めて禅宗を開いた人物として知られてきた。これが栄西に対する一般的な認識である。宋朝で盛んであった禅宗は、とくに武士たちが好んで受け入れ、鎌倉時代に流布した。こうした歴史観も浸透していた。

近年、栄西の事跡に対する見直しが進み、禅を中心とする評価から、禅をも含めた総合的な仏教を目指した天台僧としての評価へと移行しつつあり、歴史学や仏教学などの諸分野において、栄西や弟子たちの思想および活動が改めて注目されるようになった。しかし、そうした栄西の事跡の見直しだけでは解決しない問題がある。それは、栄西を禅の始祖とみなす認識と、そこから派生するものの捉え方である。禅の始祖としての評価は早く鎌倉時代後期には生じ、その後、栄西を禅と結びつけて理解する見方が広まり、さらに時間をかけて、冒頭に見たような認識となって定着した。かかる認識は、中世の文化もしくは日本の文化を捉えるさいに作用して、禅の影響を過度に認める傾向として表出することに繋がった。

栄西に関して言えば、栄西が中国で禅を学んだことを踏まえ、禅以外の教学を捨て去ったかのごとく受け止める捉え方のことである。栄西を禅僧と呼ぶ場合、まるで天台僧から転向したかのように捉えることを問題にしたいのである。こうした捉え方に作用する認識は、意識の深層にあって、外からは見えにくい。たとえば、栄西が伝えた「禅宗」を「鎌倉新仏教」と呼んだのは近代的な歴史認識だったとして、その用語は使用せずとも、栄西の事跡や思想に対して、禅にかかわる事柄を重視する傾向はいまなお健在である。栄西による禅は栄西の事跡の一部でしかなく、そこに重点を置く営為は、それを選び取った主体があって初めて成り立つものといえる。研究の場でそうした選択を無自覚に行ったなら、考察の結果として出される評価に偏りが生じることはもとより、対象の姿を歪めることにもなりかねないが、文学研究や歴史学、仏教学、美学、そのほかの様々な分野において、充分に起こり得る事態であると思われる。

本稿は、日本の禅に対する潜在的な認識が、物事の理解をどう規制するかという問題について、その具体例として喫茶史の研究を取り上げて検証するものである。これは私自身が取り組んできた課題であるが、栄西の問題を含み、かつ禅の影響力の強さを示すには、格好の素材である。以下に、私がこの研究を始めることになったきっかけを示して、喫茶史の研究状況の説明に代えたい。

喫茶の課題に取り組むことになったのは、中世文学研究の立場において、「茶と文学」というテーマを得たことによる(1)。まず、平安朝の漢詩文に茶が登場するように、中世の和歌にも茶が詠まれているのではないかと思って検索したところ、二条良基が主催した歌合の判詞に関連する記述が見つかった。それは明恵が茶を植えたとされることを批判する内容で、明恵の伝記『明恵上人伝記』には、たしかに明恵が栂尾に茶を植えたことが記されていたから、良基が批判したのはこのことであろうとすぐに見当がついた。伝記の記事は、後半に別の伝として、栄西が茶の種を明恵に与えたとする説が付されており、説話の型からして、後に追加された説と推測された。良基の学識は高名で、そこに『明恵上人伝記』の成り立ちを加味すれば、この話は良基の言うように「ひがごと」であると直感され、説話としての何らかの意図があるのだろうと関心が持たれた。

そこで、背景となる喫茶の歴史を調べ始めたところ、中世の喫茶史は栄西の事跡を軸に組み立てられていることがわかった。しかも、その枠組は明恵の説話や良基の批判を踏襲するものであり、かつ禅の要素が至る所に確認された。明恵の伝記に栄西は出てくるが、禅については記されておらず、良基は栄西も禅も取り上げていなかった。現存する文献から読み取れる事柄と喫茶史研究との間には少なからぬ距離があると思われたが、どのような展開を経てこうなったのかは、先行研究を読んでも見えてこなかった。

以上のような状況を前提に、中世の喫茶にかかわる研究を、中世の禅の研究と並行して行い、問題の所在を探っていった。本稿では、かかる研究経験をサンプルとして、禅に対する認識が人の思考に作用する様子を跡づけ、可視化することを目指す。かかる方法を採るため旧稿との重複が多く[2]、また取り上げる先行研究は網羅的ではないことを予めお断りする。

二　喫茶史研究における問題点

喫茶は日本の文化を代表する一つである。その歴史は多様な文献に様々な角度から説かれてきた。そこにどのような問題が潜んでいるのか、紐解いていこう。

(1) 栄西将来説の否定

日本の茶の歴史は、鎌倉時代初頭を画期とみなす説を軸に組み立てられてきた。画期を鎌倉初頭とするのは、日本の茶は栄西が中国から茶を持ち帰ったことに始まるとする説に基づく。しかし、茶は平安時代にすでに飲まれ、栽培もされていた。それは『日本後紀』弘仁六年(八一五)四月癸亥条と同年六月壬寅条に記された事実であることから、鎌倉時代に栄西が茶をもたらしたとする説には矛盾があることは明白であった。そこで出てきたのが、茶が一旦廃れたとする解釈である。平安時代に飲まれていた茶が廃れ、再び栄西が将来して活性化したという主旨である。しかし茶の衰退を示す文献は存在せず、これは栄西による将来説を、平安期における茶の受容の事実に照らして、整合性を持たせるよう導き出した説といえる。そしてさらに、この説も否定される。平安時代から鎌倉時代を通じて行われた行事において茶が供せられた事実に基づき、断絶は確認できないとして、退けられたのである。

以上は、日本での茶の受容を通史的に捉えてきた経緯とその概要である。関連する研究の到達点の一つに、平成十一年（一九九九）発表の中村修也「栄西以前の茶」（茶道学大系第二巻『茶道の歴史』淡交社）がある。中村氏は、平安時代の茶が廃れ、栄西が新たに茶をもたらしたとする説を「通説」とみなして批判し、その「通説」の筆頭にあげる昭和十一年（一九三六）刊行『茶道　茶史篇』（創元社）の池田源太「上代喫茶史」を、「以後の平安時代茶道史の基本的論考となった」と位置付けた。たしかに池田氏の論説には「藤原時代の末期に及んでは、全く喫茶の風が忘れられたこともないであらうが、初期及び中期に比して最早比すべくもない有様となつた」などの記述が確認できる。平安時代の茶が廃れたと記す学術書は枚挙にいとまがなく、それらでは、平安期の茶を廃絶もしくは衰退と捉えて、栄西将来説の前提として示す傾向にある。昭和三十三年（一九五八）刊行の『茶道古典全集』第二巻（淡交社）において、栄西の『喫茶養生記』を担当した森鹿三氏が、「わが国に飲茶の風習をひろめたことと新仏教禅宗を創立したこととは、栄西の業績の中でも特に顕著なものとして忘れることができない。（中略）当時この風習の途絶えていたわが国に、この風をひろめるべきことを痛感し、改めて茶実を将来したのである」とするのが、その端的な例といえる。

かかる「通説」に対して、中村氏は「平安中期以来、喫茶の風習が廃れたというのは事実であろうか」と疑義を呈し、昭和九年（一九三四）刊行の重森三玲『日本茶道史』（河原書店）において注目された年中行事・季御読経での引茶に着目する。中村氏は、『日本茶道史』を網羅的に史料を列記するのみで充分な考証がないと批判して、「年中行事書」に書かれた行事が実際に行われたものであるかを「当時の貴族の日記」と対照させて確認すべきと主張したうえで、次のように述べる。

この三書が記された十二世紀前半から十三世紀中期に至る時期に、実際に、毎年二月の季御読経と三月の御燈・御卜の際に引茶と造茶使の派遣が行われていたとしたら、非常に興味深い出来事である。なぜなら、『師元年中行事』が実施された時代は、栄西が二度目の入宋を果たした文治三年（一一八七）より以前のことになるからである。つまり、栄西が「茶」をもたらさなくとも、平安京の宮廷では、茶を使った儀礼が営々と営まれていたことになるのである。

栄西の入宋時期を問題にするのは、栄西の二度の入宋が平安末と鎌倉初であり、その前後に茶が受容されていれば、平安時代の茶が衰退したとする「通説」は否定することができるからである。中村氏は、まず平安時代を通じて茶園が広まっていたことを推測し、つづいて季御読経での引茶の例として、『小右記』天元五年（九八二）三月二十五日～二十八日条、『殿暦』天仁二年（一一〇九）五月十六日条、『兵範記』仁安二年（一一六七）七月二十五日条、『猪隈関白記』建仁二年（一二〇二）六月二十三日条などをあげて、「季御読経において引茶は平安時代を通じて間断なく行われ、茶が飲用され続けた」ことを立証した。そして次のように結論づける。

貴族の間でしばしば行われる御読経、年中行事的な大饗、染料としての茶染、これらの存在を知った今、我々は平安期に国内産の茶・茶樹の存在を認めないわけにはいかないであろう。かつて栄西が将来したものが茶種か茶樹かで論争されたが、少なくとも、栄西がそのどちらをも持ち帰る必要はなかったのである。

このようにして平安時代の茶の衰退と栄西による茶の将来は否定され、この中村氏の論考によって、喫茶史研究は流れを変えたかに見受けられた。

しかし、「通説」の内容は前近代の文献にも確認できるものであった。たとえば延享五年（一七四八）成立の売茶翁高遊外『梅山種茶譜略』は、「然りといえども、国人賞茶の者、猶お希なり。建仁栄西禅師、法の為め再び宋に入りて、建久二年東に帰る。茶子を持し来り、嘉種を得来りと云いて所を指す」（東洋文庫『日本の茶書』2）と、平安時代の茶は希少だったとして、栄西の将来に言及する。寛政六年（一七九四）刊行の上田秋成『清風瑣言』は、「然ども、種芸《ウエ》培養《ヤシナフ》事は早くに絶たりけん。後鳥羽《ノ》院の建久二年に。建仁寺《ケンニジ》の栄西《エイサイ》。宋《ソウ》より帰朝の日。茶子《チャノミ》を採《トリ》来りて。筑前の国背《セ》ふり山と云に種《ウヱ》られ」（『上田秋成全集』九）と、平安時代の茶は途絶えたと記している。

また、文政十二年（一八二九）板行の前田夏蔭『木芽説』も平安時代の茶は「おとろへはて」（『随筆文学選集』三）たと記して、栄西の将来に話を展開させる。本書は、紙面の上欄に『凌雲集』『文華秀麗集』『西宮記』『北山抄』をはじめとする諸史料から茶にかかわる記事を掲げ、注解を加えて本文の補助としている。文政四年（一八二一）から天保十三年（一八四二）にかけて成立した屋代弘賢『古今要覧稿』も史料を列記し、「篤信按ニ、（中略）葉上僧正入宋シテ重テ種ヲワタセシ由ナリ。始テ渡スニアラズ」（国書刊行会）と、やはり考察を加え、栄西の将来に「重テ」を付して、最初ではないと指摘する。

このような栄西の将来に「重テ」を付すものの早い例に、応永二十七年（一四二〇）成立の『海人藻芥』をあげることができる。

茶者、自二上古一我朝ニアリ。挽茶節会トテ於二内裏一被レ行二公事儀式一。然葉上僧正入唐之時、重而茶ノ種ヲ被レ渡二栂尾一。明恵上人翫レ之。（『群書類従』二八）

（茶は上古より我が朝にあり。挽茶節会とて内裏に於て公事儀式行なはる。然るに葉上僧正入唐の時、重ねて茶の種を栂尾に渡らす。明恵上人之れを翫ぶ。）

茶は「上古」より「我朝」に存在し、「挽茶節会」といって「内裏」で行う「公事儀式」で飲まれていた。「然るに」、ところが、「葉上僧正」こと栄西が「入唐」して「重而（重ねて）」「茶ノ種」を「栂尾」に伝えたとする。茶が廃れたとは記していないが、「重而」を差し挟むのは、「上古」以来の茶に対する考慮があってのことであろう。

以上、平安時代の茶が廃れて栄西が再び将来したとする説は、中世に原型が認められ、江戸時代には収載する文献が複数存在し、それらでは考察が深められていた様子もうかがえた。中村氏は、平安時代の喫茶に対して「茶が記録に残る機会の稀少性を考える時、我々は安易に否定論を出すべきではなかろう」と述べているので、茶が廃れたとする見方は、やはり現代の研究において発想されたと捉えていたことがわかる。しかしその「通説」は、前近代から連綿と続く論説であったのである。

（2）二条良基による否定

さらに、鎌倉時代に茶の始発を定める説に対して、季御読経での引茶の実施を根拠に否定する論証も、中世にまで遡ることが確認できる。貞治五年（一三六六）に二条良基が主催した『年中行事歌合』の廿五番右の題「季御読経」について、良基が次のように解説している。

右は季御読経とて、大般若を春秋百敷にて講ぜられ侍るにや、引茶とて僧に茶を給ふなり、されば茶は、むかしよりおほやけのもてなし給ふ物なりければ、大内にも茶園など侍るに、中比栂尾の何上人とやらん、茶の種を植ゑたるなど申すは、ひがごとにて侍るにこそ（『新編国歌大観』）

良基は、春と秋の二回、宮中で大般若経を読誦する行事であると説明したうえで、そこで僧に供される「引茶」に言及する。茶は「むかしより」朝廷で提供された物であるので、大内裏にも茶園があったと記す。茶は昔から飲まれ、栽培もされていたとして、「中比（なかごろ）」に「栂尾の何上人」が茶の種を植えた話は、「ひがごと（僻事）」、つまり事実にあわないと批判したのである。「栂尾の何上人」は明恵を指し、詳しくは後述するが、良基は、明恵の時代の茶の説を、それ以前より行われていた年中行事「季御読経」での「引茶」の実施を根拠に否定したことになる。

この良基の解説は、考証の方法とともに、後世に継承されていく。元禄十三年（一七〇〇）成立の立花実山『壺中炉談』には、次のような一節がある。

日本に茶の始りしこと、栂尾の明恵上人入唐帰朝のとき、茶の実をもてわたり栽はじめらるるよし、世説あまねし、これを考へ見るに、年中行事歌合判に曰、ひき茶とて僧に茶を賜ふことあり、されば茶は公のもてなしたまふ物にてありければ、昔より大内にも茶園侍るなり、栂尾の何上人とやらん、茶の種を植はじめたるよし申ハ僻事にてはへると云々、凡行事天平十七年九月、平城帝《マヽ》の御時、中宮僧六百人を請じて大般若経を読しむとあり、年ごとに行はるゝ事ハ、貞観年中よりとなむ、明恵上人ハ、後鳥羽帝の御宇にして、時世遙に後れたり、明恵の録を考るに、入唐なし、千光国師入唐帰朝のとき、茶実を明恵に贈りて、則栂尾へ植たるよししるせり、千光録も同し趣にして、帰朝の時、茶の実を筑前州聖福寺の内と、背振山に栽るよし記せり、（中略）聖福寺ハ日本禅刹の始め、千光の開基、鎌倉におゐて頼朝卿に談じ、後鳥羽帝に奏し、創建なり、故に扶桑最初禅窟の額字、後鳥羽帝の宸翰、今もて山門の表に鮮なり、しかれば茶実この寺の内と、背振山・栂尾等に、二師の植し事符合せり、是等を見れば、千光・明恵の録中、茶の始といふことなし、後人の贅説に、錯会を加へて、これを始といふなるべし、明恵・千光専ら茶を好ミ、あるひハ功能を挙げ、製法を顕ハし、人に教らる、其書世に伝れり、此時、あまねく茶を賞することにもなりぬ、千光、実朝の頭風を治せられし事とも旧記に明なり（『茶道古典全集』四）

実山は、まず「日本の茶の始りしこと」と、日本の茶の始発に焦点を絞り、明恵を主体とする説が「世説あまねし」、世間に流布すると指摘したうえで、「これを考へ見るに」と、私見を述べると記す。検証の第一に『年中行事歌合』の良基判をあげ、自らも考察を加え、大般若経の読誦が毎年実施されるようになるのは貞観年中（八五九〜八七七）以降であり、明恵はそれより遥か後代の人であるから時期が合わないと解説する。さらに明恵と栄西の伝記から、明恵には渡航の経歴がないことと栂尾に茶を植えた事跡とを、栄西については九州の聖福寺と背振山に茶を植えたことを、それぞれ確認する。そして両者の伝記には「茶の始といふことなし」と、茶の始発を示す記述はないと断言して、「後人の贅説に、錯会を加へて、これを始といふなるべし」と、後世の人が無用な説を言い立て、誤った解釈を加えて、日本の茶の始まりと言ったのだと結論するのである。

　これは、良基の判詞を継承しつつ、私見を加えたものといえよう。同様の論説は、弘化三年（一八四六）刊行の伊勢貞丈『貞丈雑記』などにも確認でき、そこでも「茶は日本にも上古より有りし也、明恵上人異国の茶の種を植へられし事はさもあるべし、茶の始にはあらず」（東洋文庫）と見える。茶の歴史を語るさいに良基の判を下敷きにするのは、前掲『海人藻芥』も同じであった。「茶者、自二上古一我朝ニアリ。挽茶節会トテ於二内裏一被レ行二公事儀式一（茶は上古より我が朝にあり。挽茶節会とて内裏に於て公事儀式行なはる）」は、良基の説を踏まえた記述と考えられる。このように見てくると、中村氏による論証もまた、良基の枠組から外れるものではないことがわかる。つまり、日本の茶の歴史を語る基本的な枠組は、良基の段階で確立し、以後、現代に至るまで継承されてきたことになる。

　問題は、良基が明恵の説を批判したことに対して、「通説」や中村氏の論文が栄西の説を対象としていたことである。貞治五年（一三六六）の『年中行事歌合』を起点に、二つの流れが生じたとみなすと、一つは、明恵説を対象とする良基判から『壺中炉談』『貞丈雑記』などへと続く流れで、もう一つは、栄西説を主体とする流れであり、それは『海人藻芥』が成立した応永二十七年（一四二〇）にまで遡ることになる。中世以来、かかる二つの流れが併存したことになろう。

管見の限りでは、現代の喫茶史研究で明恵の説を対象とするものはなく、「通説」も、それを批判する説も、栄西将来説を対象としていた。中村氏が「通説」としたのは昭和以降の論考であるが、平成三十年（二〇一八）の橋本素子『中世の喫茶文化』(3)でも、「従来の研究書などに書かれている」「抹茶の歴史」は、「一九五〇年代以降、五十年以上にわたって書き換えられることのなかった「茶道史」の通史そのもの」と述べるように、従来説とするのは昭和前半の研究である。その頃、栄西説に一本化されたのであろうか。

いずれにせよ、明恵将来説も、栄西将来説も、史実ではないと否定されたわけだが、では、説話の意図はどこにあり、その何が批判されてきたのか。二条良基が批判した説や、現代の研究で「通説」と呼ばれた説の内実はどのようなものであり、かつ日本の茶の歴史を考えるとき、栄西が中心に据えられたのはなぜなのか。これらの問題について、以下に順を追って確認していきたい。

三　明恵の伝記と茶祖伝承

茶の将来説を載せる現存最古の文献は明恵の伝記とされている。二条良基が批判したのも明恵を主体とする説であった。そこで、まずは明恵の伝記記事の分析を行い、茶の将来説がどのようなものであったかを考えてみようと思う。

（1）明恵の伝記

茶将来伝承を載せる最も古い文献は『明恵上人伝記』であり、その最古写本は鎌倉時代末期頃の書写とされる興福寺蔵『栂尾明恵上人伝　上』である。

サテ建仁寺ノ長老ノ茶ヲ進被タリケルヲ医師ニ問給シカバ、茶葉ハ大ニ遣リ困《コン》ヲ消食気シテ心ヨカラ令ル徳有。然共本朝ニ普ネカラザル由申ケレバ、ト角尋奔走シテ両三本被植ケリ。誠ニ睡ヲ覚ス験有ケレバ甚衆僧ニ服セ令テ賞翫有ケリ。或人語伝テ云、建仁寺ノ僧正御房唐ヨリ持シテ渡給ケル茶ノ実ヲ被進ケルヲ植ソダテ被ケルト云々。（『明恵上人資料』第一）

おおよその内容は、次のとおりである。

建仁寺の長老である栄西から贈られた茶について医師に尋ねたところ、医師が茶葉は疲労を回復し、消化をよくして、爽快にする効果があるが、しかしながら日本には普及していないと言うので、あちこち尋ね回って、二、三本の茶の樹を植えられた。じつに眠気を覚ます効果があるから、大勢の僧に服用させて珍重されたのである。ある人の語り伝えて言うことには、栄西が中国から持ち帰られた茶の実を進呈したものを、植え育てられたということである。

これは明恵の伝記であるから、主語は明恵で、明恵の事跡として記されている。茶を植えた場所は、伝記の文脈からすると栂尾となる。後半のある人が語った話が、前節で見た栄西の将来説に似ている。このように、明恵を主体とする茶の説が中世に存在し、しかも明恵その人の伝記に採録されていた。ただし、本書の性格上、直ちに明恵自身の事跡と認めることはできない。

明恵の伝記は、行状系と伝記系の二種に大別される。行状系とは、明恵の没年（一二三二年）から建長二年（一二五〇）までの間に、弟子の喜海が編纂した『高山寺明恵上人行状』（仮名行状）と、喜海の和文を隆澄が漢訳し、高信が加筆した建長七年（一二五五）成立の『高山寺明恵上人行状』（漢文行状）を指す。著者や成立事情がわかることから、根本伝記とみなされ、評価も高い（以下『行状』）。一方の伝記系は、『明恵上人伝記』と呼ばれる諸本のことで、『行状』以後の増補記事を含むものである。最古写本の興福寺本が「巻末に室町時代康正二年（一四五六）春の年紀がある識語を有するが、これは伝領識語であって、本文の書写年代はこの年代よりも遡り、鎌倉時代末期と認められる[4]」と、鎌倉末の書写とされることから、成立はそれより前とみなされている。古写本も多く、江戸時代には板行もされて広く親しまれたが、明恵以後の出来事が含まれるなど、扱いには注意が必要ともいわれている（以下『伝記』）。茶の記事は、『伝記』にのみ掲載され、『行状』には見えない。典拠も不明であるため、直ちに明恵の事跡と認めることはできないのである。

では、『伝記』の茶の記事について、諸本の比較を通して考えてみよう。この記事は伝本間に異同があり、前半の話のみを載せる伝本が存することが、平成十二年（二〇〇〇）の村井康彦氏の論文に指摘されている[5]。前半の内容を単独で掲載する伝本に『栂尾明恵上人伝　上』（高山寺蔵、慶長十四年〈一六〇九〉写）や『栂尾明恵上人伝記』（高山寺蔵、江戸時代写）があり、後半に「或人語伝テ云」以下の話を載せるものに、興福寺本のほか、『梅尾明恵上人物語』（高山寺蔵、室町時代書写）や宝永六年（一七〇九）刊行の板本がある。村井氏は、「説話の内容から判断して」「一緒に出てくる」ものが

「あとの姿であろう」と、前後半の両説を併記する記事を後出の形と位置付けた。妥当な見解と思われる。したがって、最古写本の興福寺本は後出の系統に属し、その興福寺本より前に、前半の記事のみを掲載した『伝記』が存在したことになる。つまり、明恵の茶の話は、前半の記述がより源泉に近く、それは単独で存在する説であったのである。

(2) 伝承の意図

『伝記』の茶の記事は、前半の明恵が茶樹を植えた話だけを載せる伝本の形が、原初形態と考えられた。後半の「或人」が語った内容は、明恵が植えた茶樹が、栄西が中国からもたらした茶の種によることを示すものであった。たしかに前半では、明恵が茶を求めた行き先は明示されていなかった。そこでは、明恵は、医師が「本朝ニ普ネカラザル」と述べたことを踏まえて、「ト角尋奔走」したと記されており、このことから、明恵が茶を探しに行った先は「本朝」ではない場所、すなわち中国であったことが推測される。

時代は下るが、南北朝末頃成立の『神明鏡』は、「用浄（葉上）僧正」こと栄西とともに明恵を「遣唐使」に見立てて、中国から茶を伝えたことを記している。

> 建久年中用浄僧正、明恵上人遣唐使トシテ、道宣律師ノ在世ノ時感得有シ、仏牙ノ御舎利所望ノ為ニ渡シケリ、唐帝ヨリ申給テ帰朝有、実朝ノ大臣ハ道宣ノ再誕也、サテ鎌倉ノ乾正続院被置、用浄建仁寺ノ本別当タリシカハ、此寺ニ於禅法ヲ初修ス、我朝禅法ノ初也、明恵ハ栂尾ヲ建立有、

茶ハ此時実ヲ以帰、此所ニ初テ被殖長ケリ、（『続群書類従』二九上）

慶長十七年（一六一二）成立の『僊林』にも「栂尾《ノ》明恵上人、異国より茶の実《ミ》をたつさへ来てこれを製《セイス》」（『茶道古典全集』一一　補遺一）とあるなど、明恵が中国に渡り茶を伝えたことを記す書が存在する。こうした叙述は、明恵による茶将来説の『伝記』に入る前の姿を留めるものと考えられる。

しかし明恵には入宋の経験がなく、しかも生涯に二度渡海を企て、その都度潰えたことは、『行状』や『伝記』、「明恵上人神現伝記（春日明神託宣記）」などに書き留められて、明恵の周辺ではよく知られた事実であった。これらのことから、明恵が中国で茶を求めたという話は、明恵の事跡を深く考慮しない場で生じたもので、かつ『伝記』に収録するさいに、他の事跡と齟齬する部分は曖昧な表現にされたことが推測される。医師の発言に「本朝」とあるのは、その名残であろう。しかし、そのことで肝心の茶の素性はわからなくなった。そこで栄西が持ち帰ったとする話が追加され、その結果、栂尾の茶が中国に由来することは、再び保証されることになったのである。

以上、『伝記』より前に、明恵が中国から茶を伝えた話が存在したと考えたが、その話が日本の茶の始発を意味していたかどうかは、『伝記』の記事だけでは判断できない。そこで、鎌倉末期頃から行われた闘茶を手がかりに考えてみることにする。闘茶で栂尾の茶は「本茶」と称されて、「非茶」と呼ばれる他の産地の茶と区別された。『師守記』暦応三年（一三四〇）正月二十五日条の「十種本非帳行」や、『祇園社家記録』康永二年（一三四三）正月二十五日条の「本非十種茶」に、「本非」の語が見える。栂尾の茶を「本茶」と記す早い例には、南北朝期成立の『海人藻芥』「本ノ茶ト云ハ栂尾也、非ト云ハ宇治等ノ事也」や、同じく南北朝期成立の『異制庭訓往来』「我朝茶之窟宅者、以二栂尾一為レ本也（我が朝の茶の窟宅は、栂尾を以て本となすなり）」（『群書類従』六）がある。

さらに『異制庭訓往来』の記事には、「有レ本者必有レ末。有レ源者又有レ流也。夫茶之為レ茶。始植而後摘レ之。始植則本。後摘則末也（本あれば必ず末あり。源あれば又流あるなり。それ茶の茶たる、始め植えて後に之れを摘む。始め植うるは則ち本、後に摘むは則ち末なり）」と、「始め」に植えた茶を「本」とすると記す。「本末」の対義語を用いて説くのは、「本非」は本来は対にならない語であるからであろう。このことから「本茶」「非茶」の語は、日本において、当時の茶の状況に則して、「本末」などの語をもとに発想された造語ではないかと推測する。当時の茶の状況とは、「我朝名山者、以二栂尾一為二第一一也（我が朝の名山は、栂尾を以て第一となすなり）」と、「栂尾」を日本の「名山」の第一に定め、仁和寺をはじめ「補佐」する六つの茶園と、「此の外」の五つの茶園を列記することの、もとになった茶生産の状況である。すなわち、「本茶」は各地に茶園が確立して初めて成り立つ語であるといえ、そこには栂尾の茶園が各地の茶園に先んじて出来たとする見方があった。その見方が『伝記』より前に存在したかは明確にできないが、遅くとも南北朝時代の文献には確認し得る事柄であった。

ここで『年中行事歌合』（貞治五年〈一三六六〉成立）を振り返ると、良基は、「むかしより」飲まれた茶について、「大内にも茶園など侍る」と、茶園の問題として解説し、それと対比させて、「中比栂尾の何上人とやらん、茶の種を植ゑたるなど申す」と、「中比」に明恵が茶を植えたとされることを批判していた。良基が問題にしたのは、日本での茶園の開始時期であり、その前提として、栂尾の茶園を日本の最初とみなす説があったと考えられる。それは右の本茶についての考察とも符合する。また良基が明恵の名を明示しなかったのは、その説が俗説の類だったからではないだろうか。そして、この話題を歌合の場で取り上げたのは、当時、この話が歌合を享受する層にもよく知られ、信じられていたことによると推測する。

じじつ、栂尾の茶の知名度は高かった。如上、闘茶で本茶とされた。金沢文庫古文書によって、鎌倉の武家の間で珍重されていたことも知られている。宇治茶の初見は応永七年（一三七四）であるが、宇治茶は明恵が栂尾の茶を移植したことに始まるとする伝承があった。万福寺（宇治市）門前の駒蹄《こまのあし》影園跡碑《かげえんあとひ》は、その明恵の遺徳を顕彰して、大正十五年（一九二六）に宇治郡茶業組合が建立した碑である。天文十五年（一五四六）成立の狂言『茶壺』は、古名を「栂尾茶買」とし、「中国一の法師が求めたのも、「栂尾にも付しかば、峰の坊、谷の坊、ことに名誉しけるは、閼伽井の坊の穂風を、拾斤計買取り」（『狂言六義全注』）と、「本の茶」たる栂尾の茶であった。中世を通じて栂尾の茶の名声が高かったことがわかる。

茶の将来伝承で、茶が植えられた場所は、いつも栂尾であった。伝承の形が少々変わろうと、たとえば明恵が入宋しようとしまいと、植樹の地は変わらず栂尾だった。明恵のゆかりの地はほかにもあるが、明恵が茶を植えるのは必ず栂尾だった。栄西を主体とする伝承でも、栄西が持ち帰った茶は明恵を介して栂尾に植えられた。九州の背振山や聖福寺に栄西が茶を植えたとするのは、江戸時代以降の茶書などに出てくる説である。

このように見てくると、この説話は、栂尾の茶園における茶のルーツを示すことが本来の目的だったことがわかる。良基は正しくそれを捉え、批判したのである。

(3)「通説」の位置

では、改めて『伝記』の茶の記事の成り立ちを確認しよう。まず『伝記』以前に、明恵が中国から茶を持ち帰った話があり、『伝記』に採録される段階で、明恵の事跡と齟齬がないように、茶を求めた行き先は伏せられた。さらに、茶の素性を明らかにするため、栄西が中国から持ち帰った茶の実を明恵が植えたとする話が追加された。

このように、この話は段階的に変移しており、整理すると次のようになる。

(1) 明恵が中国から茶を持ち帰り、栂尾に植えた話が生じた

(2)(1)が『伝記』に採録される段階で、行き先が伏せられた

(3)(2)に栄西が中国から持ち帰った茶の実を明恵が植えたとする話が加わった

前掲『海人藻芥』で、栄西が入宋して「重而茶ノ種ヲ被レ渡二栂尾一。明恵上人翫レ之(重ねて茶の種を栂尾に渡らす。明恵上人之れを翫ぶ)」と記したのは、(3)に『年中行事歌合』の視点を加えた形といえる。そして現代の研究で「通説」とされたのは、そこに平安時代の茶の衰退が加えられたもので、『海人藻芥』からさらに一段階進んだ形といえよう。

そもそも(1)の話も明恵の事跡ではなく、(3)も栄西の周辺に見られない説である。これらの

ことは、栄西と明恵の研究で早くに言及されていた。ここでは昭和四十年（一九六五）初版の人物叢書『栄西』（吉川弘文館）から引用する[6]。

これらの伝は本来何にもとづくか。まず、それは、栄西側の史料には全く見えぬ所で、専ら高弁側の史料にもとづくのであるが、田中久夫氏は古来の高弁の諸伝記を比較検討されて、右の伝えは『明恵上人伝記』のみにみえること、それは高弁伝として最も信頼すべき『明恵上人行状記』等に所見なし、との事実などより、後世の成立に係るものであり、すなわち恐らく栄西の、臨済宗祖師としての盛名の確立後のことであろうと推測された。また『沙石集』『雑談集』に高弁・栄西のことにそれぞれ度々言及しながら、この『伝記』にみゆる説話が全く見えていないこともそのことの一証左とすることができよう。

茶の将来説は、「栄西側の史料には全く見えぬ」説であり、明恵側の史料に基づくものであると指摘する。「高弁側の史料」たる（2）は（1）を踏まえて出来た記事であり、（2）がなければ（3）の異伝は出てこなかった。（3）に相当する『伝記』後半の話が、栄西の将来説と似ているとしたが、その話が単独で存在したとは考えがたい。よって、近現代の喫茶史研究において考察の対象とされた栄西の茶将来説は、歴史事実からは距離のある説だったといってよいであろう。

栄西将来説の原型が、鎌倉時代末までに成立した『伝記』に載るとしても、それはあくまで傍流の説でしかなかった。ではなぜ、近現代の研究は対象を栄西説に絞り、明恵の説を顧みなかったのか。明恵の『伝記』は広く知られ、茶の記事には村井氏による分析もあった。『年中行事歌合』は誰もが手にとることのできる文献である。明恵の説を「世説あまねし」と記した『壺中炉談』も公刊されている。栄西の将来説にも明恵は登場する。かかる状況に鑑みれば、明恵を取り上げないことは一種の偏重にさえ思われてくる。そこで次に、喫茶史の研究において、栄西の将来説がどのように扱われてきたかを確認する。

四　栄西の役割

日本の喫茶史を考えるために、鎌倉初期の将来説を取り上げるのであれば、明恵を中心に検証するのが正しい在り方である。栄西による将来説も、明恵の説を踏まえて分析する必要がある。それらは伝承であるから、史実か否かを問うだけではその内実に迫ることはできない。明恵の説に言及する前近代の諸書もその域を出るものではなかったが、二条良基による批判などは、伝承の内容を否定すること自体に目的があったと考えられる。栄西の将来説に対しても否定する説が出されたわけだが、その後の学説がどのように展開したのかを確認して、栄西に担わされた役割を探っていきたい。

（1）代替案としての宋代喫茶

平成十二年（二〇〇〇）の論文で、中村氏が「通説」としたのは昭和以降の研究だった。中村氏は、その「栄西以前の飲茶に関する学界の評価を生み出した」一因として、栄西の『喫茶養生記』を掲げる。まず、「通説」に「重要な役割を果た」したのが当該書であると想定し、『吾妻鏡』建保二年（一二一四）の栄西が実朝に茶を勧めた記事を提示する。ついで、一三三八年成立『勅脩百丈清規』等の禅院での清規と、一三二〇年作成『仏日庵公物目録』（円覚寺）といった「寺院の什物目録」に「茶や茶具足が登場する」こと、一二八三年成立『沙石集』に茶の説話が載ること、金沢文庫古文書から「上級武士の間」で茶が「貴重視」され「喫茶が嗜まれ」たことをあげ、栄西以後の喫茶に関しては「着実な広まりを示す史料」が残り、「それゆえ」、『喫茶養生記』の存在は、茶の湯史上、特筆すべき地位を与えられている」と評した。そして、かかる『喫茶養生記』の地位が「学界の評価」に繋がった例として、一九五六年の森鹿三、一九八四年の布目潮渢、一九六二年の芳賀幸四郎、一九九〇年の熊倉功夫による論説を列記し（中村論文での掲載順）、それらから「平安期に喫茶の風が廃れた」とする説の根強さを引き出すのである。

では以下に、『喫茶養生記』による「学界」への影響に目を配りつつ、栄西による茶将来説が喫茶史の中でどのように捉えられてきたかを考察する。まずは、中村氏の論文以後の研究動向から見ていくことにしよう。平成十三年（二〇〇一）の熊倉功夫「中国茶文化と日本―『中国茶文化大全』によせて」（『中国茶文化大全【解題】』農山漁村文化協会）には、次のように記されている。

近年、日本の研究者の間では、栄西の茶種将来説が疑問視されてきている。私自身、以前著した『茶の湯の歴史―千利休まで―』では、栄西は茶種ではなく茶樹をもってきたのではないか、と記したが、茶種であれ茶樹であれ、栄西がもち帰ったという記事は、栄西の行状を記す初期の史料にはみえない。栄西自身がその著『喫茶養生記』のなかに、茶種将来になにも触れていないことは先に述べたとおりである。私も前著の記事を訂正したい。

とするならば、栄西がもたらしたのはなにか。十二世紀における浙江省の緑茶の効用、生産技術とその飲用法という情報だったのである。それが『喫茶養生記』にすべて盛りこまれた内容である。

茶種や茶樹を問題にするのは、『伝記』の後半で栄西が明恵に「茶ノ実」を授けたとすることと、栄西が中国天台山から菩提樹の枝を商船に乗せて博多へ送った事跡の二点を踏まえて、栄西の茶の将来が考えられてきたことによる。熊倉氏は、その「茶種将来説が疑問視され」たことに対して、「とするならば、栄西がもたらしたものはなにか」との問いを立て、自ら「十二世紀における浙江省の緑茶の効用、生産技術とその飲用法という情報」と回答する。この「とするならば、栄西がもたらしたのはなにか」の問いは重要である。茶の将来が否定されたことを受けたうえでの代替案の提示であり、そこには栄西を何らかのものを「もたらした」人と捉える認識が明確にうかがえるからである。

次に、同じく平成十三年に発表された橋本素子氏の論文「鎌倉時代における宋式喫茶文化の受容と展開について―顕密寺院を中心に」（『寧楽史苑』四六号）を見ると、「宋式喫茶文化とは、鎌倉時代に栄西が将来した喫茶文化であり、平安時代に将来された唐式喫茶文化と比べて、栽培法は同じであるが製茶法と点茶法が異なる」と、「栄西が将来した喫茶文化」たる「宋式喫茶文化」が取り上げられている。

橋本氏のこの定義は中村氏の論文を前提にしており、「最近中村修也氏は（中略）、平安時代の宮廷儀礼など貴族社会における唐式喫茶文化の受容状況を分析して、平安時代を通じて唐式喫茶文化が存続していたことを実証し（中略）、ついで鎌倉時代に宋式喫茶文化が寺院社会および武家社会に定着するという、喫茶文化の展開過程を想定」したと評価する。ただし、中村氏は「唐式喫茶文化」と「宋式喫茶文化」に分けて論じていたわけではなく、かかる区分は、橋本氏の発想によると考えられる。「唐式喫茶文化」は、唐が滅亡する天祐四年（九〇七）までに、日本へもたらされた茶の法式をいうのであろう。日本の茶の初見である『日本後紀』弘仁六年（八一五）四月癸亥条に、永忠（七四三～八一六）が嵯峨天皇に茶を献じたことが載るが、永忠は、唐代の中国に約三十年間滞在して、延暦二十四年（八〇五）に帰国したことから、永忠の献じた茶は「唐式」となり、一方、栄西が滞在した時代は宋代であるから、栄西の茶は「宋式」となる、ということであろう。注目したいのは、ここでもやはり栄西を「将来した」人と認識していることである。

（2）『喫茶養生記』の存在意義

これらの発想を支えるのが、栄西の『喫茶養生記』である。熊倉氏が「茶種将来になにも触れていない」というように、茶種の将来については記していないが、上巻「六者、明二調様一章（六は、調ふる様を明かす章）」に、「宋朝」で見聞した製茶法を書き留めている[7]。

見二宋朝焙レ茶様一、朝採、即蒸、即焙レ之。懈倦怠慢之者、不レ可レ為事也。焙棚敷レ紙、々不レ燋許誘レ火入、工夫而焙レ之。不レ緩不レ急、終夜不レ眠、夜内培上。盛二好瓶一以二竹葉一堅閉、則経二年歳一而不レ損矣。

（宋朝に茶を焙る様を見るに、朝に採りて即ち蒸し、即ち之れを焙る。懈倦怠慢の者は、為すべからざる事なり。焙棚に紙を敷き、紙の焦《こ》げざる許りに火を誘ひ入れ、工夫して之れを焙る。緩《ゆる》からず急《せ》かず、終夜眠らず、夜の内に培り上ぐ。好《よ》き瓶に盛り竹葉を以て堅く閉ぢれば、則ち年歳を経《ふ》とも損ぜず。）

栄西が見聞したこの「宋朝」の製茶法が、熊倉氏の「十二世紀における浙江省」の茶の「情報」や橋本氏の「宋式喫茶文化」に相当する。熊倉氏は「それが『喫茶養生記』にすべて盛りこまれた内容である」とも明示していた。

ここで、熊倉氏や橋本氏の説に類似する見解として、昭和四十四年（一九六九）刊行の村井康彦『茶の文化史』（岩波新書）を見てみたい。

茶の歴史は、平安初期の時代から四百年たってもう一度画期を迎える。鎌倉初期、栄西によって抹茶法が将来されたからである。（中略）しかし考えてみるに、栄西による茶樹の将来がなぜ問題になるのであろうか。この時点では大内裏茶園は廃れていたと思われるが、旧仏教系寺院のなかには茶園を擁したものもあったはずである。栄西の将来した茶は主に禅宗寺院に植えられたが、しかし背振山（天台宗）や高山寺（華厳宗）の例もある。といって鎌倉後期に名を著わす寺院茶園（後述）のすべてが栄西の茶を移植したものでもあるまい。

あれこれ勘案すれば、栄西の茶樹の将来と移植が、茶の栽培の普及上一つのきっかけとなり、はずみをつけたことは確かであるとしても、それが可能であったのは、あくまでも新しい茶法――抹茶のつくり方と飲み方――の裏付けあってのものであろう。栄西の功もそこに求められるべきものである。

村井氏のいう「栄西によって抹茶法が将来された」ことや、「新しい茶法」たる「抹茶のつくり方と飲み方」は、橋本氏の「宋式喫茶文化」と同意であり、それをより具体的に言えば熊倉氏の見解となるであろう。栄西が日本に初めて茶を伝えた人物でないことは、『日本後紀』の記事に照らせば明白である。かつ平安時代の茶の衰退を議論の前提にする時点で、栄西による茶の将来は否定したことにもなる。よって中村氏の論文以前にも、村井氏のような説明が存在するのは当然のことといえよう。三者三様の表現ではあるが、指し示すものは同じで、共通して「栄西がもたらした」とする認識が潜んでいる。

そして何より興味深いのが、村井氏が「茶の歴史は、平安初期の時代から四百年たってもう一度画期を迎える」と述べることである。この歴史観は熊倉氏や橋本氏にも通じる。熊倉氏は、平安時代は「一般の喫茶はなかった」としたうえで、「日本の本格的な喫茶の定着は、栄西による南宋の茶法の移入をまたなければならなかった」と記す。橋本氏は、平成三十年（二〇一八）刊行の『中世の喫茶文化』において、「喫茶文化」を「先進国である中国から」「伝来した」ものと規定し、「唐風喫茶文化」、「宋風喫茶文化」、「明風喫茶文化」の三回の伝来を想定した。うち第二回について、「本格的な伝来は、建久二年（一一九一）に二度目の帰国を果たした栄西（一一四一―一二一五）が持ち帰った可能性が高い」とし、さらに平安時代の茶が衰退したとする説が否定されたことを受けて、「中世には、唐風喫茶文化と宋風喫茶文化が存在していた」と記している。中村氏の説を受けつつも、従来の画期をも温存する姿勢が見てとれる。村井氏と橋本氏は、論の目的や説明の仕方は異なるが、画期を栄西に定める歴史観は五十年を隔ててもなお変わっていなかった。

(3) 画期としての栄西

「もたらす」や「将来する」という言葉は、新しいものを持ってくることを意味する。茶の将来説では、茶は中国から持ち帰ったとされているが、栄西にその役割を担わすこだわりは、どこから来るのであろうか。

栄西は二度入宋しており、初度は仁安三年(一一六八)、再度は文治三年(一一八七)から建久二年(一一九一)にかけてである。先掲、南北朝末頃成立の『神明鏡』は、栄西と明恵が「遣唐使」として渡海したとしていたが、時期を「建久年中」に定め、栄西は「禅法ヲ初修ス」、明恵は「茶ハ此時実ヲ以帰」と記していた。茶を持ち帰ったのは明恵だが、その時期は栄西の二度目の帰国時に設定されていたことになる。近世には、藪内紹智『源流茶話』が「仁安之比」「入唐帰朝之時、茶種を将来し」(『茶道古典全集』三)と初度の入宋、売茶翁『梅山種茶譜略』は「建久二年東に帰る。茶子を持し来り」と二度目とするように、揺れが見られる。現代は、村井氏が「栄西は二度入宋している。(中略)そして茶を伝えたのは、この二度目のときのこととされている」とし、橋本氏も「点茶法だけではなく、製茶法も含む宋風喫茶文化の本格的な伝来は、建久二年（一一九一）の栄西の二度目の帰国をまたねばならなかった」とするなど、二度目とするのが定説となった。

その二度目の入宋中に栄西は禅の法を受けたが、そのことを踏まえ、茶は禅とともに将来されたとする認識が生じた。それを象徴する言葉が「茶禅一味」であり、中村氏は、そこに将来説生成の遠因があるとみなしていた。「わび茶の完成者として知られる千利休」を中心とする茶人たちの禅との結びつきを踏まえ、「臨済宗――栄西へと繋がる茶の湯評価に関わる可能性」を示唆し、さらに林屋辰三郎の説から「栄西を喧伝する必要があったのは、やはり近世における茶禅一如というような考え方によるであろう」との指摘を取り上げて、肯定している。

栄西が茶将来説にかかわるのは、中世の明恵の伝記以来のことであり、近世に将来説生成の要因を探ることは誤りであるが、栄西による茶の将来が、禅の将来と結びつけて考えられていたとの指摘は、注意したい。たとえば、古田紹欽『茶の湯の心―茶禅一味の世界』（禅文化研究所、二〇〇三年）では、栄西が中国で見聞した喫茶による健康管理を帰国後に一書にまとめたという見解を示して、次のように述べている。

茶の服用はいつに健康法にあるのであり、その薬効を指摘していることは、栄西が我国に伝え興そうとした正法の禅と無関係ではなく、穿っていうならば人間の体躯の健康は、精神の健康と一体的なものではなくてはならないという発想があり、その発想が、『喫茶養生記』の撰述に併せて、『興禅護国論』の論述につながったのではなかろうか。

栄西は禅の将来者であり、茶は禅と深く結びつくものであるから、両者を合わせて「我国に伝え興そうとした」というのであろう。栄西を禅の始祖とみなす認識も、茶の湯を禅院での茶礼から展開したものと捉える認識も根強かった。そうした茶の湯を前提とする喫茶史の枠組において、栄西による茶将来説は命脈を保ってきたのである。

ただし、かかる見方はすでに退けられている。たとえば村井氏は、『喫茶養生記』は実用性を説く書であり、「後世強調されるようになる「茶禅一味」といった意識のひとかけらもない」と強調して、「喫茶におけるこの「実用主義」から「精神主義」への変質過程を捨象もしくは無視した茶禅一味論がいちじるしく非歴史的であり、ときに空疎であるのは、決して理由のないことではない」と手厳しい。橋本氏も、平成十三年（二〇〇一）の論文で、旧来の研究が「「茶禅一味」という言葉に象徴されるような、近世以降の茶の湯と禅宗の結び付きの強さから生じるイメージでとらえ論じてきた」ことを指摘し、それを批判した先行研究によって「栄西の段階では、いまだ茶禅は有機的に結び付いていなかったとの結論を導き出している」と述べ、平成三十年（二〇一八）の著書でも、「茶は禅とともに広まるとする説は見直さなくてはならない」としている。

では、その見直しによって、栄西による茶の将来はどう捉えられるようになったのであろう。村井氏は、「栄西は禅宗（臨済禅）の将来者であるが、この時期には禅院においても茶を一定の規則の下で飲むということはしていない」とする。橋本氏も、「栄西が宋から伝えたものは臨済禅であり、臨済宗の開祖とすることは、鎌倉時代後期に臨済宗が宗派として成立する際に成立した評価であった。

そのため、最近の研究では、栄西はあくまで顕密僧であり、乱れた顕密仏教界を臨済禅で刷新しようとした改革派のリーダーであるという評価に落ち着いている」と、平成三十年（二〇一八）時点での「最近の研究」を踏まえて、「禅宗寺院が増えるのは、鎌倉時代後期以降となる。つまり、鎌倉時代中期までは、禅宗寺院を中心に喫茶文化を広めようにも、その禅宗寺院自体の数が少なかったために、物理的には無理ということになろう」と述べている。よって栄西が将来した茶は、禅とは関係なく展開した、というのが新しい見解となろう。ただし両者は、栄西による茶（「宋風喫茶文化」）の将来（「伝来」「伝えた」）を二度目の帰国時に規定していた。とすると、栄西は宋代の茶と宋代の禅を同時に伝えたが、茶の広まりは禅の広まりとは別に理解すべきだ、ということになるのであろうか。

「茶禅一味」に代表される旧来説への批判は、禅の思想との一体感をもって栄西の茶を捉えることへの警鐘であると思われるが、結局は解釈による調整が加えられたにすぎず、そのことで将来説の整合性は保たれても、喫茶の実態が見直されたとは言いがたい。仮に栄西が中国で学んだ禅を伝えた相手がいたとすれば、それは日本の弟子であり、彼らは禅僧ではなかった。橋本氏の論考は、中世の顕密寺院での茶の栽培を検証するものであるが、そうした寺院の担い手こそが、栄西の弟子たちの姿である。彼らのいる寺院で栄西が伝えたという「宋風喫茶文化」が展開したのであれば、理屈のうえでは、栄西の禅と茶はともに広まったことになる。このような解釈も可能ではないか。

問題は、栄西による茶の受容に、「将来」という役割を付加し、そこに「画期」を定めようとする意識である。それは新たに始まる流れの最初に栄西を位置付ける意図による。橋本氏の場合は、「平安時代に貴族社会や寺院社会に唐風喫茶文化」が存在したことに対する「鎌倉時代に宋風喫茶文化」が新たに起こったとする見方である。中村氏であれば、本節の冒頭に示したように、『喫茶養生記』以後の喫茶が禅にかかわって展開したとする見方である。より具体的には、栄西前後の茶の相違について、次のような見通しを立てることである。

> それは、禅宗の普及に伴う茶の使用量の増大であり、それがもたらした武士社会への茶の浸透ではなかろうか。栄西は臨済宗を日本に伝え、鎌倉新仏教としての礎を築いたという点にこそ評価されるべきであろう。直接にではないが、栄西のまいた種は蘭渓道隆によって実を結ぶ。鎌倉武士の間に禅宗が広まり、禅宗と不可分の茶が武士社会に広まったと考えるのが自然であろう。

茶は栄西以前から飲まれていたのだから、栄西その人の茶の受容は、日本の喫茶史の途上に位置づけることができる。これが栄西その人の事跡である。一方、栄西といえば禅を伝えた人、宋朝の禅を伝えた人、日本の禅宗の最初に位置する人、といったイメージも早くからあった。鎌倉時代にそれまでとは異なる新しい文化が起こる、そうした流れを想定する人にとっては、この栄西によって新たに始められたというイメージがより強く働きかけることはあったと思われる。あるいは、そうしたイメージが、鎌倉初期に画期を定める認識を生み出す契機になった可能性も考えられよう。すなわち、かかる認識と、そこから派生するものの捉え方が、喫茶史研究において、栄西による茶将来説が支持されつづけた要因であると考えられ、また、『喫茶養生記』の読みにも影響を与えてきたと考えられるのである。

五　『喫茶養生記』に対する評価の変遷

栄西が『興禅護国論』を執筆したのは建久九年（一一九八）頃のことである。一方、『喫茶養生記』の執筆は、それから十年以上経った建暦元年（一二一一）と建保二年（一二一四）の二回で、そこでは、喫茶の推奨は密教の教説に基づいて行われていた。『喫茶養生記』には、早く昭和三十三年（一九五八）に、森鹿三氏による注釈が備わる。(8) 栄西が主張の根拠として本文を引用した「尊勝陀羅尼破地獄儀軌秘鈔」、「五蔵曼荼羅儀軌鈔」、「大元帥大将儀軌秘鈔」は逸書であり、森氏はこれらの書について、「いずれも密教の儀軌であつて、身口意の三密行によつて、それぞれ五臓の和合、あるいは鬼魅の遺除が遂行されるとする」と解説する。また、『喫茶養生記』には禅にかかわる記述はない。こうした内容を持つ『喫茶養生記』は、従来、禅と結びつけて評価される傾向にあった。

まず、古田紹欽氏による解説を見てみよう。昭和五十二年（一九七七）刊行の日本の禅語録第一巻『栄西』（講談社）に、『喫茶養生記』について「栄西が禅を我が国に伝えるにあたって、禅と茶との結びつきにいち早く着目したのはさすがであり、そもそも喫茶による養生を説いたのは、坐禅の教えをひろめるための一布石としてであったのではなかろうか」と記し、さらに昭和五十七年（一九八二）の解説には、次の文章を加筆している。(9)

栄西が上述の『禅苑清規』を見ていたことは、その主著である『興禅護国論』に引用していることからも疑いがなく、それでいて、この清規の随処に見える茶礼についていっていないのは、一体どうしたことによるのであろうか。

茶と禅との結びつきを、栄西は入宋して確かに知ったであろうが、肝心の禅そのものの教えが、まだ容易に受け容れられない事情にあったことから、栄西は禅院における茶礼というにはまだその時期ではないと見、喫茶による養生をまず説くことによって、茶のもつ意味をまず明らかにし、時機の熟するのを待ったものと考えられる。

古田氏は、森氏の校注や、栄西が「密教的教説を多分に取りいれている」ことにも触れるが、栄西が見聞したはずの「宋朝の禅院で茶礼としての茶」に言及していないことを「奇異な感に堪えない」と問題視する。時期尚早とする見解は、栄西が禅停止の宣旨を受けたことと、『興禅護国論』の「未来記」に禅は自らの没後五十年に盛行すると記したことを敷衍させたものと考えられる。古田氏は、「栄西入滅後三十年」経ち、蘭渓道隆が来日し、無住の『雑談集』に「禅院ノ作法流布セリ」とあることに、「茶礼の法」を重ねる。また、『喫茶養生記』を執筆した晩年の様子を、「栄西に晩年における鎌倉での行動は幕府の仏事供養の導師、あるいは祈禱の加持師であったように見られるが、それは一般にいわれている興禅からの退歩ではなくて、興禅から全仏教的なその中興を目指しての隠忍の行動であったとしなければならない」と述べる。ここで栄西の禅にかかわる行動が「隠忍」と表現されていることに、留意したい。

次に、古田氏から三十年以上経った平成二十六年（二〇一四）発表の中村修也「『喫茶養生記』執筆の目的」（『栄西『喫茶養生記』の研究』宮帯出版社）を確認する。中村氏は、栄西が『禅苑清規』を

『興禅護国論』に引用するが、『喫茶養生記』には引用していないことに着目して考察を行い、次のように結論づけた。

ところが、栄西が帰国した日本では、禅宗を広めるには困難な状況があった。そのため、栄西は禅宗を強調するのではなく、禅宗の良さを主張しつつも、天台・真言・禅宗の三宗兼学を建前としなければならなかった。（中略）

しかし、建仁寺を京都に建立し、鎌倉では寿福寺で将軍家の供養を営むほどとなり、鎌倉武家の棟梁たる将軍家の信頼を得るまでに至った栄西としては、いささかの精神的余裕が生まれ、さらに自分の死後の禅宗の完成をも意識した時、清規に則った喫茶の茶礼への布石を打っておく時期がやってきたことを意識したのではなかろうか。

その際も、いきなり清規における茶礼を強調するのではなく、三宗兼学で示したような、人々の喫茶の自然な受け入れを企図し、医薬としての茶の効能から説いたのが『喫茶養生記』と考えられるのではなかろうか。

もし、そのように考えられるならば、『喫茶養生記』をこれまでのように宋代の喫茶文化を広めるための書として理解するのではなく、あくまで禅宗の清規の完成への準備の書と理解するのが正しいということになる。

『禅苑清規』を踏まえて「準備の書」とするのは、古田氏が「時機の熟するのを待った」ということに似ている。中村氏は、栄西の二度目の入宋後の活動を「権門体制に支配された仏教界に新風を起こすためには、当時、宋で最も盛んであった禅宗を日本に持ち込むことが必要であると考え、さらに自分がその先駆者となることを目指していた」と分析して、「三宗兼学」したことは「建前」とみなすが、これも古田氏の「全仏教的なその中興」に対する「隠忍」との評価に通じるといえよう。

最後に、令和二年（二〇二〇）の岩間眞知子「薬としての茶―栄西・性全・忍性・叡尊」（『中世日本の茶と文化―生産・流通・消費をとおして』勉誠出版）を取り上げる。「栄西は日本臨済宗の祖と称されるが、『喫茶養生記』には「禅」の一字も無い」と断ったうえで、次のような論述を展開する。

前述した通り『興禅護国論』に見える『禅苑清規』は、日本で最初に引用された清規という。すると、栄西は『禅苑清規』などの禅籍を実際は持ち帰りながら、禅が迫害を受けた当時の状況から、記録に残さなかったのではないだろうか。

『喫茶養生記』は、高橋忠彦氏によれば、文体から新興の武士層に向けて書かれた著作とされる。顕密仏教を支える貴族でない、新興の武士層に身体の健康と共に、心にも効く茶（と桑）、ひいては禅を勧めたのであろう。それはまた鎌倉幕府の立場に背反するものでもなかった。鎌倉幕府は天台の験者としての栄西に期待をかけ、将軍の側近として重用する一方、顕密禅を兼修する寺院の寿福寺・建仁寺創建を全面的に支援した。鎌倉幕府という公の場面では顕密仏教の学侶として、寿福寺・建仁寺では兼修するという建前論によって、栄西は禅を弘める足場を築いたという永井晋氏の指摘とも符合する。戦乱が続き、疫病が多発した時代に、健康と心の安らぎをもたらす茶を勧め、禅の普及を図る、それが最晩年の栄西の『喫茶養生記』著述の動機であったと考える。

茶の薬効を説く論旨に、栄西による禅の受容を連接させる叙述である。『禅苑清規』を踏まえるのは古田・中村両氏と同じだが、平成二十六年（二〇一四）の『喫茶養生記』の文体についての論文[10]や、令和元年（二〇一九）の鎌倉での栄西の動向に関する歴史学の論考[11]を引用することで、栄西が伝えた茶および禅を鎌倉の武士たちが受容したとする旧来の歴史観を前面に打ち出す点に特色がある。何より「身体の健康と共に、心にも効く茶」との見解は、前節に引用した古田氏が、「茶の服用」にかかわって「人間の体躯の健康は、精神の健康と一体的なもの」とみなしたことに一致する。

栄西による茶の将来を、「茶禅一味」の観点から論じることは厳しく批判され、見直しが迫られていた。中村氏は批判したその一人であった。しかし文脈が変われば、茶と禅を一体化させる視点は生き続けていた。また、「隠忍」や「建前」の言葉の裏には、栄西は禅の活動を行って当然だったという意味合いが潜んでいる。そして、右の三つの論考に共通するキーワードは、禅、鎌倉、武士であるが、これこそが本稿の冒頭で見た栄西に対する「常識」である。栄西に対するイメージの根強さがここに見て取れよう。

六　おわりに

栄西が禅を将来したという「常識」は長く人のものの見方を縛ってきた。栄西の事跡は禅だけではない。茶を飲むのは禅院においてだけでなく、禅僧だけでもない。禅に着目するのは、全体から禅を選び取る営為である。茶と禅を結びつけて説く場合も同様であり、また『喫茶養生記』を禅と結びつけて説くことも、研究者による選択の結果といえる。中村氏の論文（「『喫茶養生記』執筆の目的」）が発表された前年（二〇一三）に、中世禅籍叢刊第一巻『栄西集』（臨川書店）は刊行されたが、栄西の事跡の見直しは、それより前から始まっていた。中世禅籍叢刊全十二巻が完結し（二〇一八）、様々な問題提起を掲載する別巻『中世禅への新視角』が刊行された（二〇一九）のは、岩間氏の論考より前のことである。研究者が最新の研究へ目を配るさいにも選択の意識が働くことはあり、結果として、対象の姿を歪めることにもなりかねないと思われる。

現代の喫茶史研究において栄西が対象とされた背景には、歴史学の研究動向の影響があったと考えられる。内田銀蔵は一九〇三年の『日本近世史』（冨山房）で、「鎌倉時代の初」に、「宋元明」の「禅的要素」を含む「文物」が伝えられるようになったことで、それまでとは異なる新しい文化や精神が発展したとして、その起点を「源頼朝及僧栄西等の時代」に定めた[12]。画期を鎌倉初期と栄西に定めるかかる歴史観が定着していく流れに、本稿で見てきた栄西茶将来説に対する論説も位置づけることができるであろう。また、明恵による将来説が顧みられなかったのは、明恵に渡航の経歴がなかったためだと思われる。一見、合理的な判断だが、将来説が伝承であることを踏まえていれば、明恵の周辺に目が向けられる機会もあったのではないだろうか。伝承が生じた意味は考えられねばならない。

また、『喫茶養生記』で栄西が主張の根拠に用いたのは密教の書物であったが、栄西が引用した本文に合致する書は見つかっていない。観点を喫茶史からずらして探究すれば、その系譜は見えてこよう。それらの素性がわかれば、栄西による喫茶の位置付けにも、新たな視点が獲得できるものと期待する。

私個人の研究経緯に話を戻すと、私は文学研究の立場から「茶と文学」をテーマに研究に取りかかった。文学作品を分析するさいに、歴史学や仏教学などの研究を参照することはよくあることで、私自身、明恵の伝記を考察するために、喫茶史の論文を探し求めたのであった。喫茶や茶の湯の研究には蓄積があり、その多くに禅に関する言及が認められた。しかしそれらに示された茶と禅の結びつきは、実際のところ、何がどう結びついているのか、先行研究を読んでもよくわからなかった。文学研究において他分野の研究を参考にして、そこでの結論をそのまま受け取ることは少なくなく、また、文学の先行研究にも一般的な禅のイメージが入り込んでいることもあるであろう。反省も含め、批判的な目を養うことが鍵であると考えられた。

私は自身の疑問を確認するため、中世の喫茶と禅に関する研究に取り組むことにした。まず明恵の説話を分析して、中世には明恵こそが茶祖であったと指摘した（「明恵と茶―茶祖への階梯」『茶與芸国際学術検討会論文集』、二〇〇四年）。つづいて栄西の茶祖像について考察し、栄西の『喫茶養生記』が密教の教説に基づき茶の薬効を推奨する点に着目し、栄西以前の茶の飲み方との相違に要因があると考えた。すなわち、季御読経での引茶は、茶に甘葛や厚朴、生薑などの添加物を入れていたが、栄西は茶の苦味が心臓に効果があることから添加物を入れない飲み方を推奨しており、その茶の味そのままを味わう飲み方に新しさがあったと結論した（「茶祖栄西像の再検討―『喫茶養生記』をめぐって」『藝能史研究』一七七号、二〇〇七年四月）。そして、明恵が茶を薬として摂取していたことから、明恵を栄西が推奨した飲み方を実践した一人に位置づけ、また茶の味を飲み比べる闘茶が登場し得たのも、茶に添加物を入れない飲み方が定着したことによると推測した。かかる茶の飲み方は現代の我々にも通じるとして、そこに栄西による画期性があると指摘した（「『喫茶養生記』再読―栄西による主張の独創性とその継承」『比較思想から見た日本仏教』山喜房佛書林、二〇一五年）。さらに、栄西は『喫茶養生記』に、「殊以レ濃為レ美」と、濃くいれた茶を「美」、つまり「美味」と記しており、茶の味そのものを愛でるこの飲み方は、それまでになかった日本で初めての飲み方であったと考えた。鎌倉時代に茶の産地として名を馳せることになる栂尾の茶園は、その新しい茶の起源とみなされ、そのルーツに当地で実際に茶を飲んだ明恵が据えられたと推測した。これが日本で最初の茶を語る説話・伝承の内実であり、渡航経験のない明恵に茶将来の役割を担わせたのは、この伝承が製茶業者の間に生じたことによると結論した（「茶祖としての明恵―『明恵上人伝記』とその前後」『日本文学』六八号、二〇一九年七月）。本稿は、順序は前後するが、これらの論文の序論に当たることになる。

　喫茶史の研究にも新しい風は吹きつつある。北斗法などの仏教儀礼から茶を捉えるもの(13)や、栄西の将来を踏まえずに喫茶の展開を考察する論考(14)などである。中世の喫茶史も見直す時期が来たのであろう。新しい栄西理解、新しい中世禅理解に立脚して、再構築されねばなるまい。

【注】

1 二〇〇四年一一月二六日に国立台湾芸術大学で開催された第二回茶與芸国際学術検討会大会での研究発表「明恵と茶―茶祖への階梯」を指す。

2 本稿に関連する拙稿は「おわりに」に示したが、なかでも「茶祖としての明恵―『明恵上人伝記』とその前後―」（『日本文学』六八号、二〇一九年七月）とは重複が多い。

3 橋本素子『中世の喫茶文化―儀礼の茶から「茶の湯」へ』（歴史文化ライブラリー、吉川弘文館、二〇一八年）。以下、橋本氏の引用は、とくに断らないかぎり、この著書による。

4 奥田勲「明恵上人伝記」解題（『明恵上人資料』第一、東京大学出版会、一九七一年）

5 村井康彦「研究ノート『喫茶養生記』の成立」（『茶の湯文化学』七号、二〇〇〇年三月）

6 引用は新装版による（多賀宗隼著、人物叢書『栄西』吉川弘文館、一九八六年）。また、引用文にある田中久夫氏の見解は、昭和三十六年（一九六一）初版の人物叢書『明恵』（吉川弘文館）での言及を指す。

7 『喫茶養生記』の引用は、『茶道古典全集』第二巻（淡交社、一九五八年）所収の初治本（寿福寺本）による。私に訓読文を付した。

8 『茶道古典全集』第二巻（淡交社、一九五六年）

9 引用は講談社学術文庫『栄西　喫茶養生記』（講談社、二〇〇〇年）による。本書の原本は昭和五十七年（一九八二）九月に刊行されたものである。「あとがき」もその年に執筆されており、日本の禅語録第一巻『栄西』に収めた『喫茶養生記』の「解説にかなりの筆を加え」、「新たに一文をこれに載せた」と記している。その追加された「序　禅と茶―飲茶の風をたどって―」から引用した。

10 高橋忠彦「『喫茶養生記』の文体と語彙」（『栄西『喫茶養生記』の研究』宮帯出版社、二〇一四年）

11 永井晋「栄西と鎌倉幕府―『吾妻鏡』に記録された栄西の分析―」（『鎌倉』一二六号、二〇一九年八月）

12 上島享「日本中世の宗教史」（日本宗教史1『日本宗教史を問い直す』吉川弘文館、二〇二〇年）と同「日本中世宗教文化の特質」（日本宗教史2『世界のなかの日本宗教』吉川弘文館、二〇二一年）を参考にした。

13 茶道資料館平成二十九年秋季特別展「仏教儀礼と茶―仙薬からはじまった―」と、その図録（茶道資料館、二〇一七年）、米沢玲「仏教美術と茶―羅漢図に見る喫茶文化」（『中世日本の茶と文化―生産・流通・消費をとおして』アジア遊学、勉誠出版、二〇二〇年）

14 神津朝夫『茶の湯の歴史』（角川選書、角川学芸出版、二〇〇九年）

禅研究の現在地——ベルナール・フォールを中心に——

亀山　隆彦

一　序論

禅仏教の歴史・思想の研究というと、今なお日本の研究者達の専売特許であり、日本の仏教学、宗教学、哲学の最新成果が、世界的な研究動向を牽引しているかのようにイメージされるかも知れない。しかし、そのような状況は、既に変化して久しい。禅の歴史であれ思想であれ、今では世界各国の研究者が盛んに議論に加わり、彼らが発表する業績を一切考慮せずに、学術の正確な動向を把握することは出来ない。

それどころか、近年の禅仏教に関する重要な研究成果は、どちらかといえば海外、特に欧米の研究者を中心に発表されているといっても過言ではない(1)。

このような状況の変化について、末木文美士氏は、一九九〇年代後半に発表した評論の中で、既に次のように述べていた。

このような著者の方法は、従来の禅研究の最先端が大部分日本の研究者によって荷われ、欧米の研究者はそれに追随しながら成果を挙げるというパターンを脱し、日本の研究者によって主導されてきた方法そのものに異議を唱え、欧米の研究がその独自性を発揮するとともに、日本の学界に逆に大きな問い掛けをしてきたという点でも、極めて画期的な意味を持っている［末木　一九九八：二二六］。

右の引用文は、人類学をはじめとする、人文学の諸領域の理論・方法を大胆に用いた革新的禅／日本仏教研究で、学界に大きな衝撃を残してきたベルナール・フォール氏の著作に関する評論の一部である。末木氏によると一九九〇年代の段階で、欧米の禅研究者があげた成果の意義、それと日本の学界の力関係は、既に右のように大きく変化していた(2)。

この末木氏の指摘から三十年が過ぎた二〇二〇年代、学界の状況は、さらにドラスティックに変化し、テーマによっては、日本の研究者が欧米の研究者に追随して成果を挙げるパターンも増加し、日本の禅研究の独自性、および発揮点がどこにあるか、改めて問われる時代に入っている。その意味で海外、中でも欧米の禅研究の実態、その議論の正確な把握は、日本の研究者にとって喫緊の課題といえるだろう。そして、一部の研究者は、この課題に精力的に取り組んでいる(3)。ただ言語面の隔たりに加えて、学術の系譜や伝統が大きく異なることも影響し、その活動は、限定的なものに止まっているのが実情である。

本稿は、このような状況の改善を目指して、アメリカを代表する禅研究者、ベルナール・フォール氏の著作の読解に取り組むものである。具体的には、氏の代表作ともいわれる*The Rhetoric of Immediacy : A Cultural Critique of Chan/Zen Buddhism*（以下、*The Rhetoric*）を分析し、欧米における禅研究の実態、その学的系譜を考えるための材料を提供したい[4]。

考察内容について、もう少し詳しく述べておくと、*The Rhetoric* 中に頻繁に登場する「転移」(transference) という概念を検討し、第一に、それが、*The Rhetoric* の問題意識の中核に関わることを指摘する。続いて、*The Rhetoric* における同語の用法が、人類学者マイケル・M・J・フィッシャー氏の議論を前提にしていることを明らかにする。

本稿は、全五章から構成される。序論に続く第二章で、フォール氏のプロフィールと *The Rhetoric* の内容を概観した後、第三章において、その中の転移がいかなる意味を担うか分析する。その結果を踏まえ、第四章でフィッシャー氏の議論を検討し、さらに両者の影響関係を考察する。残る第五章は、結論である。

二 *The Rhetoric* の概要

(1) *The Rhetoric* における禅研究の特徴

具体的な検討に入る前に、ベルナール・フォール氏がどのような人物か、簡単に確認しておきたい。

フォール氏は、現在、コロンビア大学日本宗教学教授と同大学仏教・東アジア宗教研究所の所長を兼任する、アメリカを拠点に活動する仏教／日本宗教学者である。歴史人類学や各種文化理論の方法論を精力的に導入し、禅と密教を中心に東アジアの様々な仏教思想・文化に関して調査を進め、本稿

で検討を試みる *The Rhetoric* を含む、多数の著作を発表している［フォール　二〇一六：二〇二―二〇四］。

一九九一年に出版された *The Rhetoric* は、そのフォール氏の一連の研究活動の端緒に位置付けられる大著である。この *The Rhetoric* と、一九九三年に出版された *Chan Insights and Oversights : An Epistemological Critique of the Chan Tradition* の二書が、文化人類学や構造主義の理論を広範に用いて、禅研究の新たな方向性を開拓する試みとして特に高く評価され、欧米の学界にも大きな影響を与えたと指摘される［金子　二〇〇四：一三五］。

さて、フォール氏のこれら著作が、どういった点で従来の禅研究より新しく、*The Rhetoric* のいかなる取り組みが、学界で高く評価されたか、もう少し詳しく確認しておくと、末木氏が次のようにまとめている。

従来の禅研究は文献主義的な方法を中心とし、それに合せて自らの禅体験を哲学的に考察するという方法（例えば、京都学派の哲学）によって、禅のもっとも本質となる思想、体験を純粋な形で抽出することを目的とし、それ以外の要素は夾雑物として排除してきた。それに対して、著者（筆者注：フォール氏）は禅はもともとさまざまな儀礼や崇拝を含んでいるもので、それらを非本質的な夾雑物と見ることはできないという立場から、その多面性を明らかにするために、教理的な文献のみならず、幅広い資料を用い、それを文化人類学の方法など、多様な方法によって解明しようとしている［末木　一九九八：三一五―三一六］。

フォール氏以前の禅研究の特質については、ポール・L・スワンソン氏も、次のように総括している。それら研究は、実証的文献研究と形而上的思想研究の両輪でもって、禅の「歴史的な意味」と「体験的意味」ばかりを探求するものであった［スワンソン　二〇〇四］。

フォール氏と*The Rhetoric*の立場は、問題意識、分析の対象、そして方法論のすべての面で、それら従来の禅研究と大きく異なっている。氏の目的は、禅にとって「本質」となる思想を明らかにしたり、その「純粋」な「体験」を抽出することにはない。逆に、禅が本来持つ「多面性」を多角的に論じるために、従来の研究では「夾雑物」とされてきた「儀礼」や「崇拝」といった要素に光を当て、その分析に有益であることから、文献以外の資料を広範に利用し、さらに「文化人類学の方法」も積極的に活用するのである。

以上が、禅研究史におけるフォール氏と*The Rhetoric*の意義である。引き続き、*The Rhetoric*の構成と各章の主題を次節で確認していく。

（2）*The Rhetoric* の構成と各章の主題

*The Rhetoric*は、序論と終章を除いて全十三章から構成されるが、フォール氏によると、それらは、議論の方向性から大きく第一部と第二部に分けられる［Faure 1991 : 9］。具体的には、第一章から四章までが第一部、第五章から十三章までが第二部に該当する。二部それぞれの議論の内容に関しては、以下に述べる通りである。

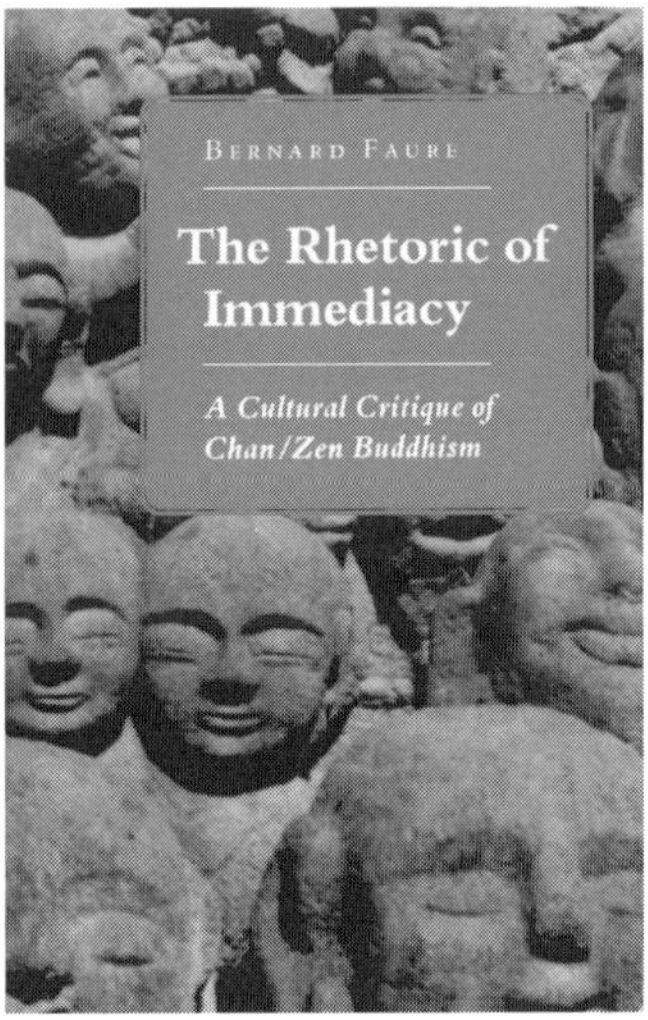

フォール *The Rhetoric* 表紙

第一部では、フォール氏が禅仏教の中心課題と考える「直接性」と「仲介」の対立から生じる、認識論とイデオロギー面の制約について議論がなされる。その結果を踏まえ、第二部では、同じく「直接性」と「仲介」の対立に関係する個別の事例について、考察が試みられる［Faure 1991 : 9］。

引き続き、二部を構成する十三章それぞれの主題に関しては、次に述べる通りである［Faure 1991 : 9–10］。

第一章では、禅の伝統に通底する問題、すなわち禅の基本的枠組みや系譜が抱える問題をめぐって議論が試みられ、続く第二章では、禅における類型的表現の一つである「頓」と「漸」の対立の問題が扱われる。第三章の主題も、第二章と同じく「頓」と「漸」の対立だが、前章とはわずかに異なる視点から議論が試みられる。そして、第一部最後の第四章では、禅と民間信仰相互の関係性、そこで強調される「仲介」とヒエラルキーの問題が考察される。

続いて第二部だが、第五章と第六章では、魔術師からトリックスター、そして菩薩に変化する、禅における「仲介者」の観念が検討され、第七章と八章では、同じく禅における舎利信仰の意義等が議論される。第九章では、葬儀の観点から禅の再評価が試みられ、第十章では、禅における夢の問題が検討される。

また、第十一章では、禅におけるジェンダーやセクシュアリティの問題を取り上げ、同宗におけるアンチノミアニズム（反律法主義）の度合い、それがどの程度実践されたか考察が試みられる。第十二章と十三章では、禅における多神論と典礼に注目して、儀礼という「仲介」をめぐる疑問について議論が展開される。

三 *The Rhetoric* における転移の意義

（1）転移＝汚染と歴史研究における客観性の問題

転移は、もともと精神分析で多用される概念だが、それが *The Rhetoric* の議論にとっても重要であることは、既に末木氏も指摘済みである。氏によると、本書の一連の議論は、研究の主体と対象の間に存在する「転移的関係」を確認するところから始まり、続いて、研究者が、他者の文化や宗教をどう理解できるかが問い直され、さらに、研究する主体の側の態度の再考に繋がっていく［末木 一九九八：三一三］。

また、*The Rhetoric* の議論の出発点が転移であることは、本書の次の文からもはっきり理解される。

いずれにせよ、本書（筆者注：*The Rhetoric*）の問題点に入る一つのポイントは、転移の話題であり、また「一次的」な伝統の言説と二次的な学術研究の言説という、完全に独立した二つの言説エリアを維持することの不可能性――言いかえれば、正確なミメーシスを意図する歴史学的言説の客観性を保証することの不可能性であった。私は、一つの言説から別種の言説への汚染、ないし拡散が常にあると信じている。それ故、折に触れて歴史的文脈に言及はするけれども、私自身の言説もまた、歴史記述的な客観性に関する主張は一切断念している［Faure 1991：304］。

The Rhetoric 終章からの引用だが、転移こそが、*The Rhetoric* で検討される問題点の入り口と明言される。

さらに引用文では、その転移が、研究される対象の「一次的」な言説と、研究する主体の「二次的」な言説の間の「汚染」や「拡散」と言い換えられる。この転移＝汚染は不可避であり、二種の言説は「完全に独立した二つの言説エリア」ではありえない。したがって、それら言説の自立性を前提とする「歴史学的言説の客観性」も、本質的には不可能と主張される。

The Rhetoric の各章において、フォール氏は、無謬の客観性という歴史研究の大前提に繰り返し疑問を投げかけるが、転移は、その入り口であると同時に、理論的な土台の役割も務めるということである。加えて、歴史を研究する主体とその対象間に生じる転移＝汚染に関しては、本書の別の箇所で、次のようにも分析される。

歴史学者は、研究対象を選択する行為が純粋な機会の一つ等ではないと、ある程度は自覚している。何故なら、歴史学者と彼らが研究する年代や人物との間には、不気味な類似性が存在するからである。すなわち、両者の間で奇妙な浸透が生じており、歴史学者は通常、客観性のためにそれを隠蔽しようとする。しかし、より根本的なところでは、ある伝統とその学術研究の間には、推論に基づく類似性が見られる。すなわち対話があり、アイデアの交換（あるテクストが疑問に解答し、そのテクストが解釈者に疑問を投げかける）があり、カテゴリー間の浸透的な影響関係、さらに対象から主体へ向かう逆作用がある［Faure 1991 : 3］。

The Rhetoric 導入部からの引用である。それによると、歴史研究における転移の不可避性は、研究対象の選択という根源的なレベルから確認可能である。第一に、歴史学者が、ある歴史的年代や人物を研究対象に選ぶのは、そもそも両者の間に「不気味な類似性」があるからで、その行為自体、いかなる意図も差しはさまない「純粋な機会」ではありえない。ただ、歴史学者達は、客観性を担保するためにこの事実を隠蔽し続ける。

同じく引用文によると、歴史学者のいかなる学術研究活動も、分析対象である歴史や様々な伝統からの「逆作用」と無縁ではいられない。それらの間には対話があり、様々なアイデアの交換があり、用いられる諸カテゴリーの「浸透的な影響関係」がある。その学説は、言語学者のジョン・L・オースティン氏がいうところの「事実確認的」発言ではなく、必ず「行為遂行的」発言となる［オースティン　一九七八］。

改めていうまでもないが、ここまでの議論は禅研究者と、その研究対象である禅仏教の関係に適用されるものでもある。

（2）転移における他者理解の可能性

しかしながら、末木氏も示唆するように、*The Rhetoric* における転移の意義は、必ずしも前述の「汚染」に限られるものではないだろう。転移の中には、研究者における異文化理解の契機や、その類型的方法も含まれると推測される。その証拠に、*The Rhetoric* には、次のような記述が見出される。

> このような研究者その人と分析対象である禅宗の間の転移的関係は、他者の文化と宗教をどう理解するかという、エドワード・サイード等が提起した根本的な問題に答える際の助けとなるかも知れない。おそらく「二つの文化が接触する際に生ずる対話は、いずれの生きている伝統なり「生活形式」のなかに包含される対話と、質的に同じである。こうした生きている伝統なり「生活形式」は、つねに「みずからを超越していく」。」（Giddens 1976 : 58）と思われる。一方で、二つの文化の間のギャップは、オリエンタリズム批判者が我々に信じさせてきた程には、乗り越えがたいものではないのかも知れない。他方で「生きている」伝統の中のギャップは、結果的にフランソワ・リオタールが抗争《ディフェラン》と呼ぶ何ものか、つまり「二人の当事者双方の議論にひとしく適用されうる判断規則が存在しないために、公平な決着をつけることができないような争い」（Lyotard 1988 : xi）となる程、想像以上に広いのかも知れない［Faure 1991 : 5］。

引用文の内容について、簡単に補足しておく。第一に「エドワード・サイード等が提起した根本的な問題」だが、欧米人の「オリエンタリズム」批判で知られるエドワード・W・サイード氏は、他者の世界を正確に理解すること、そして、異文化を表象することの難しさについて、次のような主張を残している。

そもそも、どのような世界・地域であっても、絶え間なく変化し、流動し続けないものはない。そのことから、様々な世界や地域を外側から観察し正しく理解することは、理論的には可能であっても、現実的には極めて難しいといわざるをえない。異文化の表象も同じで、一個の文化を綺麗に切り取ることは極めて難しく、そこには様々な偏見や価値判断が容易に侵入してくる［サイード　一九九三］。

以上の問題意識が、引用文の前提である。それらを踏まえ、*The Rhetoric* では、研究主体である禅研究者と対象である禅宗の間の転移的関係に言及し、それが「他者の文化と宗教」を理解するための方法が何なのか把握する助けになるかも知れない、とも主張するのである。

つまり、サイード氏が難しいと主張した、他者の世界、文化、および宗教を正しく理解する方法を考える際に、転移が、大きな助けになるかも知れないということである。このような転移の可能性に関して、*The Rhetoric* では、社会学者アンソニー・ギデンズ氏と哲学者ジャン＝フランソワ・リオタール氏の主張を参照して、さらに次のように述べる［ギデンズ　二〇〇〇／リオタール　一九八九］。

第一に、ギデンズ氏によると「二つの文化が接触する際に生ずる対話」も、どちらか一方の伝統、および「生活形式」の中に含まれる対話と質的には全く同じである。続いて、リオタール氏の議論によると、複数の異なる文化の間に様々な類似が認められる一方で、同一の文化内に、克服できないギャップが残る場合もある。

これは、異文化間の類比的な結び付きの中に、新たな文化理解の可能性が潜んでいるということでもある。様々な対立する二項、例えば、ある宗教の神秘主義と不可知論、聖職の尊重と合理主義等も、それぞれが別の文化を代表しているわけではない。それらは、あくまで一つの極点として、現代の欧米文化のみならず、禅文化の中にも並行して存在する［Faure 1991 : 5–6］。こういった類比的関係が、異文化を理解する契機になるかも知れないのである。

以上の内容をまとめると、転移は、複数の文化の間の類比的関係をも意味し、それこそが、他者をより良く理解する契機で、そのための最良の方法とも解釈される。そして、このような類比や他者理解の理念と結びついた転移に関しては、*The Rhetoric* 導入部に、次のような議論が見出される。

マイケル・フィッシャーは、転移について「概して個人的で感情移入的な「二重の軌跡《デュアル・トラッキング》」から始めて、他者を明らかにする中で自己の内的プロセスを探求しようとする」と定義した。さらに、フィッシャーは「人は真の拠りどころを必要としている。真の拠りどころがあればこそ、（自己と他者の間の）ある種二重の、或いは多重の歩みが可能なのであり、（中略）またその拠りどころは双方の伝統からの相互批判や相互啓発を受けることが可能なのである。それと同時に、単に似ている点や異なる点にばかり注目して、他者を自己に同化する危険性もチェックする必要がある。」（Fischer 1986 : 201）と付け加える。転移は、本書（筆者注：*The Rhetoric*）の中でも様々な方法で実行される。それは、このテクストの大半の主題の背後で働いているとも考えられる［Faure 1991 : 3］。

人類学者フィッシャー氏の定義に基づいて、転移は「個人的で感情移入的な「二重の軌跡《デュアル・トラッキング》」と解説される。また、それは他者を明らかにする過程で「自己の内的プロセス」を探求する営為であり、自己と他者の間の「二重」ないし「多重」の歩みよりを可能にするものとも解釈される。

ちなみに、引用文中のフィッシャー氏の語は、すべて「民族性《エスニシティ》とポストモダンの記憶術」と題される論文からの引用である。本論文の中で、転移は「二重の軌跡《デュアル・トラッキング》」や「焦点の二重性」と理解され、人類学が、その理想を実現する上での鍵とも主張される。

以上、*The Rhetoric* に登場する転移について概観した。引き続き、その内容と深く関連するフィッシャー氏の理解がどういったものか、次章で考察を進める。

四　フィッシャーにおける転移理解

(1) フィッシャー「民族性《エスニシティ》とポストモダンの記憶術」の概要

マイケル・M・J・フィッシャー氏は、現在、マサチューセッツ工科大学の人類学・科学技術社会論教授を務めるアメリカの人類学者である。これまでイランの文化と社会革命を中心に、人類学と近代文明の様々な問題についてフィールド調査を進め、多数の著作を発表している。近年は、科学技術に関係する諸問題に関心を寄せ、人類学の理論とそれら科学を架橋する方法の模索を続ける［クリフォード　一九九六］。

そのフィッシャー氏が、一九八六年に発表した論文が「民族性《エスニシティ》とポストモダンの記憶術」（以下

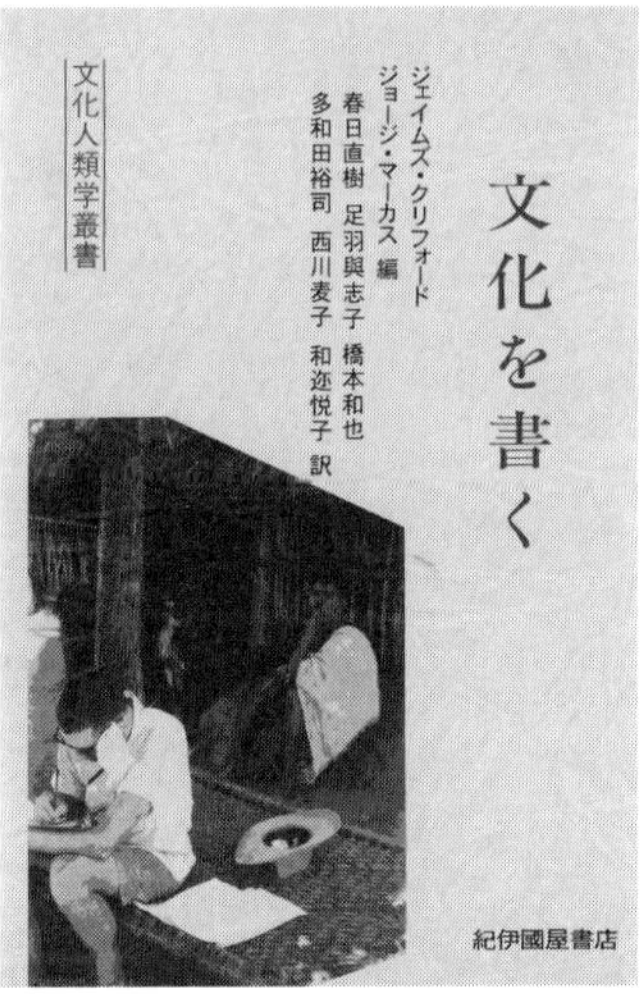

クリフォード『文化を書く』表紙

「記憶術」と略す）である。(5) 本論文の主題に関しては、著者であるフィッシャー氏自身、次のように簡潔にまとめている。

本稿は、一九七〇年代と一九八〇年代の、直接には関連し合わない民族誌的な二つの現象——少数民族による自伝の隆盛と、ずらされ隠され秘められた意味についてのテクスト理論に対する学界の関心(1)——を一緒にして、それによってその二つが、文化の作用に関する我々の思考方法を再活性化させ、文化批評の様式としての民族誌の実践を再形成できるかどうかを問うことを目的としている［フィッシャー　一九九六：三六二］。

先ず用語について補足しておくと、引用文中の「ずらされ隠され秘められた意味についてのテクスト理論」とは、一九八〇年代以降の哲学、文芸批評、そして「人類学における哲学的な大勢」が展開した、ポストモダン的とも呼ばれる「テクスト理論」「知識論」「文化理論」を指している［フィッシャー　一九九六：三六六—三六七／四二七］。

引用文の内容に戻ると、この「記憶術」の主な分析対象は、一九七〇年代以降に盛んに発表されるようになる「少数民族による自伝」である。(6) 本論文では、この「民族性探求的な自伝文学」を、前述の「テクスト理論」に基づいて読み解き、人類学者が持つ「文化の作用」に関する思考を再活性化する［フィッシャー　一九九六：四二七］。そして、人類学における「民族誌の実践」を「文化批評の様式」として再形成することが目指される。

その上で「自伝」中に表現される民族性への眼差しや、その探求に関する問題の分析を通じて人類学者と「民族誌」の関りを再考する際に、前章で紹介した「二重の軌跡《デュアル・トラッキング》」、あるいは自己と他者の「焦点の二重性」、すなわち転移とその関連概念が参照される。その詳しい内容は、以下の通りである。

（2）人類学の根本原理と転移

フィッシャー氏によると、少数民族による「自伝」の主題は、大きく次の三つに分類することが出来る。

すなわち、①民族性が本質的な存在ではなく、各世代で「再創造され再解釈されたなにものか」、逆説的な意味のフィクションでしかないことを暴露する、②その民族性の暴露を経て、複雑に流動する多元的な現実の中で、個別のアイデンティティを模索し獲得する過程を描写する、③新しいアイデンティティと民族性を獲得すること、またその意味の探求を「倫理的で前向きのヴィジョンの（再）創造であり発見」であるかのように叙述する、の三つである［フィッシャー　一九九六：三六三―三六七］。

そして、①②③を通じて表現される民族性に対する眼差しや探求それ自体が、人類学的に見て、次のような意義を具えていると強調される。

民族誌を書くことと受容することが、人類学者たちの間で大きな関心を呼び議論の的となっている時期に（中略）自伝文学の中に潜む民族性への展望《パースペクティブ》は、民族誌を読んだり書いたりする新しいやり方を示唆するものなのである［フィッシャー　一九九六：三六七］。

フィッシャー氏によれば「自伝文学」の中に表現される「民族性への展望《パースペクティブ》」は、人類学者が「民族誌」を執筆したり読解したりする際の、まったく新たな方法を示唆するものであるという。その詳しい内容は、次の通りである。

このような今日の自伝的テクストをどう読み、どう分析し、どう解釈するかを考えるにあたって、自己の民族性の探求とは二つの焦点をもつ鏡なのではないかと、ふと思いついた。実はこれこそが、これまでずっと人類学の根本原理の重要な部分でありつづけたものなのである。すなわち、他者を見るのに自己を背景とし、自己を見るのに他者を背景とする。エキゾチックな慣習を見慣れたものと並置すること、もしくは当然視される仮説を相対化することは、常に人類学が公約してきた文化批評であった。この焦点の二重性、ないし相互的な見方は、社会間の相互依存が高まりつつある世界の中でますます重要なものになってきた［フィッシャー　一九九六：三六八―三六九］。

前述の内容を踏まえて解説しておくと、少数民族の「自伝」中に描写される「自己の民族性の探求」は、二つの焦点を具える鏡に譬えられる。それは、他者を見る際に自分自身が背景となり、逆に自分自身を見る際には他者が背景となること、つまり、自己を見ながら他者を見る、他者を見ながら自己を見るという相互的な眼差しを意味している。人類学の観点からいうと、それは、見慣れない「エキゾチック」な慣習や文化を「見慣れたもの」と並べ置くこと、そして「当然視される仮説を相対化」することとも理解される。

フィッシャー氏は、このような相互的な見方を指して「焦点の二重性」と表現する。そして「人類学の根本原理の重要な部分」であり続けてきたものとは、まさにその二つの焦点を有する鏡であり、さらに「人類学が公約してきた文化批評」も「焦点の二重性」により可能になると主張する。

さて、このような「焦点の二重性」が、少数民族の「自伝」の中でも実現されているというのが、フィッシャー氏の理解である。だとすると、そもそも人類学者と人類学者が観察する人々の間には、いかなる格差もなく、相互に平等に観察者になり、また被観察者ともなる。そういった関係性の意義について、フィッシャー氏は、次のように結論する。

> 少数民族も、民族誌家も、通文化研究者も、概して個人的で感情移入的な「二重の軌跡《デュアル・トラッキング》」から始めて、他者を明らかにする中で自己の内的プロセスを探求しようとする［フィッシャー　一九九六：三六九］。

少数民族も人類学者も、例外なく皆「二重の軌跡《デュアル・トラッキング》」の中にいて、他者を分析することで、自身の「内的プロセス」を明らかにしようと試みている。その成果が、少数民族の「自伝」であり、また人類学者の「民族誌」とみなされる。逆にいえば、人類学者は、このような視点から「民族誌」の意義を改めて考える必要があるだろう。

フィッシャー氏の考えとしては、このような理解に立脚することで「焦点の二重性を完全にそなえて文化批評という人類学の公約を実現するような民族誌」も、初めて可能になる［フィッシャー 一九九六：四三二］。

五 結論

本稿の検討内容を改めてまとめておくと、第二章で *The Rhetoric* の内容を概観した後、第三章で、同書の転移概念がいかなるものか考察を試みた。第四章では、その *The Rhetoric* に引用されるフィッシャー氏の転移理解を検討した。それらの結論は、次の通りである。

① *The Rhetoric* では、第一に研究対象の「一次的」言説と、研究主体の「二次的」言説の間の転移関係を指して「汚染」と呼ぶ。この転移＝汚染があるから「歴史学的言説の客観性」も、一切不可能になる。

② 同じく *The Rhetoric* では、複数の文化の間の類比的関係も転移と結びつけられ、同概念が、他者をより良く理解する契機であり、そのための最良の方法とも解釈される。そして、この類比的関係と結びついた転移を論じる際、フィッシャー氏の「記憶術」の文が引用される。

③ フィッシャー氏の「記憶術」では、転移に深く関わる「焦点の二重性」「二重の軌跡《デュアル・トラッキング》」等の概念

を指して「人類学の根本原理の重要な部分」と評価し、さらに、それがあるからこそ「人類学が公約してきた文化批評」も可能になると主張される。

①②③の結果をまとめると、*The Rhetoric* における転移は、一方で批判的な性質を有しながら、他方で肯定的な側面も具えた両義的な概念といえ、さらに後者、他者理解の契機となる転移については、フィッシャー氏の議論に立脚し、それを仏教／禅研究方面に応用したものとも推測される。

フォール氏における人類学の影響は、末木氏を筆頭に様々な先行研究で指摘されるが、数ある人類学の業績の何れと関係していたかは、明確でなかった。それが、本稿の検討を通じて、フィッシャー氏の「記憶術」から強く影響を受けていることが明らかになった。本論文は『文化を書く』（クリフォード、マーカス編）に収録される。その一連の研究成果からの影響についても、今後、考察を進めるべきだろう。

序論で述べた通り、本稿の目的は、欧米の禅研究の実態と学的系譜を考えるための材料を提供する点にある。その一連の検討を通じて、欧米の禅研究の一部が、同じく欧米の人類学の成果に依拠することが明確になった。今後、フォール氏等の議論を検討する際には、こういった学的背景・系譜の存在を意識する必要があるだろう。

今日、禅研究は大きな変革の時期にある。先に述べたように、海外の学術研究活動の影響力が年を追うごとに大きくなり、日本国内でも、真福寺の「禅籍」をはじめとする多彩な新出資料が、旧来の禅仏教史の見直しを強く要求する。こういった状況の中で、研究者は、新たな知識を積極的に摂取するだけでなく、自身を省みて、その立場や視点を冷静に検査しなければならない。それは、研究者一人一人が、自身と研究対象の転移について考えるということである。そのような状況にあって、フォール氏と *The Rhetoric* の影響力は、今後ますます大きくなると思われる。多彩な人文学の方法と理論を柔軟に活用して、広い視野から禅を研究する本書の姿勢、その議論は、変革の時期を生きる禅研究者の重要な指針になるだろう。

【注】

1 例えば、ジョン・R・マクレー氏による中国禅宗史の捉え直し、ダンカン・ウィリアムス氏による近世曹洞禅の社会史的研究が挙げられる［マクレー　二〇一二／Williams 2005］。

2 一九九〇年代以降の禅研究の動向については、金子奈央氏も「文献学的・史学的研究や哲学的研究など、禅研究をリードしているのは日本であるという印象が強いだろうが、欧米の学会では近年、こうした日本の業績を受容した上での批判的研究が登場している」と評価している［金子　二〇〇四：一三五］。

3 末木氏は、かなり早い時期からフォールの研究に注目し、先に紹介したように、その著作に関するまとまった評論を発表している。また、その著作の翻訳にも意欲的で、金子氏との共訳で、*Unmasking Buddhism*（2009）の日本語訳を発表している［フォール　二〇一六］。その金子氏も、*Chan Insights and Oversights : An Epistemological Critique of the Chan Tradition*（1993）の一部日本語訳を発表している。本書に関しては、ジョナサン・モリス氏と和久井洋子氏等も、一部翻訳を試みている。

4 表題 *The Rhetoric of Immediacy : A Cultural Critique of Chan/Zen Buddhism* は、例えば「直接性のレトリック：禅仏教の文化的批判」と日本語訳可能である。

5 フィッシャー氏「記憶術」のオリジナル英語論文は、一九八六年に発表された。

6 例えば、マイケル・アーレン『アララット紀行』、マクシーヌ・ホン・キングストン『女戦士』、またマリータ・ゴールデン『心の移民』といった文学作品が、この「自伝」中に含まれる［フィッシャー　一九九六：三六二］。

【参考文献（日本語）】

ジョン・L・オースティン『言語と行為』（坂本百大訳。大修館書店、一九七八年）
金子奈央「訳者解題（禅オリエンタリズムの興起（上）——鈴木大拙と西田幾多郎——）」（『思想』九六〇、二〇〇四年）
アンソニー・ギデンズ『社会学の新しい方法規準——理解社会学の共感的批判』（松尾精文、藤井達也、小幡正敏訳。第二版、而立書房、二〇〇〇年）
ジェイムズ・クリフォード、ジョージ・マーカス編『文化人類学叢書　文化を書く』（春日直樹、足羽與志子、橋本和也、多和田裕司、西川麦子、和邇悦子訳。紀伊国屋書店、一九九六年）
エドワード・W・サイード『オリエンタリズム』下（板垣雄三、杉田英明監修、今沢紀子訳。平凡社、一九九三年）
末木文美士「オリエンタリズム以後の仏教研究——B・フォールの著作をめぐって」（『解体する言葉と世界』所収、岩波書店、一九九八年）
ポール・スワンソン「動向紹介　禅批判の諸相」（『思想』九六〇、二〇〇四年）
マイケル・M・J・フィッシャー「民族性とポストモダンの記憶術」（和邇悦子訳。ジェイムズ・クリフォード、ジョージ・マーカス編『文化人類学叢書　文化を書く』所収、紀伊国屋書店、一九九六年）
ベルナール・フォール『仏教の仮面を剥ぐ』（末木文美士、金子奈央訳。トランスビュー、二〇一六年）
ヨーン・ボルプ「エリート禅から大衆的禅へ——日本と西洋におけるテクストと実践の読解」（佐藤清子訳。『現代思想二〇二〇年十一月臨時増刊号　総特集＝鈴木大拙』、二〇二〇年）
ジョン・R・マクレー『虚構ゆえの真実　新中国禅宗史』（小川隆解説。大蔵出版、二〇一二年）
ジャン＝フランソワ・リオタール『文の抗争』（陸井四郎、小野康男、外山和子、森田亜紀訳。法政大学出版局、一九八九年）

【参考文献（英語）】

Faure, Bernard. 1991. *The Rhetoric of Immediacy: A Cultural Critique of Chan/Zen Buddhism*. Princeton: Princeton University Press.
——. 1993. *Chan Insights and Oversights: An Epistemological Critique of the Chan Tradition*. Princeton: Princeton University Press.
——. 2009. *Unmasking Buddhism*. Chichester, U. K.: Wiley-Blackwell.
Williams, Duncan. 2005. *The Other Side of Zen: A Social History of Sōtō Zen Buddhism in Tokugawa Japan*. Princeton: Princeton University Press.

円爾系の印信から見る禅と密

菊地　大樹

はじめに

弘安三（一二八〇）年一〇月、臨終を覚悟した東福寺《とうふくじ》円爾は、弟子に対して半月後に大涅槃《ねはん》に入ることを宣言した。ほぼその通りに一七日、遺偈《ゆいげ》を認めると筆を投げて遷化《せんげ》する。この間の事情は、『聖一国師年譜《しょういちこくしねんぷ》』に詳しい。(1) ここで注目したいのは、八日から一五日にかけて、三回にわたり法嗣白《はっすはく》雲恵暁《うんえぎょう》（一二二三―九七）らに天台密教（台密）の奥義を伝授した事実である。『聖一国師年譜』や『元亨釈書《げんこうしゃくしょ》』「円爾伝」(2)などの伝記によれば、円爾は最初天台僧として駿河国久能山《くのうざん》で研鑽を積み、さらに上野長楽寺栄朝《ちょうらくじえいちょう》のもとで禅の参究に励む。栄朝は禅僧であると同時に、また天台僧としても優れていた。栄朝は栄西に師事するなかで禅のみではなく、栄西の伝えた台密の法流を受けたのに加え、他からも台密の優勢な法脈を受けていたのである。(3) のち嘉禎元年（一二三五）に入宋した円爾の大きな目的の一つは、やはり南宋禅を嗣ぐことにあっただろう。しかしここでも、彼は律や天台の吸収に努めている。やがて無準師範に嗣法した円爾は、帰国すると九条道家の帰依を受けて東福寺開山となり、以後臨済宗聖一派（東福寺派）の派祖として崇敬され現在に至っている。しかし、この東福寺についても、やはり円爾が禅とともに天台教学や密教の道場として位置づけていたことを忘れてはならない。

こうしてみると、円爾の天台僧としての側面にはもっと注目が集まってしかるべきであった。それにもかかわらず、少なくとも宋から帰国した後、円爾にとって禅の優位は明らかであると従来は理解されてきた。そこでのちの円爾にとっての密教を含む天台教学の研鑽は、あくまで伝統的な寺院勢力との妥協に過ぎず、円爾の教学体系の中では禅と〈兼修《けんしゅう》〉する程度の低い位置しか与えられてこなかったのである。禅を修めながら、なお天台教学などを捨てなかった円爾の立場は〈雑修《ぞうしゅ》〉的であり、のちに蘭渓道隆らによって確立された〈純粋〉な禅の前段階としか理解されていなかった。現時点から見れば、このような先入観が円爾の天台教学や台密理解についての研究を阻害してきたことは否めない(4)。

ところが近年、純粋禅なるものが果たして歴史的にあったのか、といった根本的な見直しが進んでいる。近代仏教研究の著しい進展(5)に伴い、仏教史学が長く抱え込んでしまった問題、すなわち複数的な内容を含む宗教より、「専修」など単一的な宗教を無批判に高く位置づけ、前者から後者への単純な進化の構図を受け入れてしまうことの限界が、ようやくひろく自覚されてきたのである。この問題は、ひとり禅宗史のみならず、各宗派にわたる中世仏教研究全体について言えることである(6)。

とりあえず日本禅宗史に限ってみても、こうした近年の自覚が鎌倉時代における禅の地平を大きく様変わりさせつつある。ここから、円爾が死の床において恵暁らに密教伝授を行ったことを捉え返してみると、もはやその宗教的な意味が副次的なレベルに留まると評価することはできないだろう(7)。そこで本稿では、従来は臨済禅の一門派とみられてきた円爾の聖一派および関連する諸派における台密教学の研鑽を、印信《いんじん》を活用しながら実態的に追ってみたい。具体的には、すでに東福寺の『栗棘庵《りっきょくあん》印信群《いんじんぐん》』を素材として筆者が検討した成果をもとに、関連する法脈をたどりながら、禅のもとにおける台密法流が鎌倉時代から南北朝期を通じてどのように発展していったのかを概観する。その結果、禅はもちろん天台・真言密教、さらには中世仏教全体のなかでの禅密関係の歴史的意義を再考するきっかけを得ることができるだろう。

一　初期長楽寺と栄西門下の法流

「はじめに」でも述べたような、兼修禅から純粋禅へ、という中世禅宗史の見直しが進んだ理由は、もとより研究史的な発想の転換のみならず、近年の新出史料群によるところも大きい。中世以来の古典籍を多く蔵することで知られてきた、愛知県名古屋市真福寺《しんぷくじ》（真言宗智山派）大須文庫から見つかった禅関係の多くの新出史料もまた、この動向に大きく貢献してきた。近年の調査研究の進展と、上述のような研究史的見直しが相互に影響を与えながら、顕密の聖教《しょうぎょう》とともに大須文庫の所蔵する多くの禅籍に注目が集まっている。「禅籍」と言っても、大須文庫のそれは内容的に従来の純粋禅の枠組みでは捉えきれない、複雑な様相を呈している。先年完結した『中世禅籍叢刊』（一二巻・別巻、臨川書店、二〇一三〜一九年）では、とくにこの点から注目すべき典籍を積極的に収録した。筆者は同叢刊のうち第四・一一巻において、真福寺開山能信を軸とする『安養寺《あんようじ》流印信群《いんじんぐん》』およびその思想的背景をなす『灌頂秘口決《かんじょうひくけつ》』の報告研究に取り組んだ。また、並行して進めていた『栗棘庵印信群』の研究(8)を踏まえて、別巻にこれらの文献をもとに考察を収録した(9)。ここから、栄西・栄朝を経て円爾に受け継がれ、さらにその弟子のひとりであった癡兀大慧のもとに、真福寺に伝わる安養寺流など独自の法流が形成されてきたことが明らかになってきた。円爾から大慧・能信らにいたる段階についてはすでに拙稿である程度論じたので、本稿ではぎゃくに遡って、栄西から円爾に台密法流が受け継がれるにあたって重要な役割を果たした栄朝・長楽寺の台密法流について検討していきたい。栄朝は上野那波郡の出身で、最初武蔵慈光寺《じこうじ》別当厳耀《ごんよう》（―一一八九―）のもとで受法したとみられる。栄西らに従い諸流を承けた後、在地領主である源義季に請じられ、承久年間（一二一九―一二二二）に上野世良田長楽寺の開山となった(10)。

　初期東福寺における密教の研究は必ずしも豊富ではないが、その中にあって玉村竹二の示した見通しはおおいに役に立つ(11)。玉村の整理した円爾をめぐる禅密の法脈を図示すると、

【図一】　栄朝の禅密法流

栄朝―┬―円爾―（月船）琛海―（瑞翁）子本―┐
　　　└―栄宗―（鑑堂）大円―（牧翁）了一―┴―（大雲）了慧

（　）内は禅僧としての道号

【図一】のとおりである。この法脈は、そのまま長楽寺聖教等に伝わるいくつかの法脈図にも当てはまり、長楽寺における典型的な伝授の系譜の一つでもある。(12)玉村も指摘するように、入宋前の円爾の師栄朝を起点として俯瞰すると、禅の法脈がそのまま密教の受法関係とも各所でオーバーラップしていることがよく分かる。ただし補足すれば、長楽寺歴代住持を記録した『禅刹住持籍《ぜんさつじゅうじせき》』と『長楽寺記《ちょうらくじき》』を比べると、律台《りつだい》上人栄宗《えいそう》や後述の了慧《りょうえ》（―一三五六―）は、『禅刹住持籍』のほうには数えられていない。ぎゃくに『禅刹住持籍』には、のち寿福寺《じゅふくじ》に転籍した蔵叟朗誉《ぞうそうろうよ》（一一九四―一二七七）以下、『長楽寺記』には見えない何人かの禅僧が住持に数えられている。それぞれ成立時期や事情の違う二種の歴代住持記録を単純に比較することはできないが、大体の傾向としては『禅刹住持籍』は禅僧の側面から、そして『長楽寺記』は台密僧の側面からそれぞれ住持を数えていると言える。これから述べるように、栄朝から台密を受法して無心《むしん》に伝えたことも知られる一翁院豪《いちおういんごう》（一二一〇―八一）が、『禅刹住持籍』にみえて『長楽寺記』に見えないのは、実際の事績とはべつに院豪に禅僧としての印象が強かったことを示唆しているのだろうか。(13)いずれにしても、禅の系譜と台密の法流を区別して歴代住持を数える意識があったことも、一応踏まえておきたい。

玉村は台密法流について、穴太流《あのうりゅう》下に栄西が形成したいわゆる葉上流《ようじょうりゅう》（建仁寺流《けんにんじりゅう》）よりも、栄朝が別に聖豪《しょうごう》（一一三九カ―？）から受けた蓮華院流《れんげいんりゅう》について論じている。その際の根拠としているのは、長楽寺聖教はもちろんのこと、行元寺《ぎょうがんじ》・徳星寺《とくしょうじ》・逢善寺《ほうぜんじ》など、関連する法流が広がった関東近隣の寺院聖教である。これらの諸寺に伝わる印信は、もちろん端的に彼らの法脈を示しているし、その他の聖教の授受関係などからも法脈の復元が可能である。(14) こうした作業を通じて分かることは、ひと口に長楽寺の台密法流と言ってもかなり複雑であり、栄朝の段階で受け継いだ栄西からの穴太流（葉上流）と聖豪からの蓮華院流のほかにも、続く時代に種々の法脈が次々に流入していたという事実である。それぞれの血脈に連なる歴代の阿闍梨は大きく異なり、依って立つ印信や聖教の内容から色々な形の法流がしばしば同一人物を経由し、並行して伝わっていったのである。

長楽寺の台密法流は【図二】のように、栄朝から円爾と栄宗の二人に分流した。円爾は最初に仏法を学んだ駿河久能山において、のちに見西《けんさい》から受法する。後述のように、見西は栄西に学んだとされながら、その法脈は蓮華院流にも近い。栄西とは別の栄朝の台密の師聖豪が、武蔵岡部に蓮華院流の拠点を築いたこともあって（岡部方《おかべかた》）、この法流は関東に由緒がある。そこで、以前から久能山にも伝わっていた蓮華院流の法脈を介して、若き円爾の目を長楽寺へと向けていったのかもしれない。円爾がやがて東福寺を拠点に独自の法流を形成したのに対して、栄宗が長楽寺を拠点として守った栄朝の法脈は、大円―了一と受け継がれて了慧にいたる。いっぽう了慧は、円爾会下で東福寺八世月船琛《げっせんちん》海《かい》（一二三一―一三〇八）の弟子、子本《しほん》からも受法していた（「以心灌頂私記《いしんかんじょうしき》」奥書、行元寺所蔵）(15)。この点については、最後に詳しく考えたい。こうした禅密の諸法流は長楽寺に流れ込む一方で、外にも流出していった。長楽寺第二世悲願房《ひがんぼう》こと蔵叟朗誉(16)は鎌倉寿福寺に遷住したし、また神子栄尊《じんしえいそん》（一一九五―一二七二）・無本《むほん》覚心などそれぞれのちに活躍した禅僧も、かつて栄朝会下に多数集まっていた。彼らの中には、円爾と同じく台密法流を受けた者も少なくない。

そこでまず注目したいのが、長楽寺第三代住持一翁院豪である。院豪は、禅の法系の上では無学祖元の法嗣（仏光派）に位置づけられる。(17) いっぽうで院豪は、栄朝から台密法脈を受けていた。現在、彼が無心《むしん》なる僧に、文永一〇年（一二七三）一一月五日から一六日の間に伝授した印信六通が、金沢文庫に残されている。その内容から、これらは蓮華院流下味岡流《あじおかりゅう》岡部方の両壇《りょうだん》灌頂印信のうち、金《こん》剛界《ごうかい》・蘇悉地《そしつじ》の許可《こか》灌頂と、胎蔵界《たいぞうかい》・金剛界の伝法《でんぽう》灌頂であることが分かる。本来の体系から考えると、同時に授けられた院豪授無心印信のかなりの数が現在は失われているようであるが、残された六通のなかで興味深い一通が、「（院豪授無心）伝法許可八印《でんぽうこかはちいん》」（『金沢文庫古文書』六二九八号）である。これは、金剛合印・仏眼《ぶつげん》印・大日智拳印《だいにちちけん》・大日灌頂印・五古《ごこ》印・法界率覩婆《ほっかいそとば》印・勝身三摩耶《じょうじんさんまや》印・阿《あ》闍梨位《じゃりい》印の八印の結び方と明《みょう》（真言）を示したもので、いわゆる「印信印明《いんみょう》」にあたる。やや異例なのは、この印信の末尾に奥書のような形式で伝授の次第が記されていることである。

書本云、仁安二年十月廿四日、於二大山一書了、即伝授了、出雲清水寺奉レ値二大山基好一、投花之次密印也、

天福元年癸巳十一月十三日授レ之、於二上野国長楽寺一、伝二授伝灯院豪一矣、文永十年十一月五日、於二上野州長楽寺一、伝二授伝灯無心大法師一已畢

最初の本奥書は仁安二年（一一六七）、伯耆大山での書写伝授を伝える。その内容は、出雲清水寺《きよみずでら》(18) において、一連の灌頂儀礼の一部である「投花《とうげ》」を行った際に基好《きこう》（―一一六七―一一八〇―）より授けられた「密印《みついん》」であるという。このときの受者《じゅしゃ》がここには記されないが、もはや明らかなようにそれは

栄西であろう。諸伝記によれば、基好からの伝授の具体的時期は応保二年（一一六二）の備中への帰省ののち、仁安三年の第一回入宋の前年頃とされている。この奥書はこれと一致するが、仁安二年一〇月と時期が具体的に特定できる。さらに奥書からは、その後この伝授の場が長楽寺に移り、天福元年（一二三三）におそらく栄朝から院豪へ、そして文永一〇年に院豪から無心にこの印信が授けられた。

だがさらに注目したいのは、この印信の端裏書《はしうらがき》に「伝法許可八印寿福寺」と見えることである。端裏書は文書を開かずにその内容を素早く知るためのインデックスの役割を果たすが、また同時代に記された端裏書であれば、もともとその文書がどのような意味や機能を持つのかを、端的に表してもいる。印信の場合は、この端裏書から微細な法流の分類が可能なように工夫して記されている場合が多い。つまり、かつて栄西が鎌倉において寿福寺を拠点としたことを考えれば、たんにその法流を示すに過ぎないかもしれない。ところが一般に、栄西にかかる他の多くの印信には「建仁寺流」と記されることが圧倒的に多い。それは、この法流の拠点が建仁寺に築かれたからであろう。しかしこの印信には、なぜ敢えて「寿福寺」と記されたのだろうか。ここで参照したいのが、『栗棘庵印信群』のうち、弘安三年一〇月一三日「円爾授恵暁合行灌頂相承記《ごうぎょうかんじょうそうじょうき》」（Ⅱ—三—②）[19]である。ここに記された過去の伝授の記録によれば、円爾が安貞二年（一二二八）に阿忍《あにん》から合行灌頂を受けた場所もまた、寿福寺だった。すでに指摘したように[20]、円爾は栄朝を通じて蓮華院流および栄西以来の穴太流の法脈を受けたものの、基本的には穴太流の方を重視していた。さらにその後、栄西を経由するものの栄朝とは別の穴太流阿忍方を受け、また栄西を経由しない穴太流見西方も重受した。円爾が台密法流の上でもっとも重視したのは、この見西方であったと筆者は見ているが、阿忍方もまた重要な一角をなしている。栄朝が院豪に「伝法許可八印寿福寺」を授けた天福元年は、円爾が阿忍から合行灌頂を授かった五年後である。すでに栄西は亡かったが（建保三・一二一五年没）、台密法流の面で栄西を発展的に受け継いだ阿忍のような人により、それほど長期間ではなかったであろうが、このころ寿福寺に建仁寺とはやや異なる伝授の拠点が築かれていた可能性があろう。栄西およびその弟子退耕《たいこう》行勇《ぎょうゆう》（一一六三―一二四一）が住持を務めていたころの寿福寺に、禅とともに行われていた密教がそれなりに重要な位置を占めていたことになる。

ここでさらに、「円爾授恵暁合行灌頂相承記」から伝授の系譜を考えることにより、寿福寺に形成された法流の性格を推定してみよう。この系譜は、顕意《けんい》―栄西―阿忍―円爾―恵暁となるが、栄西の師の一人であるこの顕意（―一一四五―七四カ）について、『元亨釈書』「栄西伝」は基好からの伝授のあと、「又還二本山一、重受二顕意法師密灌一」と記し、栄西が延暦寺に戻り顕意から受法したかのように記す。しかし「円爾授恵暁合行灌頂相承記」には、仁安二年九月三〇日、栄西が備前安養寺において顕意から受法したことを記している。これを先の奥書と比較すれば、まず備前で受法したあと、続けて出雲清水寺に移動して基好から灌頂を受け、さらに伯耆大山に移動して要となる投花儀礼における密印を書き留めたことになる。『元亨釈書』によれば、応保二年の帰郷は天下疾疫を避けるためであったという。しかし、第一次入宋直前の時期に中国地方を旺盛に往来し、集中的に密教の伝授を受けていたことを、むしろより重要な帰郷の目的として評価すべきであろう。

顕意については、すでに多賀宗隼も考証している。(21)『台密血脈譜《たいみつけちみゃくふ》』には栄西に関するいくつもの血脈が収録されており、『大日本史料』四―一三（建保三年七月五日、栄西死没条）に一部が翻刻されている。(22)そこに多く示されているように、基好からの伝授にかかる栄西の法流は、遡ると薬仁《やくにん》（―一〇九八―一一〇九―）を経て、谷流の祖皇慶《こうげい》（九七七―一〇四九）に至る。この由緒から、栄西は皇慶の合行灌頂儀礼を整備した長宴《ちょうえん》（一〇一六―八一）ではなく薬仁の儀軌に依っていた。かつその系譜は、穴太流祖である聖昭を経由していない（ただし栄西は基好を経て、聖昭からの両壇灌頂の系譜は別に受け継いでいる）。このことは、のちに栄西の正統性に対する批判の対象となった。(23)こうした不完全さを克服するため、栄西は顕意の法流をあわせて受けたのではないだろうか。だが彼には、顕意からの受法を重視する別の理由もあった。『台密血脈譜』には薬仁から分岐して、覚厳―敬誉―顕意―栄西と相承する血脈がある一方で（『大日本史料』四―一三、六八八頁）、それとは異なる系譜もいくつか見られる。それらに共通する特徴は、栄西から顕意をさらに遡ると、数代を隔てて延殷《えんいん》（九六八―一〇五〇）にいたることである。これも多賀が指摘するように、延殷は皇慶とともに東寺の景雲《けいうん》（一〇世紀頃）から東密の伝授を受けており、栄西が特に重視していた人物であったという。(24)円爾が栄朝を介して受けたのとは別に、阿忍を通じて獲得した栄西の系譜は、『栗棘庵印信群』から見る限り長宴につながる合行灌頂のそれであった。さらに、延殷に連なる顕意のこのような正統性も視野に入れておくべきではないだろうか。

栄朝が受けてのちに院豪に与えた「伝法許可八印寿福寺」も、かつて栄朝は生前の栄西からこの印明を直授されたのではなく、のちに寿福寺において別人から間接的に受法した可能性があろう(25)。つまり栄西は、阿忍に授けた「伝法許可八印」を、栄朝には授けなかったのかもしれない。これは、ある密教僧がただ一人の弟子への瀉瓶《しゃびょう》の伝授などと言いながら、実際には必ずしも自身の受けた諸法流のすべてを一人に授けるわけではなく、しばしば複数の弟子に分けて与える場合があったことを示しており、本稿においてはとくに興味深い一例となる。円爾は有力な法流とともに、関連する他の法流を重受しながら独自の体系を創作して次世代に示していった。しかし円爾もまた、『栗棘庵印信群』に見える白雲恵暁への伝授と比べると、別の弟子である癡兀大慧には、そのすべてを伝授しなかった可能性がある。その大慧もまた東密教学を大幅に取り入れ、これを能信らが受け継いでいくが、現存する『安養寺印信群』（安養寺所蔵）を見る限り、空然《くうねん》（—一二一九—一三三〇—）らには台密法流しか授けなかった可能性がある。これが、遡れば栄西の系譜を引く周辺の多くの僧に広く共通する特徴であった。こうして師弟共に、積極的にさまざまな法流を取捨選択しながら授受する気風のなかから、彼らは禅をも吸収していくのだろう。従来は兼修と評価されてきたこのような禅密関係を、筆者はむしろ〈一致〉と再評価すべきであると考えている(26)。

二　長楽寺における法流の展開

こうした切り口から、さらに栄朝および彼が開山となった上野世良田長楽寺を起点として見ると、玉村の整理した同寺の典型的な法脈（【図二】）の他にも、『灌頂持誦秘録《かんじょうじじゅひろく》』（長楽寺所蔵）の「自行極《じぎょうごく》深密法《じんみつほう》」や「法華一印大事《ほっけいちいんだいじ》」には、栄朝の弟子栄宗によって導入された、源延―良延―栄宗―琛海―月心―了恵という系譜も見える。これについて、岡野浩二氏はとくに源延（一一五六―一二三〇）に注目している。(27) 浄蓮房（上人）源延は伊豆走湯山の住僧で同国の武士加藤氏の出身、鎌倉幕府有力者との関係も深く、『吾妻鏡《あずまかがみ》』にその活動が多く見えるという。いっぽうで源延は蓮華院流下に尾張味岡で一流を形成した忠済《ちゅうさい》（―一一四四―四七―）から伝授を受けて、谷流祖皇慶の聖教を多く書写した学僧でもあった。忠済の味岡流は、穴太流と蓮華院流の合流を一つの重要な特徴としている。そのもとに、さらに聖豪の岡部方が形成されて栄朝も受法し、長楽寺に法流を興していったのであった。先に述べたように、円爾は見西の穴太流の伝授をもっとも重視したが、「栄朝授弁円密宗伝法血脈《みっしゅうでんぽうけちみゃく》総図《そうず》」や『台密血脈譜』によれば、見西もじつは「両壇灌頂」や「薄墨相承《うすずみそうじょう》」他に関しては、忠済からの受法を基本としている。(28) さらに先述の「法華一印大事」の相承系譜は円珍に始まり、成尋《じょうじん》（一〇一一―八一）を経て基好に至り、さらに二代を隔てて源延に伝えられている。ほかに、いわゆる穴太流の相承とは異なる特異な系譜によっても、源延は基好の法流に連なっている。以上のように、諸法流にそれぞれ親近性のある栄朝の門下に属しながら、栄宗もまた師と同様、さらに源延の系譜を受けて独自の法流を形成していた。

このように、鎌倉時代から南北朝期にかけて、世代ごとに発展していった複雑な法流の構造を端的に表現するのが、印信に他ならない(29)。東福寺でも長楽寺でも、台密法流の形成後しばらくはこうした発展的活動が続いた。東福寺の『栗棘庵印信群』や長楽寺聖教中に伝わる印信類は、その歴史的痕跡なのである。しかし玉村によれば、東福寺ではやがて「伝法灌頂堂であった荘厳蔵院が南山士雲の塔頭になった鎌倉末」ごろには密教が修せられなくなったという(30)。しかし東福寺の台密法流は、後述のように、むしろ寺外にひろく発展していった。そのうち長楽寺については、第一〇世住持牧翁了一《ぼくおうりょういち》（一二六一―一三二七）が元応二年（一三二〇）に鎌倉幕府執権北条高時の公帖（『長楽寺文書』I―一二）によって補せられたころから南北朝期にかけて官寺の性格を帯び、主に仏光《ぶっこう》派と聖一派から住持を補任する十方刹の禅院となった。『扶桑五山記《ふそうござんき》』には十刹第七位と記されている。だが伝来する長楽寺聖教を見れば明らかなように、同時に中世を通じて周辺地域の寺院とも交流を続けながら、長楽寺そのものが拠点となって台密法流を維持したと見られる(31)。そこで次に、長楽寺に伝来する『印信惣《いんじんそう》目録《もくろく》』を基準としながら、円爾・大慧らによる発展的活動の痕跡である『栗棘庵印信群』や『安養寺印信群』を参照しつつ、長楽寺を核にこの地域に形成された法流の実態を整理してみたい（【図二】）。

『印信惣目録(32)』の基本的性格は、南北朝期から室町前期にかけて活動した皇源《こうげん》から皇澄《こうちょう》に、「惣許可」の証として伝授された複数の印信目録の集成と考えられる。作成者である皇源・皇澄は基本的には長楽寺ではなく、上野一宮光明院《こうみょういん》の信仰圏内にあった勧学寺《かんがくじ》住僧であった。同じ上野国内でも光

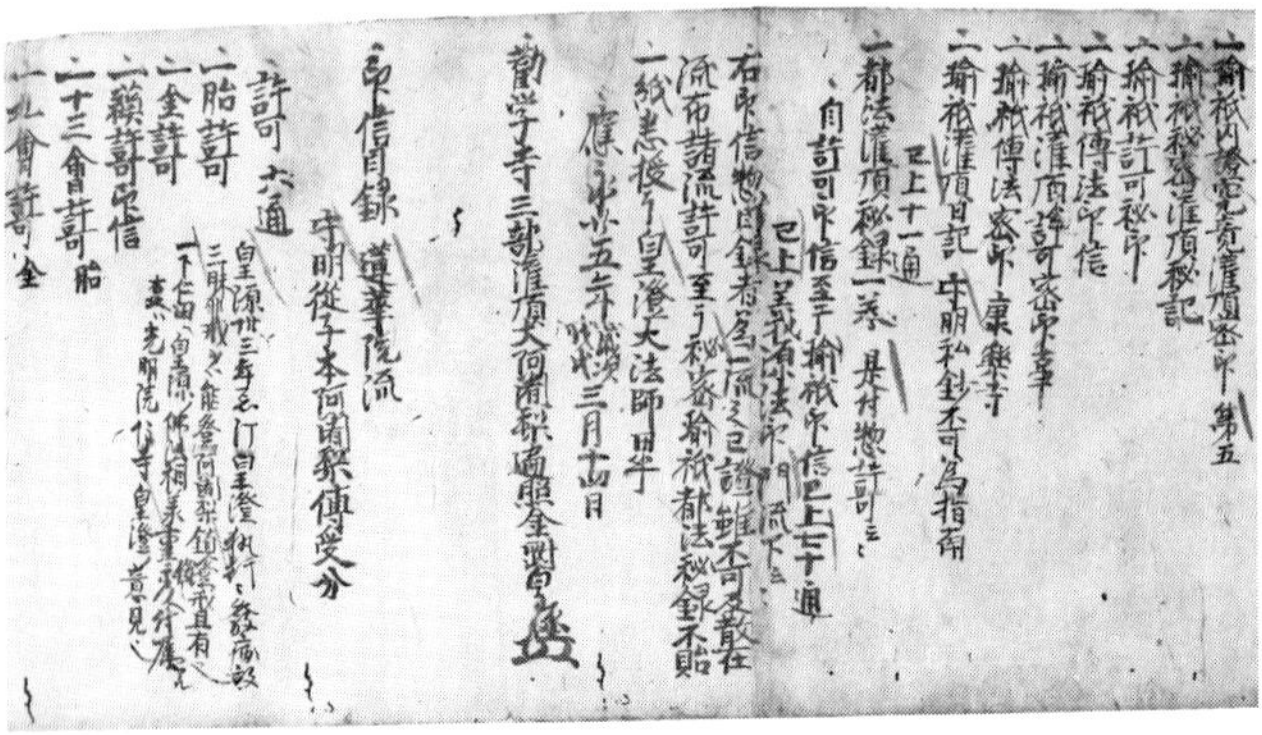

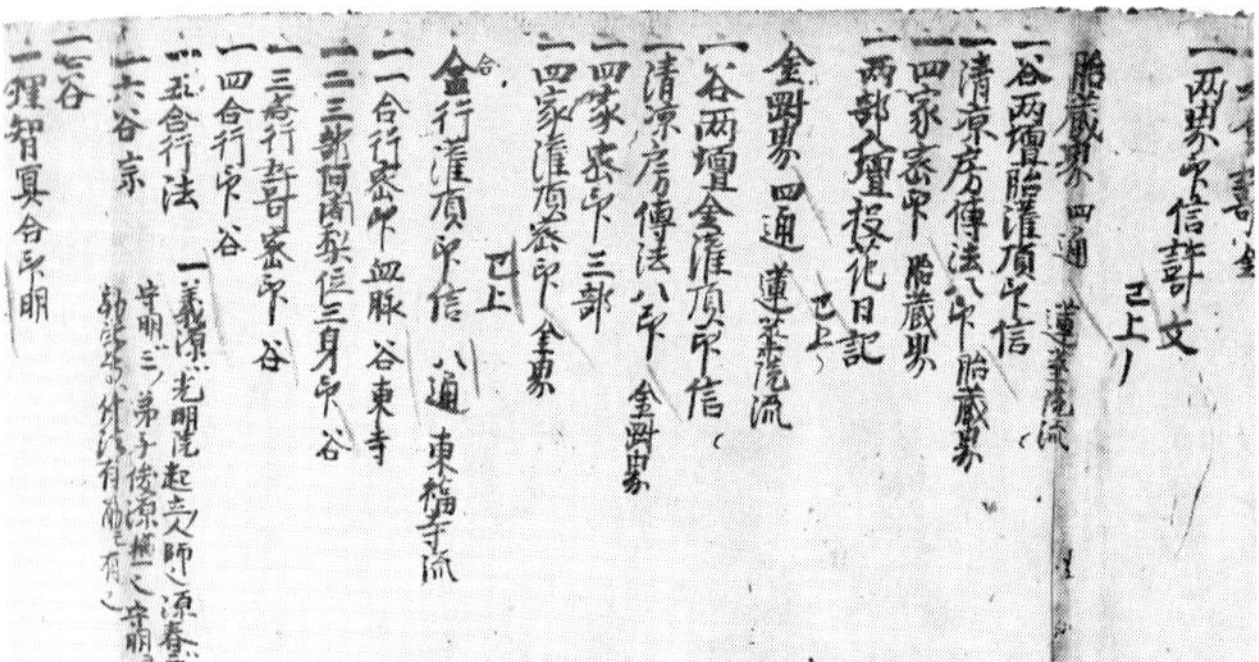

【図二】『印信総目録』（長楽寺所蔵、部分。東京大学史料編纂所所蔵写真）
応永二五年三月二四日に皇源から皇澄への伝授が行われ、すぐ続けて蓮華院流印信以下の目録書写が行われた

明院・勧学寺は現在の群馬県富岡市、長楽寺は同太田市に所在し、必ずしも地理的に近接していない。それでも中世を通じて、法流およびそれを支える人的なネットワークがじょじょに、しかし密接に発展していったことだろう。『印信惣目録』の示す内容および伝来過程はそのことを示唆しており、ここから長楽寺の法流や地域信仰圏に果たした役割を推定することができる。そこでつぎに、本史料の構造に即して長楽寺を中心とする法流の展開を具体的に把握していこう。なお、以下の分析は個々の印信そのものではなく、目録に示された表題から内容を推定して論じている部分が多いことをあらかじめお断りしておく。

①　穴太流　皇源→皇澄　七三通

最初の部分は、応永二五年（一四一八）三月一四日に、「義源法印門流下」の法流として、皇源から花押を据えて皇澄に伝授された印信の目録である。義源《ぎげん》（—一三〇九—一三一一—）は一四世紀初頭から活動した延暦寺横川霊山院法釈房の僧で（『都《と》法灌頂《ほうかんじょう》秘録《ひろく》』長楽寺所蔵）、まもなくこの地域に下向し、光明院と深いかかわりを持った[33]。以後、この地域の法流展開の要となった人物である。『印信惣目録』所載の法系図によると、義源の三人の弟子のうち、俊源は勧学寺の開山である。長楽寺聖教からは、さらにいくつかの法脈が知られ、相互に異同がある。いま、これをあらためて整理したのが【図三】である。皇源もまた、勧学寺の僧で直接には俊源の法流に連なると思われる。最初に伝授していることからも、この部分が皇源らの法流にとってもっとも基本的な内容であったと考えてよいだ

【図三】　長楽寺と周辺寺院の法脈関係

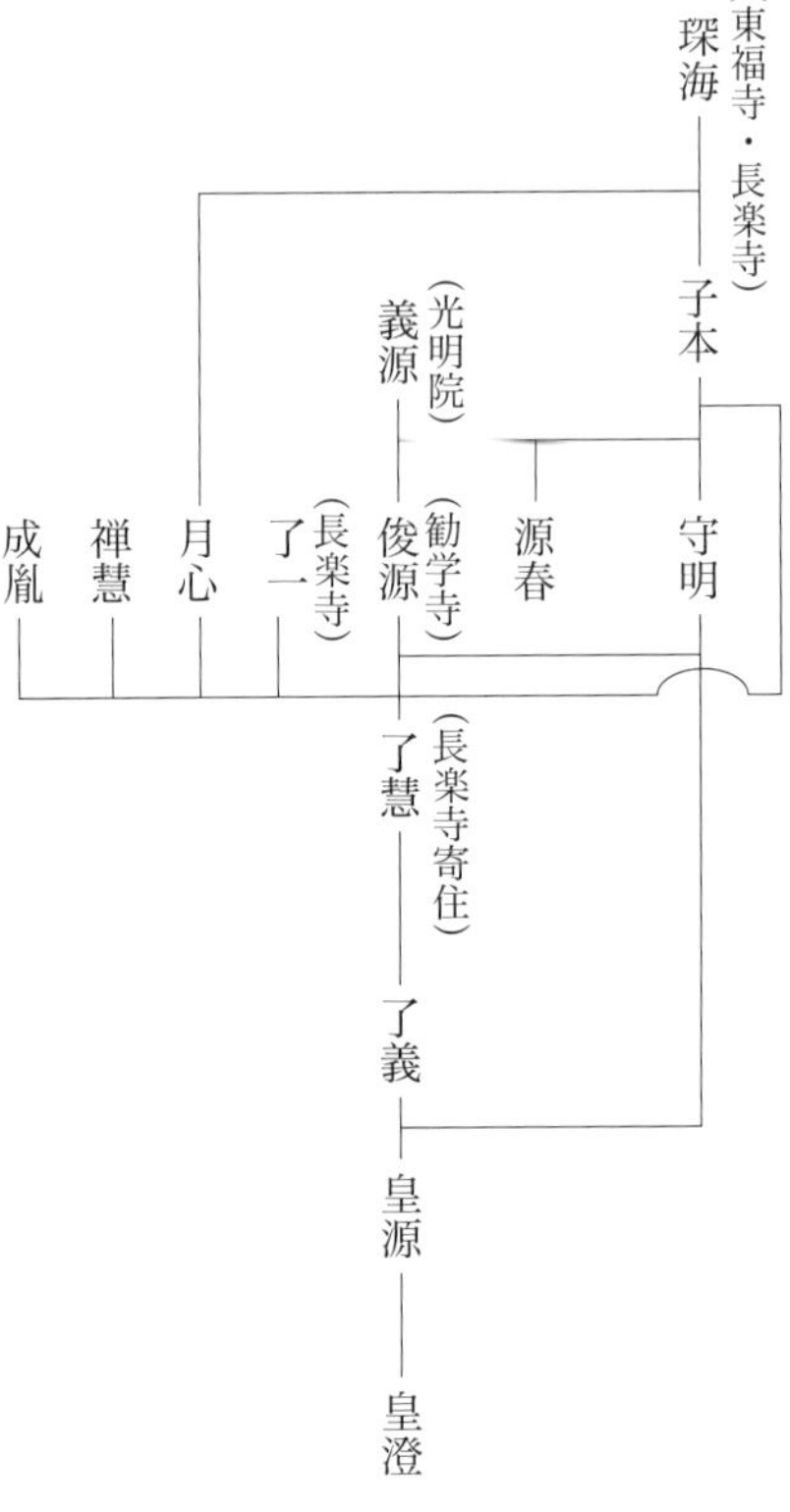

＊このほか、源春には清源・信源の弟子がいる。清源は俊源・守明から灌頂・伝授を受け、信源も俊源により灌頂、守明から源春次第により受法したとの記述があるが、煩瑣を避けて省略した

＊『都法灌頂秘録』（長楽寺所蔵）を、源春から俊源が相承したことを示す血脈図が同書に収められている

＊了一以下四名について、『群馬県史』資料編五（六八四・六八五頁）および小此木輝之『中世寺院と関東武士』（四五八頁）所収血脈図（「山門真言相承略血脈譜〈蓮華院流〉」）はいずれも子本に系譜を繋げて翻刻しているが、了恵に繋げるのが正しい。東京大学史料編纂所写真帳『徳星寺所蔵記録』（架蔵番号六一一五―一一五）で確認した

ろう。

　そこで目録の内容に戻ると、この部分は「穴太流幷諸流許可」である。許可灌頂、胎蔵界・金剛界両壇および蘇悉地灌頂、合行灌頂、離作業《りさごう》灌頂、秘密《ひみつ》灌頂、瑜《ゆ》祇《ぎ》灌頂の順に印信が分類されており、総数は七三通に及ぶ。この内容は谷流、とくに穴太流の伝授の典型的な構造を示している。ただし「穴太流」といっても、周知のようにその下にはさらに諸派が形成されていた。許可灌頂を見ると、ここでは法菩提院《ほうぼだいいん》（小川）承澄《じょうちょう》

（一二〇五―八二）の法流が基幹となっているようである。承澄は忠快《ちゅうかい》（一一五九―一二二七）から穴太流を受けつつ、覚審《かくしん》（一一四九―一二二〇―）から法曼流《ほうまんりゅう》も重受していた。法曼流祖相実《そうじつ》（一〇八一―一一六五）は谷流のなかでも台密正嫡を自認する三昧流《ざんまいりゅう》祖良祐《りょうゆう》を汲んでいる。このように、承澄の法菩提院流は穴太流内で独自の存在感を持っていた。おなじく許可灌頂のうちには「梨本《なしもと》」こと明《みょう》快《かい》（九八五―一〇七〇）の系譜の印信も含んでいるが、明快は一一世紀なかばの天台座主で、皇慶からの受法も知られる（『天台座主記《てんだいざすき》』『梶井門跡略譜《かじいもんぜきりゃくふ》』）。さらに鶏足院《けいそくいん》（川流厳範《かわりゅうごんはん》）からの印信も加えられている。許可灌頂は、「諸尊法受学のために入壇する灌頂」（学法灌頂・受明灌頂とも、『密教大辞典』）で入門儀礼の性格を持っており、『栗棘庵印信群』など印信の面から見ても、がんらいはそれほど複雑な構造ではなかったと思われる。しかし、この段階になると関連する諸流の印信を加えて許可灌頂の部分を相当充実させていたことが分かる。

　続く部分は、胎蔵界・金剛界の両壇に蘇悉地を加えた三部各別の伝法灌頂である。ここでは穴太流の印信を中心に構成され、一部に法菩提院流が加えられている。さらに谷流の根本である合行灌頂に進むが、その印信は五通と必ずしも全体のなかで多くを占めていない。むしろ多いのは秘密灌頂・瑜祇灌頂である。これは東密小野醍醐三流などの金胎不二思想の影響も受けながら、理智冥合の合行灌頂をさらに発展させたものである。『栗棘庵印信群』の段階では秘密灌頂と瑜祇灌頂が必ずしも明瞭に分離していないが、『安養寺流印信群』においては体系的に確立していることを別稿で論じた[34]。つまり、おもに一三世紀に入ってから台密でも発展した新たな事相であり、『栗棘庵印信群』では見西方に属している。見西方の印信に血脈を欠いているのも、この伝授が古い時期にさかのぼり得ないことを暗示している。この点は『印信惣目録』からも推測され、秘密灌頂・瑜祇灌頂に属するそれぞれの印信の表題には、どの流派に属するのか注記していないものが多い。秘密灌頂については「中道《ちゅうどう》院流《いんりゅう》」と称しているものがあり、中道院とは最澄であるという。しかし史実としてはあり得ず、あらたな由緒の創出である。なお離作業灌頂について、一般に穴太流の伝授に含まれる離作業灌頂は覚《かく》超《ちょう》（九六〇―一〇三四）の川流を取り込んだ法脈を示している。これに対して「印信惣目録」のこの部分では、多くの印信に「一心房伝」と註されているが、一心房を特定できず、目下法脈の系譜を明らかにし得ない。(35)

②―1　蓮華院流・東福寺流・建仁寺流　子本↓守明↓皇源↓皇澄　五四通

これ以下④に至るまでは、応永二五年三月一六日、つまり①を授かった二日後に、皇澄がべつに皇源より「御本」を給わって書写したものである。このように所持本を書写させることにも、伝授の意味があったとみえて、皇源が再び花押を据えている。『印信惣目録』と『栗棘庵印信群』を比較した場合、次表に示したように、②―1の部分にもっともよく両者の対応関係を見出すことができる。以下、さらに三群に分けて検討したい。

表『印信物目録』のうち蓮華院流・東福寺流・建仁寺流の伝授目録一覧

分類	通数	細目	法流	栗棘庵印信群文書番号
許可	6	胎許可 金許可 蘇許可印信 十三会許可〈胎〉 九会許可〈金〉 両界印信許可文	蓮華院流	欠 I－1－⑧ I－1－⑨ I－1－⑦
胎蔵界	4	谷両壇胎灌頂印信 清涼房伝法八印〈胎蔵界〉 四家密印〈胎蔵界〉 両部入壇投花日記	蓮華院流	I－1－③ I－1－⑤ 欠
金剛界	4	谷両壇金灌頂印信 清涼房伝法八印〈金剛界〉 四家密印三部 四家灌頂密印〈金界〉	蓮華院流	I－1－④ 欠 I－1－⑥
合行灌頂印信	8	一合行密印血脈	東福寺流 谷、東寺	

		二三部阿闍梨位三身印	谷	
		三合行許可密印	谷	
		四合行印	谷	
		五合行法		
		六谷宗		
		七谷		
		理智冥合印明		
合行灌頂印信	9	谷合行印信	建仁寺流 〈穴太〉長楽寺開山栄朝流〈岡〉	Ⅱ-1-①
		谷合行歯木投花日記		
		谷合行法	栄朝流〈岡〉	
		谷合行秘印	〈岡〉栄朝流	Ⅱ-1-②
		谷合行秘印〈胎〉	栄朝流	Ⅱ-1-③
		谷合		
		谷合行灌頂投華日記	習禅房（基好）師伝	
		谷合行秘所〈金〉	栄朝流〈岡〉	Ⅱ-1-④
		谷合行惣符	〈岡〉栄朝流	Ⅱ-1-⑤
秘密灌頂印信	7	秘密灌頂印信〈理智冥合印明〉	東福寺／穴太正流	Ⅲ-1-④
		自受法楽密印〈胎灌頂〉		Ⅲ-1-⑥
		自受法楽密印〈金灌頂〉		欠
		秘密灌頂広作法		
		秘密灌頂印信所		

		秘密灌頂私記〈一〉 胎蔵界十種印口決		III-1-⑨ III-1-⑥
秘密灌頂	3	秘密壇秘法〈八五、二通之、普一〉 八五付属 無相法身重		III-1-⑩ III-1-②
秘密灌頂印信	9	秘密灌頂口決第五 秘密灌頂〈金〉 理智冥合〈口決〉 密印灌頂秘印〈日、秘密至極瑜祇、初重〉 密印灌頂秘印〈月、秘密至極瑜祇、初重〉 秘密灌頂布字印真言 秘密灌頂〈胎〉 合行六種〈口決〉 最極秘密灌頂秘々中深秘印璽	穴太流／建仁寺方東福寺	III-1-⑬ III-1-⑪ III-1-⑤ III-1-⑫ 欠 III-1-⑭
灌頂口決	4	大日胎蔵入曼荼羅印信 自受法楽灌頂作法 瑜祇経灌頂秘印〈口決〉〈師資相伝法、三通合一〉 瑜祇灌頂密印		III-1-⑧ III-1-①

a　許可・両壇灌頂　最初の許可灌頂および胎蔵界・金剛界両壇灌頂はいずれも蓮華院流であるが、『栗棘庵印信群』のうち谷流両壇灌頂（蓮華院流下味岡流岡部方）にほぼ対応する。『栗棘庵印信群』に見えず『印信惣目録』に見えるものは、一三世紀後半から後者の成立した一五世紀初頭までの間に、法流の発展によって加えられたか、『栗棘庵印信群』から伝来の過程で欠失したものであろう。とくに印信群の基本構造から、今回の比較によって『栗棘庵印信群』に本来存在した印信を推定することができた（表中の「栗棘庵印信群文書番号」の覧に「欠」で示した）。

b　合行灌頂　両壇灌頂に続いて二つの合行灌頂印信目録が示され、しかも前者には「東福寺流」と註記される。ところがこの部分は、表題が簡略なこともあり『栗棘庵印信群』との対応関係を明らかにすることができない。これに対して「建仁寺流」と註された後者の目録については、あらためて明瞭な対応関係がみられる。建仁寺流であれば当然栄西の法流に連なることが予想されるが、実際にそれが明瞭に窺われるのは一通で、あとは『栗棘庵印信群』の蓮華院流下味岡流岡部方の谷流合行灌頂に対応する。ぎゃくに、『栗棘庵印信群』の特徴の一つである穴太流下建仁寺流阿忍方とおぼしい印信は一通も見えない。

c　秘密灌頂・瑜祇灌頂　最後に、秘密灌頂の目録が三種と瑜祇灌頂の目録が示される。ここにもまた、『栗棘庵印信群』との明瞭な対応関係が見られる。三種の秘密灌頂目録のうち第一・第三目録には、それぞれ「東福寺、穴太正流」「穴太流、建仁寺方東福寺」と註されており、第二目録には註記がない。だが構造的には、『栗棘庵印信群』の秩序とはかなり異なっており、これらが『印信惣目録』

の中で三つの別々の目録として立てられた理由がよく分からない。あえて推測すれば、第二目録は「八五付属」（薄墨相承）を含む三通であり、これが秘密灌頂の核となるので、第一目録は基本的な印信、第三目録は附属的な印信と見ることができるかもしれない。

なお、『印信惣目録』にあらたに見えるのはおおむね作法や口決・私記などである。ぎゃくに『栗棘庵印信群』の「最後身口決《さいごしんくけつ》」のみが『印信惣目録』には見えない。付随的な口決とみなされ、のちの伝授で外された可能性があろう。伝授の核となる体系はかなりよく保存され、さらに多くの秘説が加えられているという法流発展の様子を見て取ることができる。

②―2　勧学寺開山俊源流　俊源…→皇源→皇澄　二〇通

この部分は、皇源が俊源から直授されたものか、間に代を隔てているのかは不明である。しかし、地域信仰圏のなかで独自の法流を打ち立てた俊源の開いた勧学寺の僧として、皇源はこの法脈を継いで皇澄に授けたことだろう。構成を見ると、許可灌頂・両壇灌頂・合行灌頂・秘密灌頂が立てられている。全体は最初に「建仁寺流」と規定されており、個別の印信に「栄朝流」「栄西流」「葉上流」などと註記されている。ただし最後に「都率《とそつ》」つまり川流（覚超・厳範下）の印信が交ざっていると書き加えており、これが俊源の法流の一つの特徴なのかもしれない。他の目録と比べると通数も多くはなく、瑜祇灌頂・離作業灌頂を欠く。基本的に他の伝授の体系に依存しながら、俊源自身の法流の独自性に関する印信のみを加えて体系化したものであろうか。

③ 長楽寺了義離作業灌頂 了義→皇源→皇澄 四通

永和三年（一三七七）一〇月一五日、長楽寺普光庵離作業灌頂入壇の折に、皇源が了義《りょうぎ》（―一三五六―六二―）から受けた印信の目録である。了義が長楽寺僧であったことは明らかであるが、じつは長楽寺から皇源が直に受けたことがはっきりわかる印信はこの部分だけである。

④ 別尊灌頂・雑部印信 二五通 附・法流由緒

阿弥陀如来・弁財天・大黒天の別尊法、その他の秘事にかかわる雑部の穴太流灌頂印信目録を収める。ついで、自己の法流を理解するための祖師以来の系譜や呼称を書き上げる。興味深いのは、この部分の最後に付された皇源―皇澄をめぐる具体的な系譜であるが、これはのちに検討する。

⑤ 法流由緒他

この部分は、①の伝授の約二年後、応永二七年閏正月一〇日に、あらためて皇源の記録を皇澄が書写したものである。ここにも④と同じく法脈の由緒などを書き上げている。とくに「穴太流与蓮華院流合掌、五度合也」として、先師を挙げて先例を示し、最後に皇源を位置づけている。やはりこの点が、長楽寺やこの周辺で複合的に形成された法流の最大の特徴だったことを示しているが、これも④に示された系譜と合わせてつぎに検討したい。

最後に、光明院恵淳《えじゅん》が金讃（武蔵児玉郡）に移住する際、「光明院ノ仏法断絶ニ及ハ、此ノ巻ヲ以テ可二相続一ナリ、其外五ヶ寺共ニ此ノ本ニテ仏法ノ付属可レ有ル也」と慶弁《けいべん》に『印信惣目録』を託した旨の、永正五年（一五〇八）九月吉日の奥書があり、慶弁の署名とともに花押が据えられている。

三　地方における台密法流の一統と禅密再編

『印信惣目録』の分析をめぐる以上の考察から、円爾の台密法流を視野に入れつつ、あらためて長楽寺を中心とする、一三〜一六世紀にかけての関東一円の台密法流を俯瞰してみよう。『印信惣目録』は、一四世紀前半に上野一宮光明院周辺で活動した義源のもとに形成された門下の、約一世紀を隔てた実態を基本的には示している。そこから推定する限り、義源は一三世紀の承澄が穴太流を発展させた法菩提院流なども加えて独自の法流を形成していたが、同じ穴太流でも栄西の法流は必ずしもその中に含まれていなかった。それはまだしも、栄朝・長楽寺の穴太流（栄西の建仁寺流）や蓮華院流もまた、一四世紀初頭の段階ではまだ義源・光明院周辺で共有されていなかったようである。

そこでのちに門下の皇源が着目した法流が、（白翁《はくおう》）守明《しゅめい》の伝えるそれであった。④に含まれた系譜によると、義源の門下には俊源・源春《げんしゅん》・守明の三人の主要な弟子があった（【図三】参照）。しかし、「義源ハ光明院起立ノ人師也、源春ハ二ノ弟子、守明ハ三ノ弟子、俊源摘〔嫡〕一也、守明ヨリ勧学寺へ付法有筋モ有レ之」との別の箇所の註記からは、義源・光明院の法脈から見て守明は傍流で、勧学寺俊源こそが正嫡と皇源らは意識していたことが分かる。それでも皇源が守明に注目したのは、②—1に分析した通り、守明がおもに円爾の系譜に連なる「東福寺流」として、蓮華院流や穴太流（建仁寺流）を伝えていたからに他ならない。だが円爾の法流という意識があるいっぽうで、ここで主として蓮華院流下味岡流岡部方の合行灌頂をあえて「栄朝流」として受容しているのはなぜだろう（前掲表の二つの「合行灌頂印信」のうち後者）。それは、長楽寺に直接受法せずに、なるべく義源門下の人を選びつつ、長楽寺の法流を取り込もうとしたからであろう。②―2から知られるように、穴太流下の建仁寺流については俊源の法流にすでに取り入れられていることもあって、長楽寺の法流を特徴づける蓮華院流の方に注目したのだろう。それに加えて印信という意味では、新たに発展してきた秘密灌頂・瑜祇灌頂について、守明が円爾の法流をかなり忠実に受け継いでいることも、皇源には魅力だったかもしれない。だが、皇源の長楽寺への直接のアプローチが皆無だったわけではない。彼は長楽寺の了義から、実際に③の離作業灌頂は受けているからである。

ただしこの了義は、師の了慧とともに「奇二住長楽（寺）一」と「山門真言相承《さんもんしんごんそうじょう》略血脈譜《けちみゃくふ》蓮華院流」（徳星寺所蔵）には註記されており、必ずしも生え抜きの長楽寺住僧ではなかった可能性がある。さらに同書によれば、了慧は上野那波大聖寺子本および長楽寺の牧翁了一のほかにも、上野那波富墓円福寺月心《げっしん》、武蔵慈光山（寺）学頭常住房禅慧《じょうじゅうぼうぜんえ》、延暦寺東塔北谷円明院成胤《えんみょういんじょういん》とも受法関係のある学僧であった（【図三】参照）。当然これらの諸師から重受した法脈が了慧において複雑に交差し、以後の長楽寺の台密法流を格段に豊かにしたことだろう。さらに了慧は先述のように、長楽寺とは別に円爾―琛海―子本という法流を受けているし（【図一】）、守明からも伝授を受けた。つまり、元来は円爾の法系に近い了慧が長楽寺に「寄住」し、また了一からもあらためて長楽寺（栄朝）の法脈を受けることで、法流の一統が図られた可能性がある（【図三】）。その背景としては、このころ長楽寺の台密法流が衰えていたために、もともと近い関係にあり優勢な円爾の法脈から了慧を迎えて再興を図ろうとしたという事情が推測できないだろうか。もちろん、長楽寺での受法を脈々と伝える印信の存在は、同寺において完全に台密法脈が途絶えたわけではなかったことを示している。しかし想像をたくましくすれば、禅密一致の寺風が、このころ長楽寺の官寺化などにともなって禅宗優位に傾斜し、密教の伝授に影を落としていた可能性がある。この点は同時代の東福寺も同じであったが、寺外に流出した台密の「東福寺流」はなお健在であり、この時期に至っても地方寺院の再生に一役買っていたのであろう。

　そこで同時代の他の地方における、円爾の台密法流の展開を整理しておこう。東福寺を拠点とする円爾の法流のうち、長楽寺第五世住持ともなった月船琛海は同寺普光庵《ふこうあん》を拠点にとくに蓮華院流を興隆し、出身地であった播磨書写山円教寺《しょしゃざんえんぎょうじ》に法流を伝えた[36]。普光庵はのちに琛海の塔所《たっしょ》であると同時に、台密法流相承の拠点ともなる[37]。この法流は、長楽寺では琛海―子本―了慧―了義と相承する。本稿ではこのうち了慧の画期性を指摘したが、小此木輝之氏はその弟子の了義に注目する。了義はさらに北関東から奥羽にまで、その法流を広めていったのであった[38]。

　同じく円爾会下の癡兀大慧を通じて、この法流は伊勢や尾張など東海地方にも展開していった。伊勢では上野安養寺《あんようじ》・泊大福寺《だいふくじ》、尾張では篠木密蔵院《みつぞういん》がその拠点として挙げられる。同じく尾張の大須真福寺もこの法流の影響を受けているが、ここではまた別に、東密小野醍醐三流を基調とした独自の法流を形成し、その系譜にやがて真福寺開山の能信らが表れる。現在大須文庫に伝わる写本もまた、彼らの手になるものが多い。これらの典籍の内容および特徴は、いっしょに伝えられた『真福寺印信群』と対照することで一層理解しやすくなる。『真福寺印信群』は三流からなるが、このうち鎌倉時代後期以降、大慧―寂雲―祐禅―能信を基本として、師弟間で次々に相承された印信群を、特に「安養寺流印信」と呼びならわしている。さきにも述べた通り、安養寺とは伊勢国上野御薗（三重県明和町）にあり、同国泊浦（同県鳥羽市）大福寺（廃寺）とともに大慧を開山とする。大慧述聖教の奥書には、しばしばこれらの寺院塔頭所蔵本を書写した旨が見えるので、この法流にのちに「安養寺流」の呼称が生まれたものであろう。現在は臨済宗東福寺派である安養寺にもまた、印信群が現存する。この『安養寺印信群』は、主に大慧から直接あるいは空然を経て寂誉《じゃくよ》（―一三二一―一三二九―）に与えられたもので、『栗棘庵印信群』の系譜を引き、これと同じく台密の体系を持つ（東密系の「安養寺流・印信」とは内容的にまったく別であることに注意）。

この『安養寺印信群』には穴太流下建仁寺流見西方に関わる部分が伝来していないが、同流阿忍方は残されている。空然から慈妙《じみょう》（一二九一―一三六八）への伝授を始まりとする、『密蔵院印信群』についても同様である[39]。これについては、伝来過程での逸失という可能性を視野に入れなければならないだろう。しかし本稿で述べたように、同時代に存在した印信の標題を編纂した『印信惣目録』には、穴太流下建仁寺流阿忍方に関わる印信が見えないことも同時に押さえておきたい[40]。法流の発展とは本来、たんに先行する諸法流を一つでも多く重受し、印信の数を増やしてゆくことをかならずしも意味しない。つまり、師資の双方において次の世代に何を伝え、また次の世代が何を受容するかは様々である。その世代が目指す一致の体系を前提として大胆な取捨が行われ、さらには創作が加えられていった。

このように見ると、かつて形式化した儀礼と閉塞的な子弟関係を象徴するものとして、ともすれば近代仏教史学の研究対象から長く見えにくくなっていた印信から、まったく新しい創造的な世界が見えてくるだろう。台密僧としての円爾から受法した大慧の影響のもとに形成された『安養寺流印信』が、宗派の垣根を越えて東密小野醍醐三流の体系を基本としていたことからも、この点は明らかである。この法流は三重相伝を特徴とし、初重では金剛界・胎蔵界各別の印と明（真言）を示す。ところが二重では一印二明となり、ついに三重では一印一明となって、金胎不二の世界観を提示するに至る。円爾は大慧に台密系の印信群を与えたが、恵暁には与えた法流の核となる見西方印信を、大慧に伝授しなかった。この推定が正しければ、その理由は、大慧がすでに内容的に近接する三宝院流の三重相伝を獲得していたためかもしれない。

このように大慧の段階では、東密・台密（天台教学全体を含む）を戦略的に組み合わせながら、禅も引き続き伝持され、それらの一致の体系が築かれていた。その一端は、『灌頂秘口決』にも明らかである。ここでは前半で、東密三重相伝の灌頂体系についての理論を示したあと、後半では仏身論などについて、真言・天台教学と禅とのダイナミックな比較が盛んに行われていく。台密教説についてはここでは顕在化しないものの、印信もあわせて考えると、胎金冥合する台密谷流の合行灌頂を特徴とする円爾と、金胎不二に至る東密小野醍醐三流の三重相伝を重視していた大慧の立場とは、かなり近接している上に、禅も加えた会通が図られていたのである。これはもはや単なる〈兼修〉、すなわち複数の教学の系列を並行的に束ねたに過ぎない〈雑修〉の体系ではなく、それらを相互に関連・融合させてハイブリッドな〈一致〉を志向する高度な思想的達成であると評価できよう。

ところが、その後の印信群の相承過程から見ると、大慧自身は東密・台密両流の伝授を承けていたが、次の世代にはそれを分けて伝えていたことが分かる。さらに真福寺聖教に見られる伝承によれば、大慧の弟子嶺翁《れいおう》寂雲は、密教を能信に伝え、禅を大海寂弘《たいかいじゃくこう》（―一三四九―）に伝えたという（『大須《おおす》真福寺三流之内安養寺方縁起《しんぷくじさんりゅうのうちあんようじかたえんぎ》』大須文庫所蔵）。ここから教学を切り分け、個別に伝えてゆく傾向もまた無視することはできない。まもなく禅密一致の体系は次々に解体し、禅宗寺院の多くは南北朝期には組織的にも教学の上でも自立していくのである。

おわりに

本稿では、古典的な禅宗史理解に見られた〈兼修〉から〈純粋〉へという、一九世紀以来の宗教進化論的理解を克服することを最初に意識した。これはじつは密教の側でも同様で、奈良時代の〈雑密〉から空海以降の〈純密〉へという整理が現在もなお一般的である。しかし、密教経典の分類法として「雑部」は同時代的な用法だが、「純密」という概念・用語は完全に近代的な学問上の所産である。つまり禅密関係を考えるとき、研究史的問題はたんに禅の側にあるだけではなく、日本密教の展開についても同様の問題意識を共有していかなければならない。そこで本稿では、すでに筆者が進めてきた『栗棘庵印信群』形成の前提の一つともなり、また円爾に先行して禅密の道場として関東に成立し、その後も発展していった上野長楽寺の台密法流について、一五世紀初頭までを視野に入れて追ってきた。密教だけに限っても複雑に交錯する法流を、具体的な印信や目録の検討を通じて解きほぐすことから、この問題の糸口が見えてきたであろう。このような作業は、すでに先行研究でも精密に進められてきた。しかし本稿では、禅密関係の中で生まれてきた多数の法流やその交錯の具体相を単に明らかにすることから一歩進んで、とくに時系列的発展を意識しながら、各世代が何を求め、また何を創出していったのかという思想史的課題を明らかにしようと試みた。

本論に触れたように、南北朝期において了慧は長楽寺における法流の一統を果たした。このような人物がハブとなり、周辺寺院では徐々に多くの異なる法流の重受がさかんとなる。こうしてついには、一国あるいはそれを越える広域なネットワークが構築されていった。長楽寺に伝来した『印信惣目録』や関連する聖教は、成立・伝来の双方からそのような実態をよく反映している。だがいっぽうで、ここに見られる皇源から皇澄への伝授を、彼らの教理思想の到達点としての〈一致〉の体系ととらえることは、もはや不可能なのではないか。了恵における法流の一統と言っても、それは複数の師弟関係の結節点に一人の人間が立っているという意味合いが強い。たしかに『印信総目録』もさまざまな点でなお注目すべき内容を含み、栄朝以来の由緒ある円爾の法流を導入するなどの工夫もみられる。かといってそれを軸に諸法流を戦略的に整理し、さらに創造的な一致の体系を案出していったとまでは評価できない。結局のところ核となる師弟関係に沿った法流に乗って、内容的な重複や不足には比較的無頓着なまま、すでに完成した別の法流の体系を加上するような発想の上に成立したのが『印信惣目録』ではなかったか。穴太・蓮華院両流の合一といっても、かつての『栗棘庵印信群』から読み取れるような両流の巧みな組み合わせによる新たな伝授の体系の創出を『印信惣目録』に見出すことは、もはやできないであろう。

先述のように、同時代にいっぽうでは一致の体系を放棄して法流を切り分け、あるいは各宗派が会通を止めて自立してゆくという方向性が顕著になる。そのことと、一統といっても実態としては加上の体系が肥大化してゆくに過ぎない状況とは、軌を一にしているのではないか。ただしここから、中世後期の仏教の混乱・衰退を論じるようでは、けっきょくかつての宗教進化論や鎌倉時代をピークとする日本仏教衰退史観の域を出ないであろう。そうではなく、このような〈複数性〉を軸として、中世後期の日本宗教の特徴を積極的に再評価しながら、近世近代へとつなげてゆくことこそ、次に現れてきた課題であると筆者は考えている[41]。栄西・栄朝の時代から、円爾・大慧を通じて能信や皇源ら南北朝期を生きた宗教者の、さらにその先までを見通した上で、鎌倉仏教論の再構築が求められている。

【注】

1 『大日本仏教全書』（大覚禅師語録幷拾遺外五部）所収。菅原昭英「鎌倉時代の遺偈について―円爾にいたる臨終作法の系譜―」、大隅和雄編『鎌倉時代文化伝播の研究』吉川弘文館、一九九三年。

2 新訂増補国史大系所収。

3 「栄朝授円爾密宗伝法血脈総図」（大日本古文書『東福寺文書』一七号）を見ると、円爾が栄朝からどのような法脈を受けているのかが、よく分かる。玉村竹二は、円爾の諱ともされてきた「弁円」を考察するなかで、この血脈図に栄朝から蓮華院流を中心とする法脈を授けられる「弁円」を円爾と別人と見ているが、無理があろう（玉村竹二「聖一国師円爾」『臨済宗史』春秋社、一九九一年）。後述の「栗棘庵印信群」の分析内容と法脈図はよく一致し、「弁円」が円爾であることは疑いない。

4 日本禅宗史に関する古典的な通史的理解を代表するものとして、今枝愛眞『禅宗の歴史』（吉川弘文館、二〇一三年〈初版一九六四年〉）。ただし最近では、こうした理解に対する批判的考察を踏まえたうえで、ディディエ・ダヴァン氏や舘隆志氏らのように、改めて密教などそれまでの日本仏教には回収しえない、中世禅の独自性にもとづく魅力を再発見しようとする研究動向にも注目しておきたい。本書所収の両氏論考参照。

5 その動向をまとめたものとして、大谷栄一他編『近代仏教スタディーズ』（法藏館、二〇一六年）を挙げておきたい。

6 菊地大樹「再考・持経者から日蓮へ―虚空蔵求聞持法と『不動愛染感見記』―」（花野充道博士古稀記念論文集刊行会編『仏教思想の展開』山喜房佛書林、二〇二〇年）は、このような問題意識から執筆したものである。顕密体制論（黒田俊雄「中世における顕密体制の展開」『黒田俊雄著作集』二、法藏館、一九九四年、初出一九七五年）が研究者の目を中世密教の再評価に向けた結果、一九八〇年代以降の寺院所蔵史料調査が積極的に意義づけられ、進展したことも見逃せない。次に述べる大須文庫調査も、その延長線上に位置づけられる。しかし、筆者は顕密体制論の中心的意義および研究史的位置づけは別にあると考える。その一端は、口頭発表で述べているが（「中世における「顕密」構造の再検討」、シンポジウム「日本仏教を捉えなおす」、二〇一九年一一月於青山学院大学）、詳しくは後考を期したい。

7 「兼修禅」の再評価は、近年多くの視角・方面から進んでいるが、ここでは中尾良信『日本禅宗の伝説と歴史』（吉川弘文館、二〇〇五年）を挙げておきたい。円爾の再評価をまとめたものとして、『季刊日本思想史』六八（二〇〇六年）の特集「中世の禅を読む―円爾弁円とその周辺―」がある。筆者は『元亨釈書』「円爾伝」の分析を通じて、虎関師錬がのちの円爾観に大きな影響を与えたことを指摘した（菊地大樹「虎関師錬の歴史的位置」『仏教史学研究』五一―二、二〇〇九年）。

8 菊地大樹「東福寺円爾の印信と法流―台密印信試論―」『鎌倉遺文研究』二六、二〇一〇年。
9 菊地大樹「聖一派における仏身論の展開―教理書と印信のあいだ―」、中世禅籍叢刊編集委員会編『中世禅への新視角―『中世禅籍叢刊』が開く世界―』（中世禅籍叢刊別巻）、臨川書店、二〇一九年。
10 以後、長楽寺についての基本的な考察は、尾崎喜左雄『上野国長楽寺の研究』（尾崎先生著書刊行会、一九八四年）による。
11 玉村竹二「聖一派について」『臨済宗史』（前掲）。
12 長楽寺の禅密の法系・法脈については、小此木輝之『中世寺院と関東武士』（青史出版、二〇〇二年）が詳しく分類している。
13 長楽寺は禅の法系で言えば仏光派・聖一派が主であるが、台密の法脈は基本的に聖一派に流れている。『長楽寺記』はその立場からの記述である可能性もある。
14 『群馬県史』資料編五・中世一（群馬県、一九七八年）、『大日本史料』五―二二、宝治元年九月二六日条（栄朝死没）および、小此木輝之校訂『長楽寺文書』（史料纂集、続群書類従完成会、一九九七年）に関連史料が翻刻されている。以下、とくに註さない限り、出典はこれらの刊本による。
15 なお「以心灌頂」についても、円爾以後の禅密体系の特徴の一つとなる。ラポー・ガエタン「「以心伝心」と密教灌頂」（中世禅籍叢刊編集委員会編前掲書）。
16 以後、長楽寺歴代については『禅刹住持籍』（建仁寺両足院所蔵）による。
17 平方和夫「長楽寺一翁院豪について―黄竜派から仏光派へ―」『駒沢史学』二七、一九八〇年。
18 岡野浩二氏が注目する「忍空授剣阿状」（金沢文庫保管）のなかには、嘉応二年（一一七〇）三月二〇日、出雲清水寺における基好から厳朗への伝授が見えるという。なおこの系譜は、同時に後述の栄宗をめぐる系譜に接続する。岡野浩二「聖教奥書からみた僧侶の往来」『中世地方寺院の交流と表象』塙書房、二〇一九年。
19 以下、史料番号は、菊地大樹「東福寺栗棘庵蔵『栗棘庵印信群』翻刻」（中世禅籍叢刊編集委員会編前掲書）による。
20 拙稿「東福寺円爾の印信と法流」（前掲、四二頁）でもあらためて整理した。
21 多賀宗隼『栄西』吉川弘文館、一九六五年、二一一頁。
22 『台密血脈譜』（原題は「師資相承」）、東京大学史料編纂所所蔵謄写本、架蔵番号二〇一六―四七四、乾坤二冊。
23 拙稿「東福寺円爾の印信と法流」（前掲）、四九頁。
24 多賀宗隼『栄西』（前掲）、二八頁。

25 ただし「伝法許可八印〈寿福寺〉」は、現存の『栗棘庵印信群』には見えない。

26 拙稿「聖一派における仏身論の展開」(前掲)。

27 岡野浩二「聖教奥書からみた僧侶の往来」(前掲)。

28 拙稿「東福寺円爾の印信と法流」(前掲、四五～四七頁)。『台密血脈譜』には皇慶以下、長宴―永意―仁弁―忠済―見西―円爾―慈胤などの血脈が見える(坤九丁オ・同一一丁オ)。

29 長楽寺聖教中には、灌頂記など種々の儀軌類も伝わる。本来はこれらの内容も参照しながら分析することにより、さらに印信の背後にある豊かな中世仏教知識の世界が展開するはずであるが、本稿の課題の範囲を越えるため、後考を期したい。長楽寺聖教中の三昧耶戒・灌頂記の詳しい研究については、定方晟『長楽寺灌頂文書の研究』(春秋社、二〇〇九年)参照。

30 同前、二五頁。

31 とくに普光庵が密教の道場として栄えたようである。慶長一七年(一六一二)、天海によって長楽寺は天台宗に改宗された。普光庵の位置に東照宮が建立され、同庵は廃絶した(『国史大辞典』吉川弘文館)。

32 『大日本史料』五―一二(四五五頁以下)および、『群馬県史』資料編五(前掲)、「伝法関係聖教幷びに附法状」に翻刻がある。

33 「印信物目録」所載法系図には源義家舎弟と見えるが、年代的に齟齬がある。しかし、光明院檀那・開山とあることについてはなんらかの由緒による可能性がある。寺伝によれば開基は一〇世紀だが、周辺の遺構が一四世紀に遡るという(『日本歴史地名大系』平凡社)。このころ義源の下向により中興された可能性があろう。

34 拙稿「聖一派における仏身論の展開」(前掲)、二七四頁。

35 一〇世紀の延暦寺西塔院主に一心房昭日がいるが、覚超より前の時代の人である(『大日本史料』一―一〇、天暦四年八月一一日条〈昭日死没〉)。

36 「琛海と書写山円教寺の台密法流」(小此木前掲書、初出一九七九年)。

37 註31。尾崎喜左雄「法照禅師月船琛海塔所普光庵跡」(尾崎前掲書、初出一九六六年)。一九三七年に発見された琛海墓所(普光庵跡)をめぐる考察は大変興味深い。琛海蔵骨器に伴って出土した六個の骨壺の埋葬者について、尾崎は琛海の法系に連なる歴代住持に沿って比定している。しかし、普光庵が台密法流興隆の役割を持っていたとすれば、『禅刹住持籍』には歴代に数えられないような密教の法脈に沿って埋葬者を推定することも可能だろう。

38 小此木輝之「長楽寺了義と法流の展開」(小此木前掲書、初出一九七八年)。

39　小此木前掲書、一五五頁の表六参照。

40　念のため、本稿で栄朝の寿福寺における受法の可能性に触れたが、これはあくまで円爾が受けた阿忍方とは異なる内容である。

41　この点に関しては、日本仏教における宗派論の歴史的展開の中でも論じている（菊地大樹「宗派仏教論の展開過程」、佐藤文子他編『日本宗教史研究の軌跡』〈日本宗教史六〉、吉川弘文館、二〇二〇年）。そこでは、一四世紀を転換期として、「排他性」と「無関心」という観点を中心に〈ひとつの仏教〉論の解体を論じた。本稿で指摘した「加上」は「無関心」にやや近いかもしれないが、「複数性」の容認については「排他性」とはぎゃくの中世後期における日本宗教の特徴として捉える必要がある。さらに相互の関係について考察を進めていきたい。

第II部

1　中国禅から日本禅へ

巨視的に見た中世禅の位相

伊吹　敦

禅宗成立の意義

ここ十年ほどの間、筆者は、禅宗の性格とそれが成立したことの意義を「都市仏教＝国家仏教」と「山林仏教＝アウトロー仏教」の対立という構図において捉えるべきことを主張してきた(1)。即ち、中国の南北朝期には、国家によって保護される見返りに、その管理下で経論の修学と国家への奉仕を求められる都市仏教とは別に、そのようなあり方を良しとせず、国家権力の及びにくい山林で、頭陀行を実践しつつ、「悟り」を求める真摯な修行者たちのグループが存在したが、禅宗は正しく後者の伝統を受け継ぐ人々によって形成され、その特質を色濃く反映していると見るのである。

都市仏教では、国家は試経度僧、度牒・戒牒の支給によって正式の僧侶を選別し、彼らを保護の対象とした。従って、僧侶という地位はその特権を享受するための資格であり、戒律はその資格に不可欠の要素であった。戒律が古代インド社会において「悟り」を得るうえで有効な生活規範・実践であったにしても、社会や文化を全く異にする中国では必ずしもそうではなかった。にも拘わらず、僧侶という地位を維持するためにそれが求められたのである。

一方、山林仏教の人々は、僧侶としての特権には目もくれなかったから、基本的には私度僧であり、戒律を守る必要もなかった。彼らは「菩薩」としての自覚のもと、出家・在家に共通する『梵網経』の菩薩戒（大乗戒）を奉じ、「悟り」を求めて修行に邁進していたのである。禅宗の直接の母体は道信《どう しん》（五八〇―六五一）・弘忍《ぐにん》（六〇二―六七五）による「東山法門」に求められるが、彼らは、この山林仏教の伝統を承け継ぎ、中央から遠く隔たった江南の山中に定住することで数百人とも言われる大教団を形成した。そして、「悟り」を得るのに効果的な生活規範と修行法を自ら案出したため（これが「清規」の起源である）、修行者たちは比較的容易に「悟り」を得ることができた。東山法門が全国から多くの修行者を集めたのはこれによるのである。

その後、東山法門は、法如《ほうにょ》（六三八―六八九）、神秀《じんしゅう》（六〇六？―七〇六）らの弘忍の弟子たちによって中原進出を果たし、知識人の間で一大禅ブームを巻き起こすことになったが、これが契機となって、神秀の弟子、普寂《ふじゃく》（六五一―七三九）の時代には、戒律の重視、経論の尊重等の形で禅の国家仏教化が進んだ。これがいわゆる「北宗禅」である。北宗禅は普寂の弟子、道璿《どうせん》（七〇二―七六〇）によって日本に伝えられるのであるが、少なくとも普寂やその直弟子たちの段階では、禅のもつ山林仏教としての伝統は見失われることはなかった。道璿が晩年、律師の職を辞し、吉野の比蘇山寺で禅修行と『梵網経』の注釈書の撰述に専念したのは、それを明瞭に示すものと言える。(2)

奈良・平安時代に於ける禅の流入

道璿が伝えた「禅＝菩薩戒」の伝統は、行表《ぎょうひょう》（七二二―七九七）を経て最澄に承け継がれ、「四種相承」の内の「禅」と「戒」として日本天台の重要な構成要素となった[3]。最澄は大乗戒の独立という形で既存の「南都六宗」という仏教体制を打ち破ったが、それは彼の思想のベースとなった禅思想に含まれる山林仏教の伝統が発露したものと見做すことができる。その後も、円仁《えんにん》（七九四―八六四）、円珍らが唐からの帰朝に際して禅文献を将来し続け、天台宗の密教化の中でも安然《あんねん》（八四一―？―九一五？）が『教時諍』において、禅に密教に次ぐ位置を与えたのは、その精神が生き続けていたことを示すものである[4]。

この間、中国では、「北宗」を批判する荷沢神会《かたくじんね》（六八四―七五八）の「南宗」（荷沢宗）、南北両宗の対立に触発されてアイデンティティーを確立した牛頭宗等の隆盛を経て、馬祖道一《ばそどういつ》（七〇九―七八八）によって馬祖禅（洪州宗）が成立し、石頭希遷《せきとうきせん》（七〇〇―七九〇）の門下（石頭宗）とともに禅の主流としての地位を確立した。洪州宗や石頭宗は唐末における国家権力の衰退に乗じて、禅が本来持つ精神の自由を極限まで発揮させることに成功した。円仁の帰国とほぼ時を同じくして、檀林皇后《だんりんこうごう》（橘《たちばなの》嘉智子《かちこ》、七八六―八五〇）の要請によって馬祖の孫弟子に当たる義空《ぎくう》（生没年未詳）が来日したが、彼は禅の伝統を受け継ぐはずの天台宗の受け入れるところとはならなかったようである。馬祖の「平常心是道」「大機大用」等の思想は天台宗内の一部として位置づけることの困難なものであったし、それ以前に、当時の日本ではほとんど理解できないものであった。

しかし、天台宗における禅の伝統が直面した問題は、これに限られるものではなかった。むしろ、それより重大であったのは、良源《りょうげん》（九一二―九八五）以降における比叡山の権門化の進展であった。天台宗の密教化は摂関家との癒着を招き、更には天台宗そのものが権門となり、真摯な宗教実践は衰え、院政期以降になると、天台本覚思想によってその現状を正当化するようになった。また教学の面でも、天台宗は南都と並ぶ仏教界の権威となったのである。かくして禅が本来持つ山林仏教としての伝統は完全に顧みられなくなっていった。

鎌倉時代における禅の定着

良源が天台座主となって比叡山に君臨していた頃、中国では宋が興って五代十国の混乱を克服して中国統一を果たした。宋では、科挙に基づく官僚制の採用で皇帝権力が著しく強化されたが、官僚の支持によって禅は正統仏教としての地位を確立する一方で、国家の中で自らの存在意義を模索する必要に迫られることにもなった。かくして、日本への導入も可能な、国家との協調の中で精神の自由を追求しようとする「宋朝禅」が成立したのである。

鎌倉時代に初めて「宋朝禅」を移入しようとした中心人物が栄西である。彼は比叡山から排斥されたが、もともと天台密教の大家であったため、禅が最澄以来の天台の伝統の一部であることを強調し、また、創建した建仁寺を天台の修行も行う延暦寺の別院とすることで禅宗を日本に定着させることに成功した。この禅宗定着の経緯は、天台宗における禅の伝統が、障害になると同時に促進にもなるという複雑な役割を演じたことを示すものであるが、結果として、天台や密教と禅を兼修する「兼修禅」という、この時期に特徴的な禅の形態を生み出した。栄西やその系統を承け継ぐ東福《とうふく》円爾・心地《しんち》覚心を代表とするが、今日、この「兼修禅」をどのようなものと捉えるべきかが大きな問題となっている。即ち、「兼修禅」の人々は、新たな独立した一派としての「禅宗」の樹立を目指していたのか、それとも天台宗内における禅の伝統の復興が目標であったのかという問題である。

　これに関連して、最近、非常に興味深い事実が山部能宜氏によって指摘された。それは、天台宗の興円《こうえん》（一二六二—一三一七）が撰述した『一日一夜行事次第《いちにちいちやぎょうじしだい》』（一三〇九年）と曹洞宗の道元の『永平清規』に記された修行法に多くの一致点が見られ、前者は後者の影響を受けて書かれたと考えざるをえないというものである。[5]『一日一夜行事次第』は鎌倉から室町にかけての時期に比叡山で「十二年籠山制」を復活させた人々が主張した修行法を伝えるものとされており、この事実は、それ以前、比叡山では集団的組織的な修行が衰微しており、それを復活させる上で、禅宗における僧堂生活が大きな刺激を与えたことを示すものと見てよい。そして、栄西が禅を移入しようとしたとき、これと同じ考えであったという可能性は排除できないのである。

　更に言えば、当時、俊芿《しゅんじょう》（一一六六—一二二七）や叡尊による律の復興が注目を集めていた。そのことは、十二世紀末から十三世紀の初めにかけての日本の仏教界の最も大きな課題が、実践修行の衰微、あるいは修行方法の混乱にあったことを示している。そうした中で入宋した栄西や俊芿が先ず考えたのが、中国の叢林で行われていた清規に基づく厳格で集団的な修行法を日本に持ち込むことだったということは十分にあり得ることである。つまり、禅の定着は、その思想以前に、僧堂における集団的修行生活そのものが、当時の日本の仏教界にとって極めて魅力的であったことによる可能性が考えられるのである。

この当否については更なる検討が必要であるが、これが認められるのであれば、日本禅宗史を鳥瞰する新たなパースペクティヴを得ることができる。すなわち、日本禅宗史を「露」と「密」の対立において捉えるのである。

「露」と「密」と

禅宗の立場は、基本的に清規に基づく集団生活の中で悟りを実現するというもので、そこには何ら秘すべきものは存在しない。これは中国禅に一貫する性格であるが、これを禅でよく使われる用語を用いて「露」と表現することができよう。栄西らによる禅の移入が、密教化の中で衰微してしまった実践修行を禅によって再生しようとするものであったとすれば、それは「密」から「露」への転換を目指したものであったと言えよう。そして、その後、道元や無学祖元らの渡来僧によって純禅が定着したのは、それが実現したことを示すものである。しかし、室町後期には、再び集団的修行が衰え、公案解釈を口伝法門化した密参禅が幅をきかすようになる。これは「露」から「密」への転換であったと言うことができる。その後、近世になって、これが問題視されるようになり、道者超元《どうしゃちょうげん》（一六〇二―一六六二）や隠元隆琦《いんげんりゅうき》（一五九二―一六七三）の渡来に刺激されて僧堂生活が見直され、白隠慧鶴によって看話禅が再生されることになるが、これは「密」から「露」への再転換であったと評価できるのである。しかし、白隠門下でも公案が知的解釈の対象となり、それが伝授されていたことが『現代相似禅評論』（一九一六年）によって知られ、その後も「密」への傾斜が常に生じていたことが窺われる。

このように日本禅宗史は「露」と「密」との間の往復運動であったと見ることができるが、中世禅はその最初の方向性を示すものであったと解しうるのである。ここで問題なのは、日本の禅ではいったん「密」から「露」に転じても、常に「密」に戻そうとする動きが出てくるということである。これはどのように考えるべきなのであろうか。これは中国で亡びた密教が、なぜ日本では隆盛を極めたのかという問題とも関わり、中国と日本の仏教の本質的な相違を明らかにするうえで、極めて重要なもののように思われる。

【注】

1 IBUKI Atsushi “Vinaya and Chan School : Hīnayāna Precepts and Bodhisattva Precepts, Buddhism in the City and Buddhism in the Mountains, Religion and the State”, *Studies in Chinese Religions*, 2015. また、『中国禅思想史』（禅文化研究所、近刊）の「序章」も参照されたい。なお、以下に論述する中国における禅の展開についても同書を併せ見られんことを希望する。

2　伊吹敦「初期禅宗と日本仏教―大安寺道璿の活動とその影響」（『東洋学論叢』第三十八号、二〇一三年）。
3　伊吹敦「日本天台における「四宗相承」の成立」（『印度學佛教學研究』第六十六巻第一号、二〇一七年）。
4　伊吹敦「『楞伽師資記』と『跋陀三藏安心法』」（『東洋思想文化』第四号、二〇一七年）。
5　山部能宜「日本中古天台の行法と禅宗の行法との比較考察」（『東アジア仏教学術論集』第九号、二〇二一年）。

教判から看話へ

土屋　太祐

看話禅

大慧宗杲によって完成された看話禅《かんなぜん》は、唐宋代を通じた禅の営為のひとつの到達点であり、後に東アジア諸地域に広く影響を与えていった。この看話禅の特徴をごく簡単にまとめれば、「公案」に精神を集中することによって「悟り」を得ようとする修行方法、となるだろう(1)。このような特徴は大慧以前から徐々に形成されてきたものであるが、これらが「特徴」として捉えられるのは、それより以前に看話禅とは対照的な禅のありかたが広く存在していたからである。

たとえば「悟り」が看話禅の特徴とされるのは、それ以前の禅宗で「悟り」が否定的に捉えられていたためである。それまでは一般に「無修無証」こそが理想とされ、意図的な修行によって迷いから悟りへと状態を変えることは、すくなくとも理念としては肯定されていなかった。大慧が〝黙照禅《もくしょうぜん》〟として批判した当時の曹洞宗の思想は、むしろ禅の主流に近い考え方だったとも言える(2)。

また、看話禅において参究の対象となる「公案」は、具体的な意味を剥奪された絶対の一句として参究された。さまざまな公案はみな一様の抽象的な真理を示すものとされ、公案どうしの意味の違いは否定された。これもまた、それ以前には決して主流の考えかたではなかった。北宋代の前期まで、公案の具体的意味を分析し、それらを一定の基準によって分類する思考様式は非常に顕著だったのである。

このような分析・分類的思考様式は、当時の中国にあっておそらく非常になじみやすいものだったと思われる。そして、その土壌となったものは何かと考えると、それは教判の伝統ではなかっただろうか。「悟」概念の形成についてはすでに他所で論じたので、(3)本稿では、教判から禅へという流れの中で、看話禅の特徴を考えてみたい。

教判的思考と一元的思考

教判は、長いあいだ中国仏教の教理学におけるもっとも中心的なテーマのひとつであった。(4)それは、インドから伝えられた多種多様な経典を「仏説」として統一的に解釈するための枠組みであり、同時に仏によって説かれた教説の全体像を描こうとするものでもあった。また教判では往々にして、競合する他派の学説を下位に組み込み、自派の優越を主張することも行われた。そのため、教判理論の確立は一つの教派の成立そのものを意味した。

しかし、唐の末期以降、教判論はほとんど新たな展開を見せなくなる。これを「教外別伝《きょうげべつでん》」を標榜する禅の流行と関連付ける見かたもある。たとえば藤井淳は「禅は……時代的に教判の終焉と交替するように現われてきたことから、……教判の終焉と禅の勃興との思想史的接続が考えられるべきである[5]」とする。本稿も基本的にこのような意見に賛同するものであるが、しかし、教判的な思考方法は、禅の登場によってすぐさま消え去ったわけではなかった。上に述べられる転換も、比較的長いプロセスを経て達成されたものと思われる。ここに、教判という思考様式の持つ強い生命力を知ることができよう。

はじめて本格的に禅を教判へ取り込んだのは宗密であった。さらにこれを継承しながら新たな視点を示したのが永明《えいめい》延寿である。柳幹康によると、延寿はそれまでの教判論を承けつつ、それらとは全く異なる一元的・単層的な仏教観を示した。仏典のすべてを「一心を説示する能詮」として理解し、これによって従来の教判を解体したのである[6]。教判的思考を継承しながらも、唯一の原理にもとづいて分類を否定するという価値観を初めて示したものと言ってよい。

しかし、その前後でも教判的な思考様式は決して失われていなかった。まず宗密と延寿の間には、延寿の属する法眼宗の実質的な祖である玄沙師備《げんしゃしび》（八三五―九〇八）が「三句綱宗」を示している。これは「第一句」「第二句」「第三句」という、仏性に対する三つの異なる見かたを漸次深化するように配列したものである。玄沙自身はこれが教判であると明示しているわけではなく、一種の仏性論、あるいは修道論として理解することもできるが、同時に当時影響力のあった禅の思想を体系化したものと捉えることもできる。簡単に言えば、「第一句」は馬祖系の思想、「第二句」は石頭系の思想、そして「第三句」が玄沙の立場ということになる[7]。会昌の廃仏から禅の復興、雪峰教団の成立という歴史的経緯を考えれば、この構成は無理なく理解できよう。(8)「三句綱宗」は唐代禅思想史を総括する理論であり、教判的性質を有するものと見て初めてその意義が分かるのである。

おそらくこの「三句綱宗」の影響のもとに現れたと考えられるのが、延寿よりも後の薦福承古《せんぷくしょうこ》（?—一〇四五）による「三玄」である。これは「体中玄」:「三界唯心」の道理を述べる段階、「句中玄」:一義的に意味を決定できない言葉によって道理への執着を排除する段階、「玄中玄」:一切の言語表現を排し〝沈黙〟〝無心〟に徹する段階、の三つによって構成される。これもおそらくは当時の宗派を意識したもので、「体中玄」が法眼宗、「句中玄」が雲門宗と臨済宗の主張に相当すると思われる。(9)この構成は宋初の思想状況をよく伝えている。

この「三玄」はまた、公案分類としての性格も持っていた。当時、このような公案分類の説は「三玄」以外にもいくつかあったが、これらは教判に見られる分析的思考を禅の言説に適用したものとみなせるだろう。このような公案分類に対する反省が明らかになってくるのは臨済宗黄龍派《おうりょうは》の黄龍慧南《おうりょうえなん》（一〇〇二—一〇六九）以降のことである。(10)慧南の観点も延寿と同様、一元的な価値観によって階層性を否定するものであった。この一元的思考は、その後、臨済宗楊岐派に受け継がれ、とくに五祖法演《ごそほうえん》（?—一一〇四）の次の世代、圜悟克勤や仏鑑慧懃《ぶっかんえごん》（一〇五九—一一一七）のことばに、すべての公案を唯一の真理を表す等質なものと捉える見かたが顕著になる。(11)そして、このような思考が最終的に結実したのが大慧の看話禅であった。ここに至って公案分類に受け継がれた分析的思考は克服されたのである。

しかし、このような流れのいっぽうで、黄龍慧南と同じ時代にも教判的思考は相変らず健在であった。そもそも「教外別伝」の根拠となる「拈華微笑《ねんげみしょう》」、あるいは釈尊から迦葉への伝法を、教判論的に理解する見かたがあった。石井修道によれば、「拈華微笑」の話は「ほぼ『景徳伝灯録』(一〇〇四)から『天聖広灯録』(一〇三六)の間に」成立したものであるが[12]、これに対し雲門宗の契嵩《かいすう》(一〇〇七―一〇七二)は、「拈華微笑」の話の信憑性を疑いながらも、釈尊から迦葉への伝法自体は『法華経』と『涅槃経』の間に起こったと考えている(『伝法正宗記』巻一、『大正蔵』第五一巻、七一八頁中―下)。その後「拈華微笑」の話は禅門の話柄として広く流通し、大慧もこれを「末後に般涅槃に臨みて」のこととする(『大正蔵』第四七巻、八一三頁上)。『法華経』と『涅槃経』の間に「拈華微笑」の故事があったという理解は、漠然とながらも広く受け入れられていたとみてよいだろう。

契嵩はまた、宋初以来の排仏論に答えるため、『輔教編《ふぎょうへん》』を著して護教の論陣を張ったが、その主張の中心にもやはり教判があった。契嵩の教判は人・天・声聞・縁覚・菩薩という五段階の教判である。宗密の『原人論』に見られる教判を単純化したような内容であるが、その目的は、儒・道の二教を人・天に相当するものとして、自らの体系の下位に組み込むことにあった。当時の排仏論は、仏教が社会秩序の維持に資さないことを批判していた。そこで契嵩は仏教が治世の役に立つことを主張するのだが、その具体的な方途は因果応報による民衆教化であった。彼は人・天乗の内容を因果応報を明かして五戒・十善を勧めるものと規定し、儒・道はこれと一致するとする。そして最高位の菩薩乗は、一心源によって六度万行を修し仏果を悟るものとされる。その意図するところは極めて明白である。仏教から儒教へと中国思想界の主流が切り替わる、いわゆる「唐宋変革」期の最重要課題にも、やはり教判的な思考で対応しているのである。[13] 契嵩によるこれら『伝法正宗記』、『輔教編』は大蔵経に入れられ、後世に伝えられることになる。[14]

このように見てみると、教判的な思考は禅の登場以降も、歴史の要所要所で現れ、仏教界の状況を総括する役割を果たしていることがわかる。このような思考様式が中国の仏教界でいかに根強いものであったかわかるだろう。そして、一元的・単層的な思考は教判を代表とする階層的思考と繰り返し衝突しつつ、徐々にその存在感を増していった。看話禅はその結末といっていいもので、その思想は東アジア諸地域に影響を及ぼしていった。それ以降、新たな教判理論が注目を集めることは確かになかった。ただ、宋代の禅の思想にも教判的思考の痕跡が見られ、その一部は後の世にも残されたのである。

【注】

1 大慧看話禅において、参究の対象としてもっともよく挙げられる公案は「狗子無仏性」の話で、およそ以下のようなものである。「僧、趙州に問う、『狗子《くし》に還《は》た仏性有りや。』州云く、『無。』」大慧は、このような公案に対し、あらゆる有意味的な解釈や思いはかりを捨て、ただ一心に参究することで悟ることができるとする。看話禅の特徴については石井修道（一九九二）、『大乗仏典〈中国・日本篇〉』第一二巻、東京：中央公論社、四七九頁以下、また土屋太祐（二〇一一）、「中国禅思想の展開──「平常無事」と「悟」」、高崎直道監修、桂紹隆ほか編、シリーズ大乗仏教第三巻『大乗仏教の実践』第八章、東京：春秋社を参照。

2 前掲石井（一九九二）、四八五頁。

3　前掲土屋（二〇一一）、ほか参照。
4　教判については、菅野博史（一九九五）、「東アジア仏教の経典観―中国を中心として」、高崎直道・木村清孝編、シリーズ・東アジア仏教Ⅰ『東アジア仏教とは何か』、東京：春秋社、藤井淳（二〇一一）、「中国における教判の形成と展開」、高崎直道監修、桂紹隆ほか編、シリーズ大乗仏教第一巻『大乗仏教とは何か』第七章、東京：春秋社などを参照。
5　前掲藤井（二〇一一）、二四三頁。また菅野（一九九五）、一〇八―一〇九頁、一二六頁を参照。
6　柳幹康（二〇一五）、『永明延寿と『宗鏡録』の研究―一心による中国仏教の再編』、京都：法藏館、一一九頁。
7　土屋太祐（二〇一九）、「玄沙師備の仏性観」、『比較宗教思想研究』第一九輯、一五―一六頁。
8　土屋太祐（二〇一九）、「行脚時代の雪峰義存と会昌破仏前後の禅林」、『仏教文化』第五八号。
9　土屋太祐（二〇〇八）、『北宋禅宗思想及其淵源』、成都：四川出版集団巴蜀書社、一〇五―一一〇頁。
10　前掲土屋（二〇〇八）、二〇四―二一二頁。
11　前掲土屋（二〇〇八）、二一二―二一六頁。
12　石井修道（二〇〇〇）、「拈華微笑の話の成立をめぐって」、『平井俊榮博士古稀記念論集　三論教学と仏教諸思想』、東京：春秋社、四二三頁。
13　土屋太祐（二〇一五）、「契嵩《輔教編》中的因果報応与修証」、『中国俗文化研究』第一〇輯。
14　荒木見悟（一九八一）、『輔教編』、禅の語録一四、東京：筑摩書房、二七〇―二七五頁。

日本禅宗における『宗鏡録』の受容

柳　幹康

『宗鏡録《すぎょうろく》』は東アジアの仏教に大きな影響を与えた重要な典籍である。その著者である中国の禅僧永明《えいめい》延寿は禅宗所伝の仏心を核として唐代以前の仏教を一元的に再編し、膨大な仏典から要文を抄録して『宗鏡録』百巻にまとめた。その成書後まもなく高麗に伝わると、それに感激した高麗国王が使者を派遣して延寿に弟子の礼をとるとともに、数多くの留学僧が延寿のもとに学びその法を高麗に伝えている。また中国において『宗鏡録』は仏教の正統説と公認されて大蔵経（仏教の一大聖典集）に収められ、禅を主軸に諸宗融合の道をたどる後の中国仏教に対しその理論的根拠を提供した。

禅宗の立場から仏教全体を統合した『宗鏡録』は日本の禅宗において、(1)禅の思想を理解するための手掛かりとして注目され、(2)禅宗が移植される過程でその立ち位置を示す理論的根拠として用いられ、(3)やがて禅宗が根付くと禅の立場から仏典を抜粋した資料集として重宝されるようになった。以下、その概略を紹介する。

(1)『宗鏡録』から禅の思想を読み取る試みは、大日《だいにち》能忍の門流においてなされた。能忍は日本禅宗黎明期の禅僧で中国に渡った経験はなく、日本で禅籍を読み開悟した人物であり、同様に日本で生涯を送った法嗣の仏地房《ぶっちぼう》覚晏はその著『心根決疑章《しんこんけつぎしょう》』において心を説明する際に『宗鏡録』を多く引いている。また能忍の門流により編まれたと目される『成等正覚論《じょうとうしょうがくろん》』においても『宗鏡録』を用いて禅宗所伝の心に関する議論がなされている。未だ見ぬ中国の地で隆盛した禅という新たな思想を、海を隔てた日本の地で理解しようとした際に、その手掛かりが『宗鏡録』に求められたことがうかがえる（なお能忍の一派を大久保道舟は「日本達磨宗」と名付けたが、「達磨宗」は当時能忍一派だけでなく禅宗一般を指すのにも用いられた語であった）。

⑵ 新来の禅宗は日本において当初、天台宗など既存の諸宗から排撃された。そのようななか栄西・円爾・夢窓疎石ら著名な禅僧は『宗鏡録』を用い、日本仏教における禅宗の立ち位置を示している。

栄西は自ら中国に渡って禅僧から嗣法し、日本に臨済宗を伝えた人物である。彼が伝えた禅の教えが天台宗から危険視され、先述の能忍一派とともに布教が禁じられると、栄西は反論の書『興禅護国《こうぜんごこく》論《ろん》』を著し、『宗鏡録』を用いて以下の三点を主張した。第一、禅を「悪取空《あくしゅくう》」（空を誤認し執着するもの）、「暗証《あんしょう》」（教理に暗い劣悪な悟り）とする天台宗の批判は間違っている。第二、「無行無修」（修行を斥ける）という邪悪な能忍一派と異なり、自身が伝えた禅宗は正しい実践を行うものである。第三、教を学んで禅に参じ開悟へと至るというのが、仏教の実践体系である。つまり栄西は禅の正統性を示す理論的根拠として『宗鏡録』を用いたのである。

円爾も中国に渡り禅を日本に伝えた人物である。帰国後まもなく同様に天台宗から批判されたが、天台・真言・禅を兼ね備えた総合寺院の建立を志す時の有力な公卿九条道家により東福寺の開山に招かれ、総合的な仏教を宣揚した。その際に円爾は『宗鏡録』を用いて、新来の禅宗が天台宗など既存の八宗（国家に公認された八種の宗派）と矛盾しないこと、禅宗が最高の機根の者を教化の対象とすることを説いた。そのもとには天台座主となっていた道家の実子の慈源《じげん》など八宗の高僧が教えを求めて参じたほか、円爾の教えを受けた後嵯峨《ごさが》天皇は『宗鏡録』により悟ったと伝えられるなど、当時大きな影響力を発揮した。

夢窓疎石は鎌倉幕府が滅び建武の新政を経て室町時代に至る激動の時代において、時々の為政者から帰依を受け禅宗興隆の礎を築いた禅僧である。彼もまた禅を核とする総合的な仏教を宣揚する際に『宗鏡録』を理論的根拠に用い、あらゆる実践がみな等しく一心の看取に至る道であることなどを説いた。また法嗣の春屋妙葩《しゅんおくみょうは》が『宗鏡録』を刊行するなど、その門下においても『宗鏡録』は重視された。

このように禅宗は当初天台宗から度々排撃されたが、栄西・円爾・夢窓疎石ら禅僧は『宗鏡録』を用いて総合的な仏教の理想像を掲げ、日本仏教界における禅の立ち位置を示した。そして新来の禅が日本仏教界に根をおろすと、夢窓在世時の康永《こうえい》の強訴《ごうそ》と春屋妙葩の時の応安《おうあん》の強訴を最後として、天台宗からの目立った排撃は見られなくなった。

なお、当時の禅僧がみな『宗鏡録』を用いたわけではなかった。たとえば曹洞宗の禅を伝えた道元や大徳寺の開山宗峰妙超はいずれも『宗鏡録』を重んじた形跡が見えない。道元が重視しなかった理由は目下不明であるが、その思想的傾向のほかに地理的要素――京で天台宗に弾圧された後に活動の拠点を越前に移したこと――の影響もあったかもしれない。概して『宗鏡録』は当時、中央の京にいる禅僧により用いられる傾向があった。一方、宗峰は同時代の夢窓疎石を教に拘泥するものと批判し、方便を捨象し本性を直指する禅を志向していた。彼は延寿の『宗鏡録』には言及しないものの、延寿の別の著作『垂誡《すいかい》』について方便に過ぎないと断じている（『祥雲夜話』）。おそらく宗峰にとって夢窓が用いた『宗鏡録』も単なる方便の書にしか見えなかったことであろう。

(3) 禅宗が日本仏教界に根を下ろして以降、『宗鏡録』は禅の立場から仏典の要文を抜粋した資料集として用いられるようになった。その例は動乱の戦国時代が終結し、出版業が発展する江戸時代に多く見える。中国から伝わった嘉興蔵《かこうぞう》（明代の大蔵経）の版本をもとに訓点を附したものが一六四二年に出版され、その十三年後には各巻の項目を簡単にまとめた『宗鏡録要義条目録《すぎょうろくようぎじょうもくろく》』が刊行されている。一六九三年に編まれた『禅籍志《ぜんせきし》』にも当時多くの者が『宗鏡録』を資料集として用いていたことが記されている。

以下筆者が知り得た範囲内で、著名な禅僧が『宗鏡録』を用いた例を列記する。

臨済宗興聖寺派の祖虚応円耳《きいんえんに》（一五五九―一六一九）は教学を学ぶうちに開悟し禅宗に転じた人物で、朝鮮から来日した僧惟政《ユジョン》（一五四四―一六一〇）に教えを請うに当たり、『宗鏡録』を含む複数の禅籍を用いて自分の考えと質問事項を整理している。

永源寺を再興した一糸文守《いっしぶんしゅ》（一六〇八―一六四六）は延寿の著作『垂誡』を高く評価して注釈書

『智覚寿禅師垂誡註解《ちかくじゅぜんじすいかいちゅうかい》』を編んだほか、参禅修行の要則をまとめた編著『緇門宝蔵集《しもんほうぞうしゅう》』において『宗鏡録』および『垂誡』を引き、禅僧といえども戒律を重んじ学問を否定すべきでないことを説いている（永源寺教学部員の森慈尋氏の御教示による）。

日本臨済禅の中興の祖と称される白隠慧鶴は宗峰の語録を提唱するに当たり、弟子に命じて出典の調査をさせており、その際に『宗鏡録』が用いられている。

また明治期に円覚寺に住した今北洪川《いまきたこうせん》（一八一六―一八九二）は『宗鏡録』を読んで各章の大意を抜粋し、その法嗣で同じく円覚寺に住した釈宗演《しゃくそうえん》（一八六〇―一九一九）は臨済宗の「宗義」を執筆する際に『宗鏡録』を用い、あらゆる経典を拠り所とする禅の立場を示している（『仏教各宗綱要』巻七）。

なお明治期に「宗教」が religion の訳語として定着すると、その出典として『宗鏡録』が想起され『哲学字彙《てつがくじい》』（第三版、一九一二年）にその旨が補記されるにいたった。これも江戸から明治にかけて『宗鏡録』が資料集として広く用いられていたことの一つの現われであろう。

禅の立場から仏教を総括した書『宗鏡録』は日本の禅宗において、当初は禅の思想と正統性を示す書物として、禅が根付いた後は仏教の資料集として用いられたのである。

【参考文献】
石井修道「仏照徳光と日本達磨宗（上・下）　金沢文庫保管『成等正覚論』をてがかりとして」『金沢文庫研究』二二二・二二

三、一九七〇年。同『道元禅の成立史的研究』（大蔵出版、一九九一年）に再録。
大久保道舟「道元禅師の原始僧団と日本達摩宗との関係」『道元禅師研究』、道元禅師鑽仰会、一九四一年。同『道元禅師伝の研究』（修訂増補版、筑摩書房、一九六六年）に再録。

鈴木大拙『今北洪川』、雄山閣、一九四六年。『鈴木大拙全集』二六（岩波書店、一九七〇年）に再録。

舘隆志「称名寺所蔵（金沢文庫管理）『心根決疑章』翻刻――達磨宗新出資料の紹介」『東アジア仏教研究』一七、二〇一九年。

中尾良信『栄西――大いなる哉、心や』、ミネルヴァ書房、二〇二〇年。

中村元「「宗教」という訳語」『日本学士院紀要』四六―一、一九九二年。

古瀬珠水「興聖寺開山円耳和尚撰『諮詢仏法録』について――十条の質問と松雲大師の詩文」『日本古写経研究所紀要』三、二〇一八年。

同「再び「達磨宗」について――『天台一宗超過達磨章』に基づいて」『中世禅籍叢刊』別巻、臨川書店、二〇一九年。

柳幹康「栄西と『宗鏡録』――『興禅護国論』における『宗鏡録』援用」『印度学仏教学研究』六五―一、二〇一六年。

同「鎌倉期臨済宗における『宗鏡録』の受容――円爾と『十宗要道記』」『臨済録』研究の現在――臨済禅師一一五〇年遠諱記念国際学会論文集』、禅文化研究所、二〇一七年。

同「夢窓疎石と『宗鏡録』」『東アジア仏教学術論集』六、二〇一八年。

同「白隠慧鶴と『宗鏡録』」『印度学仏教学研究』六七―一、二〇一八年。

道元の小参と法語

石井　修道

道元の小参について

『道元集〈中世禅籍叢刊　第二巻〉』の編集責任として、「解題（総説）」と「『示了然道者法語』解題」において、道元の主著の『正法眼蔵』と『永平広録』をまとめる機会を与えられ、その課題を敷衍して、近年、個人的にも本格的な論文を発表することができた(1)。

今回は後者の『永平広録』巻八を中心に問題とするものである。巻八は既に紹介したように次の構成となっている。

巻八　小参（一―二〇）・法語（一―一四）　安養院・興聖寺・大仏寺・永平寺
寛喜二年（一二三〇）―建長四年（一二五二）
侍者懐奘等編
（付普勧坐禅儀）　（道元撰）

問題にするきっかけになったのは、角田隆真氏から「「小参」考」（『曹洞宗総合研究センター学術大会紀要〈第一九回〉』二〇一八年）の抜刷をいただいたことによる。この論文によると、私の「小参」

の思い込み(2)が誤りであることが指摘されている。思い込みとは、鏡島元隆氏の『道元禅師全集　第四巻〈永平広録下〉』（春秋社、一九八八年）の「小参」の注のような説である。

大参に対す。大参は正規の上堂であるが、小参は随侍、方丈において行われる。宋代以後、小参は三・八・一三・一八・二三・二八の三八日の晩に行われ、晩参の意となる。（同書一一〇頁）

詳細は角田氏の論文にゆずるが、三八日の定期の固定化は、三八念誦であり、小参は三八日の定期的な説法を意味するものでないというのである。

それ故に、小参については、大観二年（一一〇八）成立の睦庵善卿撰『祖庭事苑』巻八の「小参」の項は注目すべきである。

禅門の詰旦《きったん》の升堂をこれを早参と謂《い》う。日晡《にちほ》の念誦をこれを晩参と謂う。非時の説法をこれを小参と謂う。それこれ皆《み》な以てこれを参と謂うは、何ぞや。曰く、参これを言となすは、それ広にして且《か》つ大なるかな。謂《おもえら》く幽顕皆《み》な集まり、神龍並《み》な臻《あつ》まる。既に聖凡に間《へだて》無く、豈《あ》に輒《すなわ》ち僧俗を分《わか》たんや。これを以てこれを参と謂うなり。それ法を主《つかさど》る者は、平等の一心を以て、応《まさ》に勤めて万類に植《う》え、法をして久住せしむ。豈に小補と曰《い》わんや。或《あるい》は小参を以て家訓と為す。愚《わたし》未だこれを前に聞かず。

これらの正確な小参の説から『永平広録』の巻八の「小参」を考えてみよう。

まず、上堂が興聖寺・永平寺（大仏寺を含む）において、五三一もの記録が残っているのに、小参はわずかに二〇のみである。もちろん『永平広録』に小参がすべて記録されているとは、私も思わない。だが、それにしても定期的に三八小参が行われていたとしたらあまりにも少なすぎると言わざるを得ないのである。道元は「小参一〇」に次のように告げている。

> 除夜《じょや》小参。云く、「夫《そ》れ小参は、仏仏祖祖の家訓なり。我が日本国、前代に未だ嘗《かつ》て其の名字を聞かず、何《いか》に況《いわん》や行ぜんをや。永平始めて之れを伝えて以来《このかた》、已に二十年を経たり。国の運なり、人の幸いなり。所以《ゆえ》は何《いかん》。祖師西来して仏法、震旦《しんだん》に入るが故なり。所謂《いわゆる》家訓とは、仏祖の行《あん》履《り》に非《あら》ざるよりは履《ふ》まず、仏祖の法服に非ざるよりは服さざるなり。行履と謂うは、名利《みょうり》早く抛《なげう》ち来たり、吾我《ごが》永く捨て去り、国王大臣に近づかず、檀那《だんな》施主を貪《むさぼ》らず、生を軽んじて山谷に隠居し、法を重んじて叢林を離れず。尺璧《せきへき》を宝とせず、寸陰《すんいん》これ惜しみ、万事を顧みず、純一に辦道するなり。これは乃ち仏祖の嫡孫《てきそん》、人天《にんでん》の導師なり。誠にそれ一たび菩提心を発《おこ》して、善知識に参学すれば、則ち三阿僧祇劫《さんあそうぎごう》の大兆なり。

この除夜小参は、後文に「今夜臘月卅日」の語があり、十二月の大の月で、「永平」の語があるから、建長二年（一二五〇）十二月三十日に相当する。この後に除夜小参が二つある。[3] また、「已経二十年矣」とは、建長二年十二月八日の巻五の四〇六上堂に成道会も「永平始伝已二十年矣」の語がある。二十年は、嘉禎二年（一二三六）の興聖寺の法堂の説法以来の概数と思われる。参考になるのは、『随聞記』巻五の「嘉禎二年（一二三六）臘月除夜、始メテ懐奘を興聖寺の首座に請ず。即ち小参の次《おり》、秉払《ひんぽつ》を請ふ。初メテ首座に任ず。即チ興聖寺最初ノ首座なり。」であろう。

このような「除夜小参」の主張があるにもかかわらず、『永平広録』の巻八の「小参」の記録はわずかに二〇のみである。内容的にも、「結夏小参」が六、「解夏小参」が五、「冬至小参」が四、「除夜小参」が五で、すべて四節小参のみで、「非時」あるいは「随時」の説法は記録されてはいない。伊藤秀憲氏の『道元禅研究』（大蔵出版、一九九八年）に指摘するように、小参はほぼ年代順に記録され、五・七・八・九・一〇・一一・一四・一五・一七・一八・二〇の小参は、永平寺で行われたことが確認でき、それ以前も永平寺（大仏寺を含む）時代と考えられ、全く興聖寺時代のものは、ないと判断してよいであろう。

それでは、目を転じて四節小参のみが異例であるかどうかであるが、多くの語録を検討することはできないので、参考に道元の時代と重なる蘭渓道隆の『蘭溪録』をみてみよう。

「常楽寺語録」上堂一六、小参三（内四節小参二）。「建長寺語録」上堂二〇一、小参三一（内四節小参二六）。「建仁寺語録」上堂五一、小参一〇（内四節小参八）。

蘭溪道隆の場合も小参と言えば、四節小参が中心と言ってよいであろう。また、惟勉編『叢林校定清規総要』巻下に「今時の叢林、解結冬年の四節小参に遇う毎《ごと》に、蓋《けだ》し謝を両班及び大小の職務に叙《の》べんとす。」とある四節小参での役職交代の謝辞の必要性もあったと思われる。

以上のことから、道元の小参の記録の特色はどのように考えるべきであろうか。

入宋して得た叢林の行持の日本への定着が、上述の「除夜小参」で果たされたと同様のことは、次のような諸例であきらかであろう。

① 日本国人聞於上堂之名最初、永平之伝也。（巻五―三五八上堂）

② 今大仏既為天童之子、亦行晩参、是則我朝之最初也。（巻二―一二八「晩間上堂」。大仏は大仏寺で、後の永平寺のこと。）

③ 当山始而有僧堂、是日本国始聞之、始見之、始入之、始而坐之。学仏道人之幸運也。（巻四―三一九上堂。当山は永平寺をさす。）

④ 我日本国寺院典座之法、大仏初伝。（巻二―一三八上堂。）

⑤ 日本国先代曾伝仏生会・仏涅槃会。然而未曾伝行仏成道会。永平始伝已二十年矣。自今已後、尽未来際伝而行矣。（巻五―四〇六上堂）

以上①〜⑤のように、道元が日本に初めて伝えた叢林の行持がわかる。この中で、特に、今回注目すべきことは、②の「晩間上堂」のことで、多少説明が必要である。道元がここで「晩参」というのは、小参ではなく、法堂で晩間に説法したことを意味していて、これもまた道元が日本初伝というのである。この晩間上堂に引用される関連の出典が二つある。一つは、『普燈録』巻三「楊岐方会章」で、楊岐方会と師の慈明楚円（嗣汾陽善昭）との次の話として残っている。

これより（慈）明、山行する毎《ごと》に、師（＝楊岐）輒《すなわ》ちその出づるを瞰《うかが》う。晩と雖《いえど》も、必ず鼓を撃《う》ちて衆を集《あつ》む。明遽《たちま》ち還《かえ》りて、怒りて曰く、「少叢林の暮にして陞座《しんぞ》するは、何《いず》こよりこの規縄《きじょう》を得たる」。師云く、「汾陽の晩参なり。何ぞ規縄に非《あら》ずと謂《い》わんや」。今の叢林の三八念誦罷《は》に猶《な》お参ずるがごときは、これその原《みなもと》なり。

もう一つは、②の語の以前に示される晩参とする天童如浄の例である[4]。その詳細な様子は、『諸法実相』に引用される安居にちかい天童如浄の方丈の夜間の「普説」であろう。『永平広録』には「普説」の記録はないが、そのことについては末尾に少し触れる。なお、興味深いのは「晩間上堂」としての記録は、巻二の「大仏寺語録」の一二八・一二九・一三一・一五〇上堂に限られることである。

また、先に挙げた五例の日本初伝の説が、すべて大仏寺及び後の永平寺で言われていることは注目すべきであろう。上堂も成道会ももちろん興聖寺でも記録され、僧堂も興聖寺に存在し、典座之法に至っては、嘉禎三年（一二三七）春の『典座教訓』が興聖寺で撰述されているのである。それ故に、これら叢林の清規や機構などを本格的な叢林となる永平寺において定着させようとしたことがうかがえよう。

このように本格的な叢林を果たそうとした永平寺における大衆は、宋朝で実際に行われている叢林の知識を新鮮に受け止めていたのではなかろうか。道元は、寛元二年三月二一日に吉峰寺で『対大己五夏闍黎法』、同年の七月一八日に大仏寺の開堂説法を終えると、その冬には現存しないが、叢林の威儀作法の撰述（巻二の一三三上堂参照）、寛元三年に『大仏寺辦道法』を撰述する。更に寛元四年六月一五日に大仏寺を永平寺に改称すると、『日本国越前永平寺知事清規』を撰述し、同年八月六日に『永平寺示庫院文』、建長元年正月に『吉祥山永平寺衆寮清規』と次々に撰述したのである。『赴粥飯法』もまたその間の撰述となる。これら意欲的な宋代禅林の日本への定着は目を見張るものがあり、小参の記録もこれらと合わせ考えることができよう。

道元の法語について

道元の主著が仮名『正法眼蔵』であるという主張に異論をはさむ人はないであろう。このテキスト研究は近年大きな成果が定着しつつある。

一つは『道元集』の「解題（総説）」でも述べたように、道元は最初から『正法眼蔵現成公案』、『正法眼蔵摩訶般若波羅蜜』、『正法眼蔵一顆明珠』と命名したのではないことは確かである。残存する真蹟類から知られるように、『現成公案』、『摩訶般若波羅蜜』、『一顆明珠』と巻名はあったが、これらを道元自身によって『正法眼蔵』の総題の下にまとめたとする説である。つまり七十五本『正法眼蔵』の編集を意図された時期を、寛元二年正月の吉峰寺とするのが私の説である。

もう一つは、その結果を踏まえた上で、『正法眼蔵』と『永平広録』の関係は、補完関係にあると言われる。現在、七十五巻本『正法眼蔵』の説示で知られる年次は、十二巻本『正法眼蔵』を除けば、寛元四年（一二四六）九月一五日の『出家』の巻が最も新しいものであり、道元の四七歳までの記録となる。だが、『永平広録』には、上堂が五三一回記録されていて、『出家』撰述の時は、ほぼ一九六上堂に相当すると考えられる。それ故に、それ以後は六割を超す上堂が記録されていることになる。『永平広録』の最後の上堂の年月日は不明ではあるが、示寂の建長五年の前年の暮れまでは確実に残っているので、道元の晩年の主張は、十二巻本『正法眼蔵』とともに『永平広録』に見られることになろう。

　このような上堂の特色に比べて、『永平広録』の巻八の一四の「法語」は著しい相違がみられる。法語のうちに撰述年次の明確なものは、五（文暦二年〈一二三五〉）、六（仁治元年〈一二四〇〉）、七（仁治二年〈一二四一〉）、一二（寛喜三年〈一二三一〉）であり、一三は興聖寺、一は入越以前、二は深草閑居の頃とされている。(5)

　小参とは全く異なって、深草閑居時代から興聖寺時代に残されたのが法語といえるのである。法語の特色はどのように考えることができようか。

　既に法語一二については、『道元集』に私が担当した『示了然道者法語』（可睡斎所蔵。但し道元の真蹟説は認めがたいとした）が、その原本に近いことを述べておいた。特に可睡斎所蔵本にある「辛卯孟秋住安養院道元示」の奥書の重要性は、解題に触れた通りである。また、後の論文で門鶴本に残る『永平広録』の古形と、改悪とも思われる対象的な卍山本についても、この可睡斎所蔵本が門鶴本に近いことを論拠に述べておいた。

　先に言った深草閑居から興聖寺時代に書かれた法語と関連するのが、仮名『正法眼蔵』の成立の問題であろう。特に今回の問題で注目すべき成果は、論文で紹介した若山悠光氏の「別本『仏向上事』の性格―『永平広録』巻八法語一一と関連して―」（『駒澤大学大学院仏教学研究会年報』第四九号、二〇一六年）である。ここでいう別本とは、一般に知られる『正法眼蔵仏向上事』（岩波文庫本（二）一二八頁以下）の草案本に当たり、永平寺に所蔵される二十八巻本（秘本とも称す）に所収されているものである（活字化は春秋社版第二巻）。若山氏はこの別本を法語一一と比較して「個別的主題の寄せ集めではなく、思想の流れが認められ」「一つのまとまりがある」とするのである。そこで、別本を八段に分け、それぞれの八段には、仁治三年（一二四二）前後に成立した『正法眼蔵』と密接な関係があるとし、各段の一と『仏向上事』、二と『光明』、三と『坐禅儀』、四と『身心学道』及び『坐禅箴』、五と『古仏心』、六と『身心学道』、七と『行仏威儀』、八と『観音』とに見られる類似の思想を比較検討し、その基に法語一一が存在するというのである。仮名『正法眼蔵』が漢文で書かれた法語から別本で草稿本となり、やがて幾度かの書き換えをへて浄書されていく過程を見事に明らかにしている。それ故に、法語の存在は七十五巻本の四十巻『柏樹子』までが興聖寺で示衆されて、後に編集されて行くことに大いに関係しよう。

個人に与えられた法語は、道元においては、やがて修行者全体の示衆としての仮名『正法眼蔵』が成立したことになり、『永平広録』に永平寺時代の法語がない理由ともなったのではなかろうか。ここでも永平寺時代に法語が一つも無かったとは私も思わないが、初期にのみ残っている理由を考えると仮名『正法眼蔵』の成立と関係しよう。

日本語で書かれた仮名『正法眼蔵』は、中国の禅籍にはありえないので、敢えていえば、仮名「法語」ではなく、宏智正覚の「小参」や大慧宗杲の「普説」に類似するとする私の説ともなる。つまり、道元は『宏智録』を多く引用するが、『宏智録』の四節小参ではない「家訓」としての巻一の長蘆寺時代の一七の小参や、巻四の天童寺時代の三六の小参の中国禅籍と仮名『正法眼蔵』とは類似する。また、大慧宗杲には、四巻本『普説』と三〇巻本『大慧語録』の巻一三―一八に、他に見られない膨大な「普説」があるが、この中国禅籍と仮名『正法眼蔵』とは類似すると考えるものである。ただ、仮名『正法眼蔵』には、請益、つまり、最初に僧が説法を請うか、あるいは問答の後に、それを前提として話題が敷衍されている記録が無いことは注意していてもよかろう。

【注】

1　前者は「On the Origin of Kana "Shōbōgenzō"（仮名「正法眼蔵」はいつ成立したか）」（『駒澤大学禅研究所年報』第二八号、二〇一六年）と「仮名『正法眼蔵』の成立過程と編集」（『禅文化研究所紀要』第三四号、二〇一九年）である。後者は「『永平広録』成立考」（『〈ワインスタイン教授追悼記念号〉東アジア仏教研究のあけぼの』所収、『駒澤大学禅研究所年報、特別号』、二〇二〇年）である。

2　以下、述べるように、『禅宗清規集〈中世禅籍叢刊　第六巻〉』の私の「解題（総説）」の「宋代になると、上堂（朝参・大参）は五参上堂（一・五・一〇・一五・二〇・二五日）となり、小参（晩参）は三八小参（三・八・一三・一八・二三・二八日）となって定期的に行われるように変化する。」（七四五頁）の「小参」の説は改める必要がある。不用意に使用した「三八小参」の語は、中国禅籍には皆無である。

3　『永平広録』の最後の除夜小参一八は、建長四年（一二五二）とするのは問題ないであろう。ただ、翌年の示寂の年の結夏小参一九と解夏二〇は、伊藤秀憲説のように、道元の病状を考慮すれば無理となり、建長五年に紛れ込んだということになるが、私はその年の八月五日の上京から判断して、敢えて無理を押して小参を行った可能性を考えている。

4　具体的に「澆運《ぎょううん》の軌則に拘《かか》わらず、あるいは半夜、あるいは晩間、あるいは斎罷《さいは》、総《すべ》て時節に拘わらず、あるいは入室鼓を撃ちて乃ち普説す。あるいは小参鼓を撃ちて乃ち入室す。あるいは自ら手ずから僧堂槌三下を打ち、照堂にあって普説す。普説了り入室す。あるいは首座寮前の板を打ち、首座寮に就《つ》いて普説す。普説了り入室す。」とある。

5　伊藤秀憲『道元禅研究』。

2　純粋禅と兼修禅の新たな見方

鎌倉時代後期における禅宗の台頭と南都北嶺

原田　正俊

現代社会とは異なる仏教諸宗派の秩序

現代社会における仏教諸宗派のあり方は、お互い不干渉であるとともに協調が当然のことと思われている。教学、思想的にも宗派間の相互理解、あるいは、無関心もあって、見解の相違が社会問題化することもない。宗派間の論争「宗論」は顕在化しない時代である。

しかし、日本の中世においては、宗教と政治・社会が密接に関係したこともあり、諸宗派間には、緊張した関係があった。平安時代以来、南都六宗・天台宗・真言宗は、国家の保護を受け、教学の上でも国家を守護し王法（政治・国家体制）と不可分の存在として、その地位は高く影響力が大きかった。近年の学界では、当時の呼称によって南都六宗・天台宗・真言宗の総体を顕密八宗としている。

顕密八宗の寺院は、平安時代末、院政期には上皇や公家から多数の荘園の寄進を受け繁栄を極めた。南都北嶺と呼ばれるように、延暦寺、興福寺は大衆《だいしゅ》勢力も増大し、武力装置として機能した。嗷訴《ごうそ》と呼ばれる朝廷への圧力、寺院間の抗争においても大衆は武力を発動して顕密八宗の力を世に示した。南都北嶺の大衆勢力は武士とも対峙《たいじ》する存在であり、中世寺院の姿は、近世以降と大きく異なるのである。

　鎌倉時代になっても、顕密八宗の優位は続き、八宗の他に宗派独立を認めないことを主張していた。一般に「鎌倉新仏教」とよばれる新たな仏教の運動を起こした法然や親鸞（一一七三～一二六二）、栄西・道元といった人々の動きも、鎌倉時代前期においてはまだまだ小規模な集団であった。新たな仏教運動に対しては、延暦寺をはじめ顕密八宗から朝廷に働きかけがあり、朝廷や院から弾圧が加えられた。建久五年（一一九四）、栄西と大日房能忍は、禅宗を広めることを禁じられている。建永二年（一二〇七）には、念仏弾圧があり、専修念仏が禁止され、法然・親鸞が流罪に処されている。

禅宗の動向と天皇・公家社会

　禅宗の動向についてみていくと、建長五年（一二五三）、北条時頼（一二二七～一二六三）の禅宗保護政策によって、渡来僧の蘭溪道隆を開山とする建長寺が創建された。この後、鎌倉には渡来僧が多数招かれ、禅宗が繁栄していく。

　鎌倉における大規模な禅寺、建長寺や後の北条時宗による円覚寺の造営をみて、武士の宗教としての禅宗のイメージも作られてきたが、これは間違いである。注目しなければならないのは、嘉禎元年（一二三五）、摂関家の九条道家により東福寺が造営され、開山として円爾が招かれたことである。円爾は、南宋に渡り禅を学び帰国した人物である。大陸仏教への関心は公家社会でも高まっていたのである。

京都において、東福寺の存在は大きく、円爾は多数の弟子を育て、門下はその国師号にちなんで臨済宗聖一《しょういち》派として全国に拡大していった。円爾は、後嵯峨上皇（一二二〇～一二七二）の前でも禅を説き、公家社会で禅宗が一段と注目されるようになった。

天皇の中でも禅宗に関心を持つ人物が出てきて、亀山上皇（一二四九～一三〇五）は、弘安四年（一二八一）に、入宋経験もある無本覚心を招いて受戒している。無本覚心は、紀伊国由良興国寺を拠点として禅を説いていたが、亀山上皇はいちはやく禅宗の名匠を見いだしていたのである。亀山上皇自身は、真言宗の仁和寺了遍僧正（一二二四～一三一一）を戒師として出家するが、当時、活発に活動していた西大寺律宗の叡尊や禅僧たちにも関心を持っていたのである。

亀山法皇が起居する東山の禅林寺殿で怪異が起こると、東福寺第三世であった無関普門（一二一二～一二九一）が招かれた。無関は禅林寺殿で安居して怪異現象を鎮めることに成功している。正応四年（一二九一）、無関は、亀山法皇によって禅林禅寺（南禅寺）の開山として迎えられた。無関は、この年示寂し、南禅寺第二世には規庵祖円（一二六一～一三一三）が就任した。この後、南禅寺では僧堂をはじめ禅寺としての伽藍が整備されていく。このように、円爾をはじめとした禅僧たちの教えは、着実に公家社会、天皇家、京都に定着していったのである。

円爾の活動を見ていくと、大須真福寺文庫の中には、円爾の東福寺における講義の聞き書きを弟子の癡兀大慧がまとめたものなどがある。「大日経見聞《だいにちきょうけんもん》」「瑜祇経《ゆぎきょう》（見聞）」等が書写本として伝えられ、円爾は密教で重んじられる経典を講義していたのである。草創期の東福寺は、九条道家の意向で、禅・顕・密を兼ね備える寺として造られたが、円爾の活動はこれに応えるものでもあり、一三世紀の禅僧たちは、真言密教、天台密教などにも通じ、さらに禅を説く立場であった。こうした姿勢は一見、諸宗協調的な姿勢としてみられるが、禅宗の立場を強調すると南都六宗・天台宗・真言宗を刺激することになった。

とりわけ、東福寺、南禅寺と公家社会の外護によって大規模な禅寺が造営されると、南都北嶺側の危機感は高まった。

京都追放など禅宗への批判・弾圧

文永五年（一二六八）には、延暦寺大衆は禅寺である賀茂の正伝寺を破却している（「東巌慧安禅師《とうがんえあんぜんじ》行実《ぎょうじつ》」）。南禅寺が造営されると、天台宗側では大衆が集会を開き決起して、亀山法皇が御所を禅寺に改めたことを非難し、朝廷にこの非を訴えている。延暦寺側は、法皇が天台宗・真言宗をさしおいて専修念仏を好むことにも批判を加えている。また、東福寺の円爾が禅宗を天台宗・真言宗の上に位置づけることを問題としている（『渓嵐拾葉集《けいらんしゅうようしゅう》』第九巻）。

永仁二年（一二九四）には、円爾の教えを受けた巷間の宗教者、ササラ太郎・夢次郎・電光・朝露が異類異形の輩として京都から追放されている（『渓嵐拾葉集』第九巻）。また、絵巻物『七天狗絵（天狗草紙）』には、禅宗の影響を受けた巷間の宗教者、自然居士《じねんこじ》への批判と京都からの追放が描かれ、これは、先のササラ太郎と同一人物とみられる。禅宗の影響は、公家・武家のみならず広く民間の宗教者にも及んでいるのである。

亀山法皇の息子、後宇多上皇（一二六七～一三二四）の時代になると、禅宗保護の政策は継承された。もっとも、後宇多上皇は密教修行に励んだことで知られており、真言密教に傾倒していたことも事実である。後宇多上皇は、禅寺、嘉元寺を東山に造営して、九州を拠点に活動していた南浦紹明を開山として迎えている。嘉元という元号を冠した寺であり、規模の大きな禅寺建設を計画していたとみられる。後宇多上皇は、同時に、大和国達磨寺の復興を進めようとした。達磨寺は、聖徳太子（五七四～六二二）と達磨の邂逅を伝説として持つ禅寺で、当時は、この荒唐無稽とみられる伝承も歴史的な事実として見なされていた。

嘉元寺については、延暦寺の反発が起こり、造営は中止された。達磨寺についても、興福寺は、嗷訴を起こし、嘉元三年（一三〇五）武装勢力である六方衆が達磨寺の伽藍を焼き討ちしている。興福寺は、達磨寺復興のための勧進を行う責任者であった仙海の流罪も要求し、徹底的に大和国内の禅宗の活動を抑え込もうとしたのである。鎌倉時代後期は、第二次の禅宗批判と弾圧が強まった時期ということができる。

禅僧たちが禅に加えて天台や密教の教えを兼修したことは事実である。しかし、宗として独立して勢力を増すと、顕密諸宗からはきわめて危険な動きとみなされた。禅僧のなかからは、諸宗教学の研鑽の上で、禅の優位性を説く者も現れた。また、亀山・後宇多上皇の帰依による禅宗の隆盛は、専修念仏の動向よりも社会的な影響は大きかった。禅宗の台頭により一三世紀末から仏教諸宗派秩序の再編が始まるのである。

【参考文献】

原田正俊『日本中世の禅宗と社会』（吉川弘文館、一九九八年）。
原田正俊「鎌倉時代後期の南都北嶺と禅宗」『中世禅籍叢刊別巻　中世禅への新視角』臨川書店、二〇一九年。

鎌倉時代における兼修禅と宋朝禅の導入

舘　隆志

学術的な呼称として、真言・天台を兼ね修する栄西の禅を「兼修禅」と定義し、その対義語として「純粋禅」という呼称が用いられることがある。

かつて、忽滑谷快天《ぬかりやかいてん》は達磨から六祖慧能《えのう》（六三八～七一三）・神秀《じんしゅう》（?～七〇六）ころまでの時代を「純禅」と位置づけ、その呼称を受け継いだ柳田聖山は宋初ころまでの禅を「純禅」と位置づけた。「純禅」の定義は定まっていないが、いずれにしても、公案禅となる宋代の禅は、「純禅」とは呼称しない。

一方、今枝愛真は日本の禅宗史を論ずる中で、鎌倉時代の禅を「兼修禅」と「純粋禅」に区分して論じた。ただしこれは、中国禅宗史・禅思想史を理解する上での区分の一つである「純禅」の区分を継承しないことによって成り立っている。今枝愛真は日本が受容した中国の禅宗を「唐朝禅」と「宋朝禅」と「明朝禅」に区分しているのである。すなわち、本来は、「純禅」と「純粋禅」の区分は、相容れないものであったが、それぞれ定義が曖昧であったことや、語感が似ていることから、その後、中国での「純禅」と日本での「純粋禅」は多く混同されて理解されてきてしまったのである。

今枝愛真は、「純粋禅」を「宋朝風の純粋禅」「純粋な宋朝禅」とも表記している。このように、「純粋禅」の呼称は、鎌倉時代に「宋朝禅」をそのまま受容し日本で展開した僧侶に対して示されている。すなわち、「宋朝禅」を「純粋禅」と呼称していることにもなるのである。

しかしながら、南宋代の禅をそのまま導入した鎌倉時代の禅を「純粋禅」と呼称するなら、南宋代の禅は「純粋禅」となってしまう。そしてその場合、「純禅」と位置づけられることもある「唐朝禅」をどのように理解すべきか、という問題が生じてしまうことになる。つまり、「純粋禅」という呼称には学術的な問題がある。したがって、以下、本論では特に「純粋禅」の呼称は用いない。

鎌倉時代の禅宗の展開は、大日房能忍《だいにちぼう》、栄西を嚆矢とする。能忍については、詳しくは他の論考に譲るが、鎌倉末期撰述の『元亨釈書《げんこうしゃくしょ》』の栄西伝が伝えるところでは、能忍は弟子を中国に派遣し、臨済宗大慧《だいえ》派の拙庵徳光から達磨像を伝授され、日本での禅布教をはじめたが、嗣承《しじょう》や戒検《かいけん》の無いことを誹られたとされる。達磨宗は栄西とともに布教停止の宣旨を受けている（『百練抄』建久五年七月五日条）。能忍のその後については具体的には不明であるが、その門流たちの多くは、後に現れる道元に合流し、その門流を支え、吸収されていった。

また、栄西は天台僧であったが、二度目の入宋中に天童山の虚庵懐敞《きあんえしょう》（生没年不詳）から臨済宗黄《おう》龍《りゅうは》派の禅の法脈を受け嗣いでいる。栄西が帰国後に、禅とともに真言・天台を兼ね修していたことは、『元亨釈書』の栄西伝に記された伝聞の情報である。しかし、栄西の『興禅護国論《こうぜんごこくろん》』巻下にも、真言《しんごん》院《いん》と止観院《しかんいん》に関する規則が記され、中世の建仁寺の伽藍図には真言院と止観院が描かれている。栄西は禅と真言・天台を兼修していたと見て問題なかろう。

栄西がどのように兼修していたのか。この点を考える前に、次の問題点を提示したい。すなわち、栄西がなぜ兼修という形をとったのかという点である。栄西の『興禅護国論』は天台宗からの批判に答える形で執筆したものとされる。天台宗に如何に対峙するか。それは、この時代に天台宗に所属しつつ一宗としての独立を願う僧侶（法然・栄西・道元）にとって大きな問題であった。真言院と止観院の設置はこの点をも踏まえたものであろう。

また、『興禅護国論』巻上では、「禅宗は諸教の極理《きょくり》、仏法の総府《そうふ》なり」と記し、『興禅護国論』巻中では、「鈍根《どんこん》の人」が「諸教諸宗の妙義《みょうぎ》を伺い、禅の旨帰《しき》を学ぶ」ことは「修入《しゅうにゅう》の方便《ほうべん》」であると記している。これらの記述からは、栄西の兼修は禅布教のための方便と読み解ける。そして、栄西の『斎戒勧進文《さいかいかんじんもん》』（一二〇四年）の末には、「委曲《いきょく》は願文の旨幷《なら》びに興禅論に在り」と記され、建仁寺建立以後も『興禅護国論』の立場を棄てていない。さらに、以降に撰述された『日本仏教中興願文』と『喫茶養生記《きっさようじょうき》』には、『興禅護国論』の立場に関する記述はない。したがって、これを否定する新史料が発見されない限り、栄西の著述からは、栄西は『興禅護国論』の立場を保持していたと看做《みな》すことが出来る。

ちなみに、真福寺文庫の栄西の新発見史料は、栄西自筆の手紙を除いて、どれも禅の法脈を受け嗣ぐ前のものであり、新発見の史料がどれほど貴重であっても、帰国後の栄西における禅の展開を考える上では用いることができないことは注意しなければならない。

栄西の最晩年に参じた門人に道元がいる。道元は、栄西寂後は栄西高弟の明全《みょうぜん》（一一八四―一二二五）に参じ、長らく建仁寺で修行し、建仁寺僧として入宋し、天童山景徳寺で曹洞宗如浄の法を受け嗣ぎ、帰国後、建仁寺に戻った。その後、建仁寺を出て、「宇治郡」「深草里」の興聖寺の開山となる。道元の禅は、独自の禅風を加味してはいたが、基本的には天童山の宋朝禅を導入しようと試みていたようである。

道元の『正法眼蔵弁道話《しょうぼうげんぞうべんどうわ》』には、禅僧が「更に真言止観の行をかね修せん」ことに妨げがあるのかとの質問に対し、道元は中国の指導者から「仏印を正伝せし諸祖」で「兼ね修」した人がいないと聞いたことを記している。道元は栄西の如き兼修という形はとらなかったことは広く知られているが、結果として比叡山側からの排斥にあうこととなった。道元自身は積極的に深山幽谷の地を目指し、京都を離れて越前永平寺の開山となるが、兼修しない布教形態が、まだ京都の地では難しかったことを示している。

円爾は入宋して径山の無準師範の法を嗣ぎ、帰国後に京都東福寺の開山として迎え入れられた。東福寺は、もともと禅寺として建立されていたわけではなかったが、円爾が開山となり、中国禅林の形式が取り入れられた。禅林としての形態を有しつつ、真言院や止観院が建てられ、真言宗や天台宗の祖師像も安置され、真言僧や天台僧も常駐した。この状況は、現在、研究者が「兼修禅」と呼称している状況である。

一方、巨大な東福寺にあって、当初の東福寺山内には真言・天台の顕密僧として三人が置かれ、禅僧集団は百人であった。禅・真言・天台のどれが中心であったかは明白である。すなわち、「兼修禅」という呼称からは、禅と真言と天台を等しく修していたかのような印象を受けるが、当時の東福寺の状況からはあくまで主流は禅であったことが窺える。

鎌倉後期の『雑談集《ぞうたんしゅう》』巻九に、東福寺が「〔当時の〕常の禅院よりも事の行をほし〔多〕」と記されている。円爾は、「日本の僧」が「坐禅の行疎略《そりゃく》」ゆえに、「事の行」すなわち「事相《じそう》」（口に陀羅尼を唱え手に印相を結ぶ）を多く修したようである。このように、密教儀礼を兼ね修する状況は、決して鎌倉時代後期の一般的な禅院の状況ではなかったようである。

この時代の中心となっていたのは、渡来僧や入宋僧を中心とし宋朝禅を兼修せずに行ずる勢力であった。この時代をして、「渡来僧の世紀」と呼称される所以である。蘭渓道隆、兀庵普寧《ごったんふねい》（一一九八―一二七六）、大休正念《だいきゅうしょうねん》（一二一五―一二八九）、無学祖元と続く渡来僧の流れは、鎌倉を中心として展開し、また、京都建仁寺を初め、京都の禅寺でも中国僧による禅が行われた。天台僧から禅僧となった日本僧とは異なり、渡来僧はそもそも真言・天台を兼ねることはできない。そして、その渡来僧たちに学んだ禅僧たちがさらに全国に展開していったのである。

鎌倉時代には多種多様な形態の禅が確認でき、また各地で禅と密教を兼修した僧が確認されるが、ほぼ一過性のものであり、その後の継承はほとんど見られない。さらに、鎌倉時代の禅籍のほとんどを占める禅語録に禅密の兼修が記録されておらず、全体的にそのことを論ずる史料が少ない以上、中世禅林で禅と密教の兼修がどれほど行われていたのかはよくよく考えなければなるまい。

曹洞宗では、瑩山紹瑾が栄西を「純一ならず、顕密心の三宗を置く」と評しているし（『伝光録』道元章）、その門流をはじめ中世の曹洞宗では、栄西が「専《もっぱ》ら禅宗を志」したものの「時節未だ到らざる」旨が記された切紙（永平寺蔵「栄西僧正記文」）が継承され続けた。それらの記事からは、自分たちの禅は「純一」であることを示そうという意図が読み取れまいか。瑩山紹瑾は加持・祈祷を積極的に行ったし、後に多くの禅寺で加持・祈祷などの密教儀礼が行われるようになるが、余行としての加持・祈祷は、当時の曹洞宗では「兼修」として位置づけられていないことになる。

本論ではひとまず、「兼修禅」の一例として真言院と止観院の並置に着目した。しかしながら、冒頭で述べた通り「純粋禅」という呼称自体、多分に問題を含むものであり、それに対置される「兼修禅」もまた、改めて定義すべき概念であると考える。「兼修禅の再評価」をするためには今後更に関連文献を博捜し、当時の禅宗界の状況を広く見ていく必要があるだろう。

【引用文献】

忽滑谷快天『禅学思想史』上巻、玄黄社、一九二三年。
今枝愛真『禅宗の歴史』、至文堂、一九六二年。
柳田聖山『純禅の時代』正・続、禅文化研究所、一九八四年・一九八五年。
鈴木哲雄「純禅と禅機―時代区分と関連させて」『印度學佛教學研究』四一―二、一九九三年。
『栄西集』、中世禅籍叢刊第一巻、臨川書店、二〇一三年。

「兼修禅」から「純粋禅」を再考する

ダヴァン　ディディエ

『中世禅籍叢刊』シリーズが見事に表しているように、この数年の間、鎌倉時代の禅宗の研究が著しい活気を見せた。新しく発見された資料を中心に刺激的な観点が提供されて、また既存の説が問い直されて議論を生じさせてもいる。その成果は様々でまだ議論が尽きず、さらなる研究を要する点もあるが、鎌倉禅の研究の新しい出発点が築かれたといえよう。

というのも、禅に様々な形があることを認めたうえで、その多様性を複数の文脈の中で考えるべきであることが再確認されたからである。鎌倉時代の場合は「禅宗」が様々な実態を指していることは、もはや言うまでもないであろう。天台宗の教え全体の一部として見ていた栄西の禅宗、密教と禅の融合を唱えた聖一《しょういち》派の禅宗、または禅の立場から他宗の教えとの関係を巧みに論じた夢窓疎石の禅宗などは、全く異なる禅でもなければ、同一物とも言いがたい。これらの禅宗は、扱いの厄介な代物なのである。そのため、鎌倉時代の禅をまとめて語る事は非常に難しい。

しかし、それでも全体を見れば、大きな特徴や共通する意識は存在すると考えられる。それを禅研究史に散見するキーワードで言うならば、「兼修禅《けんしゅうぜん》」である。この表現自体が長年軽蔑的な響きを含んでいたことは周知の通りであるが、最近その意義が再考されてきている。禅の有るべき姿であるとされる「純粋禅」の前段階でもなく、その異端的な傍系の禅でもなく、禅宗の歴史――より広く言えば日本仏教の歴史――に大きな地位を占めた禅の一つの大事な「顔」であったと見直された。敢《あ》えて言えば、近年の鎌倉禅研究の重大な成果は「兼修禅」の復権にあるといえよう。

しかし、よく考えれば「復権」という言葉は相応《ふさわ》しくないのかもしれない。何故なら、「兼修禅」は現代の表現なのであって、「兼修禅」が肯定された時代があったわけではないからである。大抵の場合は栄西の天台や円爾の密教と禅の兼修を指しているが、もちろん鎌倉の禅僧たちは自分たちの修行は「兼修禅」であると主張していなかった。しかも、その点に関して他流派から批判を受けた痕跡もない。

例えば、しばしば「純粋禅」を最初に日本に伝播したとされている蘭渓道隆と「兼修禅」の代表者の一人である円爾が互いに尊敬し高く評価し合っていた事は、すでに指摘されたことである(1)。そもそも、その反対語になっているのが「純粋禅」である事だけでも明らかなように、「兼修禅」という表現そのものに大きな価値観が含まれている。

表現自体は今枝愛真の『禅宗の歴史』(至文堂、一九六二年)で初めて登場するというが、その考えの由来を探れば明治時代まで、遡《さかのぼ》れるそうだ(2)。つまり、純粋禅/兼修禅の対立は比較的最近の見解であって、近年の研究がその歴史観の型を破ったといえるのである。

しかし、ひとつの問題が残る。「純粋禅」が近代に作られた概念ならば、それはなぜなのであろうか？ そして偏見は偏見でも、具体的には何を指しているのであろうか？ さらには「兼修禅」との対立が不適切だとされたため、単に「兼修禅」だけではなく「純粋禅」の意味も問い直す必要が出てきた。なぜなら、もはや「本物の禅」「あるべき姿の禅」と簡単に定義づけられなくなったからである。

観点を少し変えてみよう。鎌倉時代の禅の大きな課題は、仏典に基づく「教」(経典に見られる言葉で説明できる教え) と教外別伝に以心伝心で代々に伝わった「禅」(悟りの体験をもってしか伝わらない教え) の関係である。これは集団としての「禅宗」と諸宗との交流に勿論《もちろん》関係するものではあるが、禅宗内においても大きな問題点であった。そして、多様な鎌倉時代の禅宗にある共通点に観点を戻すと、どんな禅の宗派であっても「教」にはしかるべき地位が与えられていたといえる。天台、密教、或いは仏教全体との共存は色々な体制に組み込まれていて、そこに鎌倉禅研究の複雑さの大きな理由がある。

鎌倉末期になると、禅宗内の中心となって、政治的な強い影響力を持っていた夢窓疎石も、禅の優位を前提にしながらその他の教えを認めていた。その詳細は分かりやすく『夢中問答集』に説かれており、そこには逸材たる夢窓の独特な見解と共に、鎌倉禅が共有していた「教」と調和しようとする一種のコンセンサスも表されている。

そのコンセンサスを破って禅に新しい方向を取らせたのは、大徳寺開祖の宗峰妙超 (大燈国師) であったと考えられる。大燈の夢窓への批判は、たとえば『祥雲夜話』というテキストによく表れる。そこで、釈尊が経典に書かれてある事を説いたのはただ「止啼《したい》の説」―― つまり泣き声を止ませるための方便――だけであって、それは禅の教えにあらずと主張する。

大燈曰く、自分も必要に応じてその教を説く時があるが、「只是れ迂曲《うきょく》の方便なるのみにして、吾が宗の直指に非ざる也」と断ずる。(3) つまり、鎌倉時代に「教門」と「禅門」をどう共存するかは禅宗内の重大な課題だったが、大燈、そして後の大燈派は、禅宗には禅門しか認めないという態勢を取った訳である。

その背景には、大燈の時代に莫大な影響を持っていた夢窓疎石、また後に五山の主流になる夢窓派を意識していた事があったと考えられるが、帰結としては「禅門」――具体的には公案に基づいた修行――に再び集中する事になった。

それを裏付ける事として、安藤嘉則氏に指摘されたように、現代の臨済宗では公案参究の重要な公案集は『宗門葛藤集』だが、その作成過程を遡れば大燈が編纂した『大燈百二十則』に至る事が挙げられる。(4) 無論、単純に大燈派は専ら看話禅しかしなかったと言える訳ではないし、文学や教学など完全に縁を切ったとも言えないだろう。だが、様々な理由で近世に力を増した大燈派が、日本禅の新しいあり方を切り開いたと思われる。

室町以降の禅は、評判の悪い「密参禅《みっさんぜん》」の時期に入る。その時の公案参究の様子は「密参録」と呼ばれるテキストに記されるようになった。それは回答集のような物と言われ、禅僧達がそれを使っていかさまに形だけの公案突破をしていたとみられる。

そうした評価をしていた鈴木大拙は、密参禅を「変態禅」と厳しく批判していた。しかし、飯塚大典氏や安藤嘉則氏の研究で分かるように、この見方は些《いささ》か過小評価である。よく見てみれば、当時（室町末期から近世中期にかけて）の公案に対する禅宗の態度が表れていて、いまだに理解されきっていない中近世の禅（臨済と曹洞両宗）のありようが描かれている。

また、密参禅になったこと自体が、どれほど看話禅が重要になっていたかも物語っている。そこに様々な特徴があるが、明確なのは、中国から伝播された純粋禅に戻ったというのではなく、むしろ日本で成立した新しい方向を歩んだということなのである。

近世には大燈派に属する妙心寺が主流になり、そこから白隠――そして所謂《いわゆる》白隠禅（その区別は重要）――が出現するようになり、概ね現代の臨済宗の禅に至っている。つまり、「純粋禅」の歴史観が近現代に出来た時には、その大前提には白隠禅があったといえる。では、「純粋禅」という言い方で何が指されているのか。それは、中世末期から作り上げられて、やがて日本の主流となった大燈派が描いた禅の理想の姿と言えるのであろう。

【注】

1　和田有希子「鎌倉中期の臨済禅：円爾と蘭渓のあいだ」、『宗教研究』七七（三）、六二九―六五三頁、二〇〇三年。
2　岸田（和田）有希子『日本中世における臨済禅の思想的展開』東北大博士課程論文、未刊行。
3　オズヴァルド・メルクーリ「夢窓疎石と宗峰妙超の方便思想の比較―『西山夜話』と『祥雲夜話』を中心に」『禅文化研究所紀要』三一、二八七―三一三頁、二〇一一年。
4　安藤嘉則「『大燈百二十則』から『宗門葛藤集』へ―中世から近世初頭の臨済禅における公案集の形成について」『駒澤女子大学研究紀要』九、一―二四頁、二〇〇二年。

3　達磨宗に関する新見解

「達磨宗」についての新見解

古瀬　珠水

従来禅宗における異端と考えられてきた「達磨宗」とは鎌倉初期の僧侶、大日房能忍が興した宗派名と考えられてきた。その理由は、いくつかの資料に「(大日房)能忍が達磨宗を弘む」の文言が見られるためである。例えば、『百錬抄』(一一九五)には「在京上人能忍等、達磨宗を建立せしむ」とある。また、『聖光上人伝』(一二八四)には、「昔、大日禅師なる者有り。好んで理論を索《もと》め、妙に祖意に契《かな》う。遂に文治五年の夏、使を宋国に遣わし法を仏照に請わしむ。(育王山の長老なり)仏照印可し、祖号を賜う。是に於いて禅師、院奏を経て達磨宗を弘む」と記されている。更に『瑩山紹瑾嗣書之助証』(一三〇六)には「三宝寺の能忍和尚、勅謚深法禅師に授け、釈尊五十一世の祖と為す。(中略)八宗の講者たりと雖も、進めて達磨正宗の初祖と為すを以て宣下を蒙る。これより日本国裏、初めて達磨宗を仰ぐ。其の法東山の覚晏上人に授く」とある。

しかし、上記『百錬抄』の全体の文章は「入唐上人栄西、在京上人能忍等、達磨宗を建立せしむ」とあり、栄西と能忍が達磨宗を弘めたと明記している。つまり、「達磨宗」とは宗派名ではなく、所謂禅宗のことを指していると考えられる。更に、上記『聖光上人伝』の後半には「爰に上人、彼の禅室に至り、難じて法門を問う。不断惑の成仏（宗門の意）、『宗鏡録』の三章（標章と問答と引証）、天台宗の三諦（空仮中）、達磨宗の五宗（潙仰宗。臨済宗。雲門宗。法眼宗。曹洞宗）等なり」と記されている。「達磨宗の五宗」とは南宗禅を指し、能忍の興した宗派名を指していないことは明らかである。『瑩山紹瑾嗣書之助証』では「（能忍は）初めて達磨宗を仰ぐ。其の法東山の覚晏上人に授く」とあり、「能忍が仰いだ達磨の法を覚晏上人に授く」の意味であり、「達磨宗」とは「達磨の法または教え」と理解するべきで、能忍が興した個別の宗派名とは捉えにくい。更に「日蓮遺文」の『教機時国鈔』（一二六二）には「建仁より已来今まで五十余年の間、大日・仏陀禅宗を弘め、法然・隆寛、浄土宗を興し、実大乗を破して権宗に付き、一切経を捨て教外を立つ」、同、『安国論御勘由来』（一二六八）には「然るに後鳥羽の院の御宇、建仁年中に法然・大日とて二人の増上慢の者有り。悪鬼其の身に入て国中の上下を狂惑し、代を挙て念仏者と成り、人毎に禅宗に趣く」、同、『開目鈔』（一二七二）には「建仁年中に法然・大日の二人出来して念仏宗・禅宗を興行す。（中略）大日云く、教外別伝等云云。此両義国土に充満せり」とあり、いずれも「大日＝禅宗」と記述している。また『元亨釈書』（一三二二）にも「初め己酉の歳、能忍という者有り。宗国の宗門、盛んなりと聞いて、其の徒を遣わして、船に附して育王の仏照光禅師に扣問《こうもん》せしむ。照、異域の信種を憐れんで、慰誘すること甚だ切なり。寄するに法衣、及び賛達磨の像を以てす。忍、光の慰寄に託《ことよせ》て謾《あざむ》きて禅宗を唱う」と、「（能）忍は禅宗を唱う」と記されている。さらに、能忍の創建した三宝寺に関わる文書『正法寺所蔵文書』（一二一八）にも全て「禅宗」と明記している。

筆者は近年、天台座主良助と三人の禅僧の架空の問答を記述する資料、叡山文庫蔵『天台一宗超過達磨章』に於ける「達磨宗」の呼称に注目したが、枚挙に暇が無いほど「禅宗」のことを「達磨宗」と呼んでいることが判る(1)。例えば以下は冒頭の記述である。

高祖天台、達磨をば鼻隔《びかく》の禅師と名け、盲狗穭吠《もうくりょはい》、自行化他、全く道気無し(2)、と（は）憐たもうなり。然ば、達磨は狂惑の宗なり。天台は正直宗なり。又、達磨は愚痴の宗なり。天台は智者の宗なり。又、達磨は苟《あたか》も内外の見を生じる宗なり。天台は妙へに教内教外の見を超たる宗なり。又、達磨は生死の識の宗なり。天台は生死の識を超たる宗なり。又、達磨は外道の典籍を敬ひ、内道の仏法を破する宗なり。天台は外道の典籍を破し、仏法の経論を敬ふ宗なり。又、達磨は国を亡ず宗なり。天台は国を守る宗なり。又、達磨は地獄に堕る宗なり。天台は果海に遊ぶ宗なり。是の故に達磨宗は瓦礫よりも賤し。天台宗は日月より貴し。（叡山文庫真如蔵本、1オ―ウ）

このように天台大師の法（天台宗）と達磨大師の法（達磨宗）を対立的に扱い、天台宗に比べ達磨宗は如何に劣った教えであるかを極めて否定的に述べるのである。また、良助が臨済禅及び臨済僧（南浦紹明、一山一寧、高峰顕日）を批判するときに「達磨宗」の呼称を用いている。さらに、智覚禅師延寿が第九識を禅宗の根幹の心とすることに対し、良助は「達磨宗は生死の識を宗と為す」と述べ、中国宋代禅僧の延寿に対しても「達磨宗」と呼んでいる。加えて、「向上の一路は仏祖不伝、と云う事は、天竺の仏心宗には無き事なり。而て、震旦にて近比ろ出来る邪義なり。然れば、達磨宗は内には五家七宗未だ一同せず。名目未だ共許せざる一義なり」（8ウ―9オ）と述べる。良助が最澄伝来の天台宗の禅門（北宗禅）をインド由来の正統な教えとして「仏心宗」と云い、後に日本に入ってきた新しい禅宗（南宗禅あるいは宋代禅）とを分けて認識している。「向上の一路は仏祖不伝」は、中国宋代の禅僧圜悟や大慧など語録に頻繁に登場する。「達磨宗は内には五家七宗未だ一同せず」とは、前述した『聖光上人伝』にも記されていたように、まさに「達磨宗」が南宗禅を示している揺るぎない証拠である。以上のように、多くの資料において「達磨宗」とは能忍が個別に興した宗派名を指しておらず、概して南宗禅または宋代禅を指していることが明らかになった。

さて、能忍との関係が深い称名寺蔵『成等正覚論』には「夫れ此の宗は達磨大師所伝の法ゆえ達磨宗と名づく」とある。「達磨宗」を臨済宗、曹洞宗のように宗派名と捉えられなくもないが、筆者はむしろこの集団が「禅宗」という一般的な名称ではなく「達磨大師の法」つまり「達磨の宗」を強調したかったのではないかと考えている。しかし、前述したように、能忍の本寺の三宝寺に関わる文書『正法寺所蔵文書』では全て「禅宗」としており、能忍及び能忍派の実態は未だ不明な点が多々あり、更なる研究が待たれる。

最後に、栄西撰『興禅護国論』に記される一文、「或人妄りに禅宗を称して、名て達磨宗と曰う。しかも自ら云く、行無く修無く、本より煩悩無く、元より是れ菩提。是の故に、事戒を用いず、事行を用いず、只応に偃臥《えんが》を用うべし」を取り上げたい。「禅宗を称して、名て達磨宗と曰う」とは、上述の『成等正覚論』と同様の意であろう。栄西と同時期に禅を唱っていたのは能忍なので、「或人」とは能忍を指している可能性は否定できない。しかし、この部分の栄西の論点は、「達磨宗」が「本より煩悩無く、元より是れ菩提」と表していることである。これは当時他宗から禅宗を批判するときに引用される「達磨門下皮肉髄得法説」の「髄」に当たる慧可の言葉である。天台宗の四明知礼は「全体即是」に基づき、「本無煩悩、元是菩提」を盛んに引用し真心観批判を展開するが、栄西に於いては「煩悩が無ければ、修行も無用か」と、戒律に結びつけている。恐らく栄西は南宗禅（＝達磨宗）の「頓修頓悟」という伝統的な修行の軽視について批判していると考えられる。日本の禅宗の祖師である栄西の禅は南宗禅又は宋代禅ではなく、天台禅に近いものだったと筆者は考える。ともあれ、今後、資料の中の「達磨宗」を「能忍または能忍派」と安易に結びつけて論じることには、慎重な取り組みが求められるだろう。

【注】

1 拙論「再び「達磨宗」について―『天台一宗超過達磨章』に基づいて―」（『中世禅籍叢刊』別巻「中世禅への新視角『中世禅籍叢刊』が開く世界」臨川書店、二〇一九）

2 「若不識者尚不出空見。為見造業如蠶作繭。何得成支仏耶。鼻隔禅師発得空見。多堕網中不能自抜。散心法師雖分別諸使。亦不自知空見過患。闇証凡亀盲狗魯吠。自行化他全無道気。」『摩訶止観』巻一〇（『大正蔵』四六、一三九上）

新発見『禅家説』と「達磨宗」

和田有希子

『禅家説《ぜんけせつ》』という書名は、仮称である。というのも書名が記されたもともとの表紙が失われているため、本来の書名は確定できず、江戸期のものと思われる書名の書かれた付箋を参考に、このように仮称することにしたものである。本書は、名古屋市の真福寺大須文庫に所蔵されている断簡資料の調査の中で発見された。断簡というのは、一冊の本がバラバラになって、各ページのみの形で遺されているもので、本書に関する調査は、二〇〇六年、禅に関すると思われる数紙の断簡が発見されたことから始まった。以後、阿部泰郎・三好俊徳らが同様の体裁の断簡の収集を、また主に末木文美士・牧野淳司・米田真理子・和田が断簡の整理を行う中で、これらの断簡が複数の典籍を収録した全六四丁(途中一紙未発見)の一冊の本、仮称『禅家説』として復元できることが分かったのである。文字や、収録文献の成立年代から、鎌倉時代後半には成立していた本であろうと思われる。

本書が脚光を浴びることになった最大の発見の一つに、本書が、大日房《だいにちぼう》能忍(以下、能忍と称する。)の奥書を持つ『伝心法要《でんしんほうよう》』を収録していたことがある。この奥書には、次のような重要な情報が含まれている。すなわち、①この『伝心法要』が、文治五(一一八九)年に能忍が中国・南宋に遣わした使者が、仏照禅師《ぶっしょうぜんじ》（拙庵徳光）から賜り、持ち帰った本であること②この『伝心法要』は、前半のみ存在し、後半が欠落したもので、「伝心偈《でんしんげ》」などを有した「秘本」と思われるものであること③禅僧として知られてきた能忍が、「大日本国特賜金剛阿闍梨能忍《だいにほんこくとくしこんごうあじゃり》」という密教に関わる称号を持っており、能忍がこの『伝心法要』を普及させるため、欠落していた後半部分を、中国・宋代に刊行された宋版大蔵経《そうはんだいぞうきょう》に収録された『天聖広灯録《てんしょうこうとうろく》』から補って出版したこと④この出版には、尼無求（生没年不詳）という女性が経済的援助を行っていることである。このように、分からないことの多い能忍の活動の実態を知る重要な奥書だったのである。

これと類似した奥書を持つものとして既に『潙山警策《いさんけいさく》』が報告されている。そこには能忍が中国・南宋へ遣わした弟子が、仏照禅師から『潙山警策』を賜わり帰国、日本で尼無求が、『伝心法要』同様、出版を援助した旨が記されている。これらの出版を経済的に援助した尼無求は、石川県の大乗《だいじょう》寺本《じぼん》『六祖壇経《ろくそだんきょう》』の奥書にも登場する。このことから、仏照禅師から賜わった『伝心法要』『潙山警策』、あるいはこれに『六祖壇経』を含む典籍が、能忍一門によって出版されたものとして新たに知られることになった。

なかでも『伝心法要』は、実際能忍一門に重視されていた可能性も見えてきた。すなわち、彼らによるものであることがほぼ確実な、横浜市称名寺《しょうみょうじ》蔵『成等正覚論《じょうとうしょうがくろん》』に、上記②で示した『伝心法要』末尾の「伝心偈」の一節が引用されているのである。これは、上記②にあるように、「伝心偈」を持つ仏照禅師から賜わった『伝心法要』を「秘本」として重視した能忍の考えが、一門に反映、継承されたものと考えることができる。

能忍については、残された史料が少なく、わずかに見える史料では、修行もせずに悟りを得られると豪語するなど、異端的なイメージが強く、それが正確な能忍の姿なのかどうかも分からない状況であった。しかし本書の発見により、能忍が中国禅籍を積極的に出版し、宋版大蔵経に収録された『天聖広灯録』を『伝心法要』の校訂に用いているように、宋版大蔵経を閲覧できる場に身を置き、出版協力者を周囲に有していたことも分かってきた。このことは、まだ多様な禅籍の展開を見ない鎌倉初期という時代における禅の導入の状況を知る重要な証拠であり、能忍がそれを推進した人物だったことも明確になってきたのである。

奥書の中でもう一つ注目しておきたいのが、「金剛《こんごう》阿《あ》闍梨《じゃり》能忍」という自称である。まず能忍にこうした自称があること自体、新発見の事実である。このことからは、「金剛阿闍梨能忍」という密教系の称号を有した上で禅の典籍を出版したことを明言することに違和感がない当時の状況が確認できる。

実際、能忍没後に成立した史料に、能忍が禅宗の僧侶と考えられるにもかかわらず、禅宗と対する教宗《きょうしゅう》や密教系の称号を持つ弟子を連れた中で、禅に関わる問答をしていたり（『聖光上人伝《しょうこうしょうにんでん》』）、当初教宗の僧侶でありながら、禅に関心を持っていたことが記されている（『義《ぎ》介《かい》附《ふ》法状《ほうじょう》』）。また、能忍が拠点とした摂津《せっつ》三宝寺《さんぼうじ》では、仏照禅師から賜わった禅宗六祖の舎利を、「禅宗の重宝」として、教宗の称号を持つ僧侶が保持している記事がある（『正法《しょうぼう》寺《じ》文書《もんじょ》』）。当時の禅の実態を知る上でも、能忍が禅の何に共感し、教宗や密教との関係をどう考えていたのかについて掘り下げる作業が必要になるだろう。

では、『禅家説』全体に目を向けてみたい。本書は、偈頌《げじゅ》を合め、一五種類の文献（断片的な引用を含む）を収録している。①長盧宗賾の『禅苑清規』内の「坐禅儀」②「初学坐禅法」③「順和尚十頌」（②③は、中国宋代の禅僧、大慧宗杲の弟子である如々居士顔丙の『如々居士語録』からの引用）④「順和尚法身頌」⑤「龍牙和尚偈頌」⑥「寒山頌」⑦「法眼禅師三界唯心頌」⑧六祖の偈⑨『伝心法要』⑩『宛陵録』⑪『大義祖師坐禅銘』⑫『達磨大師安心法門』⑬『仮名法語』⑭『大慧普覚禅師書』「答呂舎人」⑮『圜悟心要』「示普賢文長老」である。このように、唐から宋にかけての禅文献と、一三世紀中盤以降には成立したと思われる日本の仮名法語が並ぶ。

まず①から③は、坐禅の作法や、坐禅中の留意点などを具体的に示す。そして、禅の境地を示す諸師の偈頌が並び、『伝心法要』『宛陵録《えんりょうろく》』の全編が置かれる。⑪⑫で、禅の境地と坐禅の心構えが示され、⑬の『仮名法語《かなほうご》』を挟んで、⑭⑮に大慧宗杲とその師に当たる圜悟克勤の文献が掲載されている。

ここで、これら文献の著者の中の圜悟克勤―大慧宗杲（以下大慧と表記）―如々居士《にょにょこじ》（生没年不詳）に師弟関係があることに着目したい。中国・南宋の士大夫を対象にした大慧に対して、より庶民層を対象にした如々居士の②「初学坐禅法《しょがくざぜんほう》」には、初学者に対する坐禅の心得を説く中で、大慧の説を引用する部分も収録されている。

同じく如々居士の③「順和尚十頌《じゅんかしょうじょうじゅ》」は、初心者から段階的に禅の修行法を説く興味深いもので、彼の禅風を示している。如々居士の典籍は、日本では広範に普及してはいないようだが、横浜市称名寺蔵の『法門大綱《ほうもんたいこう》』や『坐禅儀《ざぜんぎ》』に引用があり、『法門大綱』には、表紙裏に『円覚経《えんがくきょう》』に対する大慧の頌《じゅ》が確認され、やはり大慧のものと一緒に重視されていたことがうかがえる。現時点で『禅家説』全体が能忍一門の作とは断定できないものの、これらを能忍との関連から推測すると、仏照禅師が大慧門下であることから、能忍の奥書を含む『禅家説』がその教説を受容していることは不自然ではない。

最後に、『仮名法語』を確認したい。『仮名法語』の特徴は、人々の能力（機根）に合わせた具体的な修行法を説くことだ。まず、上品《じょうぼん》・下品《げぼん》のもとに上根《じょうこん》・中根《ちゅうこん》・下根《げこん》を立てる。上品は、迷いを知らない能力の高い人、下品は、久しく迷いを有する能力の低い人とされる。その中で上根は、すぐれた師匠である善知識《ぜんちしき》の教えにより忽《たちま》ち悟りに達する人、中品は、深奥な世界に心を寄せることで悟りに至れる人、下品は、目指すところを心にとめてもすぐ忘れてしまう人とされる。

『仮名法語』は、末法に入って二〇〇年たった、人々の能力が低い世を想定しており（このことから『仮名法語』の成立は一二五二年以降と分かる）、下品に対する救済の眼差しが強い。下品が、意識的に悟れるよう心がけるのも難しい場合は、ひたすら坐禅をすることを勧め、末法には坐禅が万人に適した修行方法と説く。

加えて『仮名法語』は、女性二人に向けた法語も掲載しており、女性に対する禅の説き方を窺《うかが》う重要な史料といえる。このように、修行者の能力を踏まえて禅の修行法を説く『仮名法語』は、先述の如々居士の著作なども方向性を一にするといえ、『禅家説』全体に、初学者へ禅を示す一貫した意図があったものと思われる。

以上のように本書は、不明な点の多い能忍やその周辺の活動の実態を示す重要な史料を含んでいることに加え、大慧系の典籍を取り込み、末法の人々に対する具体的な禅の眼差しを示すテキストとして重要なものである。しかし、先述のとおり、収録された複数の禅籍の配置には、本書の一貫した意図が読み取れるものの、『禅家説』全体を能忍一門のものと断定してよいかについては、今後の課題とせざるをえない。

そのような中で、『禅家説』に収録される大慧系やそれ以外の中国禅籍の、当時の日本の禅宗界における受容の様相など、能忍周辺を探る上で確認すべき課題も残されている。こうした禅籍や『禅家説』の特徴が、鎌倉期の禅宗界に重大な影響を及ぼした中国・北宋成立の『宗鏡録《すぎょうろく》』のような禅籍などとともに、当時のどのような禅の潮流を形作っていたのかという視点からの検討も今後必要になるだろう。

【参考文献】

『中世禅籍叢刊』第三巻　達磨宗
中尾良信『日本禅宗の伝説と歴史』吉川弘文館、二〇〇五年
中尾良信「達磨宗の展開と禅籍開版」（西山美香編『古代中世の内なる「禅」』勉誠出版、二〇一一年）
横内裕人「大和多武峰と宋代仏教―達磨宗の受容をめぐって」（同右）

達磨宗新出史料『心根決疑章』の発見

舘　隆志

本論で紹介する達磨宗新出史料『心根決疑章《しんこんけつぎしょう》』の発見は、長年の研究に基づくものではあるが、発見自体はまったくの偶然とも言うべきものであった。筆者は、道元と栄西の相見問題、すなわち道元は栄西に実際に参じたのかという点を解明すべく、研究を続けている。その一環として、道元に禅宗の存在と入宋を勧めた園城寺公胤《おんじょうじこういん》（一一四五―一二一六）について研究し（拙著『園城寺公胤の研究』春秋社、二〇一〇年）、その後も、道元と栄西の関係を明らかにするために、幾つかの論文を執筆し、栄西その人についても研究するようになっていった。

この達磨宗新出史料の発見に際して、その時に研究していたのは『元亨釈書《げんこうしゃくしょ》』栄西伝であった。『元亨釈書』栄西伝は、鎌倉の記事が一つしか収録されておらず、しかも唯一の記事にも問題があったことから、栄西の直弟子からの情報は反映されていないと考えた。『元亨釈書』栄西伝は、栄西の直弟子がすべて示寂し、その後、時間が経過してからの情報に基づく伝記であると想定したのである。

そこで、栄西の直弟子のうち、誰が最後まで残っていたのかを考えた時、その名前が浮かんだのが大歇了心《だいかつりょうしん》（般若房法印《はんにゃぼうほういん》、？―一二五七）であった。了心は栄西に参学し、その後に栄西法嗣の退耕行《たいこうぎょう》勇《ゆう》（一一六三―一二四一）の法を嗣いだ僧侶である。

こうして、大歇了心についての研究を始めたのであるが、了心の名を浄土宗の典籍で見つけることができた。鎌倉末期から南北朝期にかけて活躍した、浄土宗の妙観（良山、一二九二―一三六一）の『四部口筆《しぶくひつ》』に「心根決疑章者、仏地坊作、般若房法印ノ師也」と記されている。したがって、了心の師が「仏地坊」ということになる。

仏地坊・仏地房と言えば、達磨宗の大日房《だいにちぼう》能忍の法を嗣いだ仏地房《ぶっちぼう》覚晏が知られ、それ以外に著名な仏地房の名は知られていない。すなわち、ここで言う仏地房が達磨宗の仏地房覚晏ならば、了心は達磨宗から栄西門流に転派した僧侶ということになり、それは日本の初期禅宗の展開を解明する上で、大きな発見になるのではと考えたのである。

この「仏地房」に関しては、前述の『四部口筆』に『心根決疑章』の著者と記されている。そして、『心根決疑章』については、浄土宗の良忠《りょうちゅう》（然阿、記主禅師、一一九九―一二八七）の『観念法門私記《かんねんほうもんしき》』に、その一文が引用されている。良忠の系譜は、法然房源空―聖光房弁長―然阿良忠であるが、このうち、聖光房弁長《しょうこうぼうべんちょう》（一一六二―一二三八）は達磨宗の大日房能忍と問答したことが、『聖光上人伝』に記されていることは良く知られている。すなわち、良忠の系統は達磨宗と早い段階から接触していたことになる。

ちなみに、良忠と妙観の関係は、然阿良忠―良弁尊観―良慶明心―良山妙観という系統に当たる。

さらに、この他にも多くの浄土宗典籍に、「心根決疑章」の名が見られるので、浄土宗で継承された典籍の一つだったと思われる。すなわち、『心根決疑章』の著者が、仏地房であり、それは達磨宗の仏地房覚晏ではないかとの推論に至ったのである。

そこで、以上のことを踏まえて『心根決疑章』について調査したところ、鎌倉時代から南北朝時代にかけての写本が金沢文庫に、江戸時代の刊本が国文学研究資料館に所蔵されていることがわかった。特に、金沢文庫本は目録の情報によれば、「于時、承久三年十二月一日赴大麓請沙門覚宴記之」という奥書があり、承久三年（一二二一）に「覚宴」という僧侶が撰述した『心根決疑章』の、鎌倉時代から南北朝時代にかけての写本が金沢文庫に現存していたのである。

一方、目録に記された奥書には、仏地房の名は記されていなかった（この点は国文学研究資料館本も同様である）。しかしながら、ここに「覚宴」とある記述に注目したい。なぜならば、「宴」のくずし字と、「晏」のくずし字は極めて似ているからである。「宴」「晏」の、誤写や誤読の可能性は十分に考えられる。この情報から『心根決疑章』が、仏地房覚晏の著述である可能性はより高まった。

国文学研究資料館所蔵本は画像が公開されていたため、内容をすぐに確認することができた。内容は極めて難解であったが、刊本の著者名は「覚宴」と明記されていた。しかしながら、冒頭文中に「禅家」の文字が見られ、また文中に『宗鏡録《すぎょうろく》』が用いられているなど、禅との関わりがある書物であることが即座に確認できた。特に、『宗鏡録』については、達磨宗史料の『成等正覚論』が、『宗鏡録』に基づく記述を多く含むため、達磨宗の使用典籍の一つと考えられており、その撰述年時と合わせ、『心根決疑章』が達磨宗史料である可能性を高めるものであった。

さらに、良忠の『観念法門私記』で引用された一文と同文を確認することできた。すなわち、浄土宗で伝えられたとみられる仏地房『心根決疑章』と、覚宴『心根決疑章』は同名別本ではなく、同じ史料ということができるだろう。そして、承久三年の時点での禅との関わりという点からしても、『心根決疑章』が、達磨宗の仏地房覚晏が撰述した書籍である可能性がより高まったのである。

こうして、平成三十年（二〇一八）十一月六日に、達磨宗研究の第一人者である金沢文庫元文庫長の髙橋秀栄立ち会いで金沢文庫において『心根決疑章』の影印本を調査した。現在、金沢文庫本の『心根決疑章』は、国宝に指定されており、現物を容易に見ることはできないため、影印本の調査となっている。

この調査に際して、内題の「心根決疑章」の下に、目録にも、国文研本の刊本にもない文字が、「扶桑第二相承沙門覚宴述《ママ》」と記されていたことが分かった。撰述者は目録通り「覚宴」と記されているが、「扶桑第二相承沙門」というのは極めて重要な情報であった。

この時点で、中国僧から禅の法脈を受け嗣いでいたのは、覚阿《かくあ》、栄西、能忍である。覚阿については、「覚」の字の一致は気になるが、弟子を残したという情報は伝えられていない。また、栄西門流には「覚宴」に該当する僧侶はいない。

したがって、以上の状況は、『心根決疑章』の著者として、『四部口筆』に記された「仏地坊」と、金沢文庫所蔵『心根決疑章』に記された「覚宴」は、仏地房覚晏その人であることを示している。すなわち、『心根決疑章』は達磨宗二祖である仏地房覚晏の著述であることが明らかとなった。このように、『心根決疑章』は栄西を調査する過程で、偶然発見されることになったのである。

ちなみに、覚晏に参じた僧侶として孤雲懐奘《こうんえじょう》（一一九八―一二八〇）がいる。中国で修行し禅の法脈を受け嗣いだ道元が日本に帰国するに及び、懐奘をはじめ、達磨宗の覚晏の門下・門流が集団で道元に参じた。その後、この系統は道元の初期僧団を支え、懐奘は後に道元の法を嗣いで永平寺の二世となった。そして、道元下四世の瑩山紹瑾の時代に達磨宗の法脈は曹洞宗の中に完全に吸収されていったのである。『心根決疑章』を中心とした達磨宗の考察は、日本における初期曹洞宗の解明に繋がるものとなろう。

『心根決疑章』は達磨宗二世、「扶桑第二相承沙門」を自称する覚晏の著述であり、鎌倉前期の承久三年に撰述されたものである。そのため、達磨宗僧侶による著述として撰述年や撰者の明らかな唯一の現存例が『心根決疑章』（一二二一年）と言える。さらに、『心根決疑章』は、栄西の『興禅護国論《こうぜんごこくろん》』（一一九八年）と道元の『普勧坐禅儀《ふかんざぜんぎ》』（一二二七年）の間に位置づけることができるため、日本における二番目に古い禅籍である。したがって、現在のところ、鎌倉前期の達磨宗の思想や状況を知るのに最も相応しい史料と言えるのである。

なお、筆者を研究代表者、駒澤大学教授吉村誠、同准教授山口弘江、花園大学教授師茂樹、東京大学東洋文化研究所准教授柳幹康を共同研究者として、ＪＳＰＳ科研費ＪＰ２０Ｋ０００６０の助成を受け、金沢文庫元文庫長髙橋秀栄を研究協力者に招いて、『心根決疑章』の読解を進めている。

達磨宗の研究は、『心根決疑章』の存在や、その内容に基づいて、再び考察し直されなければならない。

【参考文献】


髙橋秀栄「達磨宗に関する補足事項」『駒澤大学仏教学部研究紀要』六七、二〇〇九年。

髙橋秀栄「達磨宗研究の回顧と展望」『駒澤大学禅研究所年報』二五、二〇一三年。

末木文美士・和田有希子「『禅家説』解題」『達磨宗』、中世禅籍叢刊第三巻、臨川書店、二〇一五年。

舘隆志「称名寺所蔵（金沢文庫管理）『心根決疑章』翻刻—達磨宗新出史料の紹介」『東アジア仏教研究』一七、二〇一九年。

舘隆志「新出史料『心根決疑章』の発見とその意義—達磨宗二祖仏地房覚晏の著述をめぐって—」『印度學佛教學研究』六八—二、二〇二〇年。

舘隆志「達磨宗新出史料『心根決疑章』と仏地房覚晏」『駒澤大学仏教学部論集』五一、二〇二〇年。

4 新たな栄西像

茶祖としての栄西像の見直し

米田真理子

栄西の喫茶法

お茶を飲むというと、どのような飲み方を思い浮かべるだろう。熱湯に茶葉を入れる。湯と葉の量はご随意に。これはいまから約八百年前、鎌倉時代の承元五年（一二一一）に、栄西が『喫茶養生記《きっさようじょうき》』に記した「喫茶法」である。(1)

白湯只沸水云也。極熱点㆓服之㆒。銭大匙二三匙、多少随㆑意。但湯少好、其又随㆑意云々。殊以㆑濃為㆑美。

きわめて熱い白湯《さゆ》でいれる。銭の大きさの匙とは、ティースプーンほどの大きさであろうか。建保二年（一二一四）に書かれた再治《さいじ》本では「方寸の匙」と記しており、これなら三センチ四方の大きさとなる。(2) それに茶葉を二、三匙。(3)「多少は意に随ふ」、その多少はお好きなように。桑の葉の服用法を記した箇所に「末にすること茶法の如し」とあるから、茶葉は細かく砕いたものを用いたと考えられる。「ただし湯は少なきが好《よ》し、それまた意に随ふ」、湯は少ないほうがよい。それもまたお好みで。「殊《こと》に濃きを以て美となす」、とりわけ濃いめが美味である。これが栄西が示した喫茶法であり、末尾の一文からは栄西の嗜好もうかがえる。

栄西といえば茶祖として知られ、いまなお讃仰されている。では茶祖とはどういう人をいうのであろう。素直に解すれば、日本に初めて茶をもたらした人物である。しかし、茶は栄西より前の平安時代から飲まれていた。

明恵と栂尾の茶

最澄や空海が日本に茶をもたらしたとする説もあるが、正史での茶の初見は『日本後紀《にほんこうき》』弘仁六年（八一五）四月癸亥条である。

幸二近江国滋賀韓埼一。便過二崇福寺一。大僧都永忠。護命法師等。率二衆僧一奉レ迎二於門外一。皇帝降レ輿。升レ堂礼レ仏。更過二梵釈寺一。停レ輿賦レ詩。皇太弟及群臣奉レ和者衆。大僧都永忠手自煎レ茶奉御。

（近江国滋賀韓埼に幸す。便《すなは》ち崇福寺を過ぐ。大僧都永忠、護命法師等、衆僧を率ゐ、門外に迎へ奉る。皇帝輿を降り、堂に升(昇)り、仏を礼す。更に梵釈寺を過ぐ。輿を停めて詩を賦す。皇太弟及び群臣、和し奉る者衆《おほ》し。大僧都永忠手自ら茶を煎じ奉御す。）

入唐経験のある永忠《ようちゅう》が嵯峨天皇に茶を献上したことを書き留めた記事である。さらに同年六月壬寅条には「畿内幷びに近江、丹波、播磨等の国に茶を殖(植)ゑ毎年之れを献ぜしむ」と、嵯峨天皇が畿内・近江・丹波・播磨などの各国に茶を植えさせたことも記している。[4]

つまり平安時代にすでに茶は飲まれ、茶樹の栽培も行われていたのである。このことをふまえると、栄西が茶を将来したという話は疑わしくなってくる。そこで出てきたのが、茶は一旦廃れ、鎌倉時代に再び栄西が中国から持ち帰ったとする説である。こうした見解は江戸時代以来、現代に至るまで何度も繰り返されてきた。あるいは栄西がもたらしたのは抹茶法であったとする説や、禅宗寺院での茶礼の布石とする説もある。それらに共通するのは、栄西に始発を求める視点であり、いずれも茶祖説の代替案といってよい。

結論を先にいえば、茶祖伝承の本来の主人公は明恵である。もともとは茶の生産者の間に生じた、栂尾《とがのお》（京都市）の茶園を日本の最初とみなす説であり、栂尾山高山寺を再興し栂尾上人とも呼ばれた明恵がその茶園の開祖に据えられたものと考えられる(5)。もちろん茶は明恵よりも前から飲まれていたわけだから、明恵もまた、日本に最初に茶を伝えた人物ではない。

ここで、この伝承を載せる最古の文献『明恵上人伝記』の記事を見てみよう。

サテ建仁寺《ノ》長老《ノ》茶《ヲ》進被タリケルヲ医師《ニ》問給シカバ、茶葉《ハ》大《ニ》遺《リ》困《コンヲ》消食気《シテ》心ヨカラ令《ル》徳有。然共本朝《ニ》普《ネ》カラザル由申ケレバ、ト角尋奔走《シテ》両三本被植ケリ。誠睡《ヲ》覚《ス》験有ケレバ甚衆僧《ニ》服《セ》令《テ》賞翫有ケリ。或人語伝《テ》云、建仁寺《ノ》僧正御房唐ヨリ持《シテ》渡給ケル茶実《ヲ》被進ケルヲ植ソダテ被ケルト云々(6)。

栄西から茶葉をもらった明恵は、医師に茶の効能と茶が日本国内にいきわたっていないことを聞き、茶の樹を探し求めて植えたという。植えた場所は栂尾である。この話は、明恵没後間もなくに弟子が編んだ『明恵上人行状』には採録されていないことから、もとは巷間に広まる言い伝えの類であったとみなされる。(7) おそらく栂尾の茶が中国に由来することを喧伝する内容であり、茶の素性を示すことが本来の目的だったと推測される。後世の文献には明恵が栄西とともに入宋したと記すものもある。(8) しかし明恵には渡航の経験はなく、この話を明恵その人の伝記に収載するには齟齬が生じる。そのため、「とかく尋ね奔走し」た行き先は明記されなかったと考えられる。さらに右の引用のように、「或人語り伝えて云ふ」と、異説として、栄西が中国から持ち帰った茶の実を植えたとする説を付加した伝本も存在する。

つまり、栄西は、明恵に代わって茶を中国から持ち帰る役割を担うことになったのである。このことを前提にすると、栄西が何をもたらしたかを議論することでは問題の解決にならないことは理解しやすくなる。ただし、ここには栄西の禅始祖としてのイメージが重なり、問題をより複雑にしている。『喫茶養生記』は、密教の教説に基づく内容で、禅に関する事柄は出てこないが、本書と禅の関わりは長らく論点の一つとされてきた。栄西が入宋して禅の説を受け、帰国後に『興禅護国論《こうぜんごこくろん》』を執筆したことから、あたかも禅僧に転じたかのように捉えられるようになり、さらに日本に初めて禅を伝えた人物と認識されたことが、栄西と茶の関わりを考える上にも影を落としてきたのである。

栄西の実像を知るには、その著作が第一の資料となる。中世禅籍叢刊の第一巻として刊行された『栄西集』（臨川書店、二〇一三年三月）は、『改偏教主決《かいへんきょうしゅけつ》（教時義勘文《きょうじぎかんもん》）』『重修教主決』『結縁一遍集』『胎口決《たいくけつ》』『釈迦八相』『法華経入真言門決《ほけきょうにゅうしんごんもんけつ》』を収録する。その中、『改偏教主決』と『重修教主決』は、大宰府原山《はらやま》の尊賀との間に起こった密教の教主をめぐる論争を書き留めた書である。この論争自体が初めて知られる事跡であるが、栄西が自らの立場を語るなど、栄西の動向を探るための手がかりが散見される。それは、『興禅護国論』が、叡山からの禅排斥の訴えに対して編まれた書で、そこに栄西が自らの体験を記していることと軌を一にする。では、栄西の著述をもとに、その思想形成の軌跡を辿ってみることにしよう。

栄西の入宋

栄西は生涯に二度入宋している。比叡山で学んだ後、入宋の志を抱きつつ伯耆国大山《ほうきのくにだいせん》で基好《きこう》に師事し、やがて仁安三年（一一六八）、二八歳の時に最初の渡海を果たす。出発前の博多において通事から宋朝での禅の弘まりを聞いた栄西は、入宋後、禅院で出迎えた僧に対して、最澄が日本に伝えた禅は「今遺欠《いけつ》す。予、廃せるを興《おこ》さんと懐《おも》ふが故にここに到る」（『興禅護国論』）と述べたという。そして帰国後、次の渡航までの約二十年間に行った修学について、『興禅護国論』には、最澄「仏法相承《ぶっぽうそうじょう》譜《ふ》」、円珍「教相同異《きょうそうどうい》」、安然《あんねん》「教時諍論《きょうじじょうろん》」によって、叡山での禅の伝灯を知ったと記しており、晩年の著作である『入唐縁起』では、「他事無く真言の聖教を学ぶ」と記している。『改偏教主決』での密教教主をめぐる論争が繰り広げられたのも、また数多くの密教の著作をなしたのも、この時期のことである。『重修教主決』には、文治三年（一一八七）正月の日付が確認でき、「予今春纜《ともづな》を解くに当たれり」とあるように、その年の春の渡航直前まで、執筆活動を続けていたこともわかる。

二度目の入宋は文治三年四月、四七歳の時。インドを目指して出帆した。大陸に着いたものの、国交断絶によりインドへの陸路は閉ざされ、結果、建久二年（一一九一）までの足かけ五年、中国に滞留した。その間に虚庵懐敞《きあんえしょう》から禅を受け、建久元年（一一九〇）には天台山で『秘宗隠語集《ひしゅういんごしゅう》』を執筆した。これは入宋前の治承五年（一一八一）に弟子に授けた書を再編したものである。帰国後は、『興禅護国論』を執筆したとされる建久九年（一一九八）に、師の基好から密宗最極の秘法を受け、博多の聖福寺では、後鳥羽院の勅額「扶桑最初禅窟《ふそうさいしょぜんくつ》」がもたらされたとする元久元年（一二〇四）の六月に、弟子の厳琳に「不動許可」を授けている。以降、最晩年の『喫茶養生記』執筆に至るまで密教僧としての活動は続き、並行して禅の修学も続けたものと推測される。

栄西像の見直し

このように見てくると、栄西にとって、禅は、密教とともに叡山の受け継ぐべき伝灯の一つであり、二者択一を迫るようなものではなかったことがわかる。栄西は、叡山での禅の欠如を知り、その再興を自らの使命と捉え、そして中国で禅を受けたことで、それまで培ってきた知識に禅をどう位置づけるかをさらなる課題とした。栄西の禅の受容には偶発的な側面があったが、次世代の弟子たちは自らの意志で中国の禅林で学び、禅と密教の比較も具体化していった。このように中世の天台僧が禅を学ぶ営為において、栄西は、その道を拓いた先人とみなすことはできるであろう。

そして時代が下るにつれ、栄西の禅の側面が重視されるようになる。その萌芽は、『沙石集』（一二八三年成立）に認められる。著者である無住は、栄西の法流は戒律・天台・真言・禅門・念仏を修するとしつつも、栄西の禅の事跡に焦点を絞り、『興禅護国論』から「我滅後五十年に、禅門興すべし」を引用して、蘭渓道隆による宋朝禅の弘まりをもってその実現とみなした。(9) さらに、『元亨釈書』（一三二二年成立）は、「今の学者、西を推して始祖と為す」と記しており、ここに至って栄西の禅の始祖としての姿は顕現するのである。

栄西は、日本に初めて禅を伝えた人物ではない。また、日本に茶をもたらしたという意味での茶祖でもない。しかし、日本の禅と茶の歴史に多大な貢献を果たしたことに間違いはない。『喫茶養生記』は、本邦初の茶書であり、栄西が示した喫茶法は、いまの我々の茶の飲みかたにもつながるといえよう。『喫茶養生記』は、独創的なアイデアに満ちたユニークな書であり、今後より自由な視点から読み解くことで、喫茶史の新たな一面も見えてくるだろう。(10) そして、中世禅籍叢刊全十二巻が刊行されたことで、栄西の思想に対しても、多角的なアプローチが可能となった。たとえば栄西に密教の宗趣を聞いた虚庵懐敞は、我が禅宗と同じだと述べたというが、栄西の密教の書に禅に通じる要素は見いだせるのだろうか。またたとえば聖一《しょういつ》派《は》の書籍とのつながりはあるのか。栄西が果たした役割はいまだ解明されていない点が多い。新しい地図が描けるかは、読み手の柔軟な観点と模索力にゆだねられている。

【注】

1 『喫茶養生記』の引用は『茶道古典全集』第二巻（淡交社、一九五八年）による。

2 「銭大匙」について、円形銅銭の直径は八分、約二・四センチである。「方寸匙」については、祢津宗伸氏は、後漢時代の出土品「方寸匕」と同じと見て、「二三ミリメートル四方の方寸」とする（「東アジア仏教文化と中世信濃の喫茶―王禎『農書』の茗煎・末茶・蠟茶に基づく考察」『中世日本の茶と文化―生産・流通・消費を通して』アジア遊学二五二、勉誠出版、二〇二〇年）。

3 『喫茶養生記』の本文には「匙」で何を入れるかは明記されていない。注（1）の森鹿三氏による現代語訳では「のむ量」とするが、本稿では茶葉を入れると解した。

4 『日本後紀』の引用は新訂増補国史大系による。四月癸亥条の「茶」の字は、底本では「荼」として欄外に「原作茶、今従三條西本」と、六月壬寅条も底本は「㮓」とし、「原作㮓、今従三條西本」と注記する。これを私に「茶」で示した。

5 詳しくは、拙稿「茶祖としての明恵―『明恵上人伝記』とその前後―」（『日本文学』六八号、二〇一九年七月）に論述した。

6 引用は、興福寺蔵「栂尾明恵上人伝　上」（『明恵上人資料』第一、東京大学出版会、一九七一年）による。本書は鎌倉時代末期の書写とされる。

7 明恵の伝記資料に明恵没後間もなくに編まれた『仮名行状』と『漢文行状』があるが、それらにはこの茶の話は出てこない。『伝記』は、後代の編纂によるもので、『行状』から展開・発展した形態と内容を持つとされている。

8 室町初期頃成立の『神明鏡』に「建久年中用浄僧正、明恵上人遣唐使トシテ、（中略）明恵ハ栂尾ヲ建立有、茶ハ此時実ヲ以帰、此所ニ初テ被殖長ケリ」（続群書類従二九上）と見える（「用浄僧正」は、「葉上僧正」と同じで栄西のこと）。また慶長十七年（一六一二）の年紀を有する『僊林』には「栂尾ノ明恵上人、異国より茶の実《ミ》をたづさへ来てこれを製《セイス》」（茶道古典全集11）とある。

9 無住の栄西に対する認識については、拙稿「無住における密教と禅―栄西「禅宗始祖」説を考える」（『説話文学研究』五二号、二〇一七年九月）を参照されたい。

10 拙稿「菩提樹の伝来―栄西による将来とその意義」（『説話文学研究の最前線　説話文学会五五周年記念・北京特別大会の記録』文学通信、二〇二〇年）で、『喫茶養生記』下巻の桑を、栄西が将来した菩提樹との関わりから論じた。

鎌倉期の太宰府における天台宗と禅宗

山村　信榮

宗教都市太宰府

「遠の朝廷」とよばれた地方最大の古代官衙大宰府のあった地は、西海の地にあって大陸と向かい合い、玄界灘に開く博多湾、東シナ海につながる有明海を通じ、半島や大陸からの情報、ヒト、モノが集散する場であった。平安時代には古代都市大宰府条坊を取り巻く山稜や山裾に観世音寺、四天王寺（四王寺）、安楽寺天満宮、竈門《かまど》山（竈門山寺、内山寺、大山寺）、武蔵寺、脊振山（霊仙寺、東門寺）などが展開し、それら寺院が平安後期から鎌倉時代までに、様々なプロセスで一様に天台化していった。その一つである太宰府竈門山（宝満山）は、石清水八幡宮文書に見られる大宰府竈門山における沙弥證覚《しょうかく》による宝塔建立の承平三（九三三）年の記事に登場する塔が、延暦寺が国家鎮護・天台宗振興のモニュメントとして国内六所（近江国比叡山東塔、山城国比叡山西塔、上野国浄法寺、下野国大慈寺、豊前国宇佐弥勒寺、筑前国竈門山寺）に配置の計画がなされた塔の一つであり、竈門山における仏教寺院展開初期の段階から比叡山が深くかかわりを持っていたことが知られる。長治二（一一〇五）年には竈門山の大山寺別当職の補任に関し、石清水八幡宮と比叡山延暦寺との間で相論となり、山内での大宰府兵士と叡山悪僧との合戦、平安京における日吉神人、叡山大衆による御所陽明門への強訴事件へと発展し、これをきっかけとし大山寺は比叡山の末寺となった。騒動の背景には永久四（一一一六）年『観音玄義疏記』記事の「博多津唐坊大山船」や建保六（一二一八）年『百錬抄』記事の大山寺寄人張光安《ちょうこうあん》（博多綱首）殺傷事件などから、同寺院が主体的に行っていた博多貿易の利権に中央の権門寺社がかかわったことによると推測される。この段階においては、寺に職能で従属する神人や寄人といった人々の中に、博多の華僑貿易商まで含まれている様相から、寺の規模が大規模化し、寺の機構が今でいう総合商社化していたことを示唆している。

天台系の寺院同士の関係では、叡山の僧であった明菴栄西が二度目に入宋する文治三（一一八七）年以前に著した『改偏教主決』と『重修教主決』には、太宰府原山の尊賀なる老僧が登場し、尊賀が天満宮安楽寺の廟院御廟で講義した内容が、脊振山中や筥崎宮等で活動していた栄西に伝えられ、二人の間で知己の僧を介し密教の教主をめぐる論争がおこなわれたことが記されている。このように当該期の太宰府周辺に展開した天台系寺院間では、貿易によって大陸からもたらされた経典や情報が集積し、寺院同士の関係を越えた情報や人の交流が盛んにおこなわれていた様が読み取れる。

随乗房湛慧と崇福寺、観世音寺

院政期が終焉し、各地に鎌倉から御家人が派遣され武家政権による地方支配が明確になった一三世紀には、太宰府においても禅が流入し新たな都市景観を形成する。崇福寺は観世音寺北東の四王寺山裾に伽藍を有する禅宗系寺院で山号はその地名から横嶽山を名乗る。創建は湛慧《たんね(え)》禅師により仁治元年（一二四〇）に開かれ、翌年、中国径山《きんざん》の無準師範の下で同門であった円爾弁円（聖一国師《しょういちこくし》）が開堂説法をし、寛元元（一二四三）年に官寺となり、文永九（一二七二）年に南浦紹明（大応国師《だいおうこくし》）が開山した。寺は守護武藤少弐《しょうに》氏本宗家の地所に連なる山裾にあり、円爾が開山した博多承天寺同様に少弐氏が檀那となって成立した初期禅宗寺院である。随乗房湛慧は顕密の教に精通し、三井寺系の京都壬生寺との関係も指摘される僧侶であった。崇福寺の地所が円珍との所縁を持つ天台系寺院の原山に接する地に充てられたことに連関するのかもしれない。

月堂宗規と妙楽寺、原山

原山と崇福寺をつなぐ人物に、太宰府出身の臨済僧の月堂宗規《げつどうそうき》が挙げられる。俗名は惟宗《これむね》姓とされ、大宰府官人に出自を持ち武藤少弐氏の被官であった惟宗氏との関係が想起される。正安元（一二九九）年に十五歳で太宰府観世音寺の戒壇院で受戒し、原山の良範《りょうばん》に付き天台学と戒律を学んだとされる。その後、太宰府崇福寺の南浦紹明に参禅して禅僧となり、京に上り万寿寺、建仁寺、龍翔寺を経て崇福寺の住持となった。その後に博多妙楽寺を開山するが、この寺が後に博多における日明貿易の拠点の一つになったことから、同寺を開山したことが彼の大きな業績の一つとなっている。太宰府五条に臨泉庵《りんせんあん》といわれる一角に小堂が残され、無銘の板碑等とともに花崗岩製の卵塔が今も祀られている。臨泉庵は月堂宗規との係わりのある中世都市内に置かれた小庵であり、大寺院の塔頭が都市域に進出した痕跡として、また禅寺と民衆との交わりを示す事例として注目される。

鉄牛円心と光明寺

もう一人の太宰府に出自を持つとされる禅僧の鉄牛円心《てつぎゅうえんしん》を忘れてはならない。鉄牛円心は太宰府天満宮安楽寺社家の御供屋《ごくや》に出自を持つとされ、博多承天寺住持となり師である円爾弁円（聖一国師）の年譜を著したことで知られる。文永八（一二七一）年に鉄牛円心の夢想に天神が現れ、径山で得た伝衣を安置するよう諭されたとされ、太宰府安楽寺天満宮の南辺の霊岩に光明蔵寺を建立して天神信仰に禅を持ち込む形を体現した。天満宮安楽寺は鎌倉期には太宰府における天台の拠点施設となっており、そこへの禅の進出には太宰府崇福寺における大応派と聖一派との相克が作用しているともいわれている。

発掘された鎌倉期崇福寺の伽藍

太宰府崇福寺は初期禅宗寺院として発掘調査がおこなわれた数少ない事例である。寺地は戦国末期

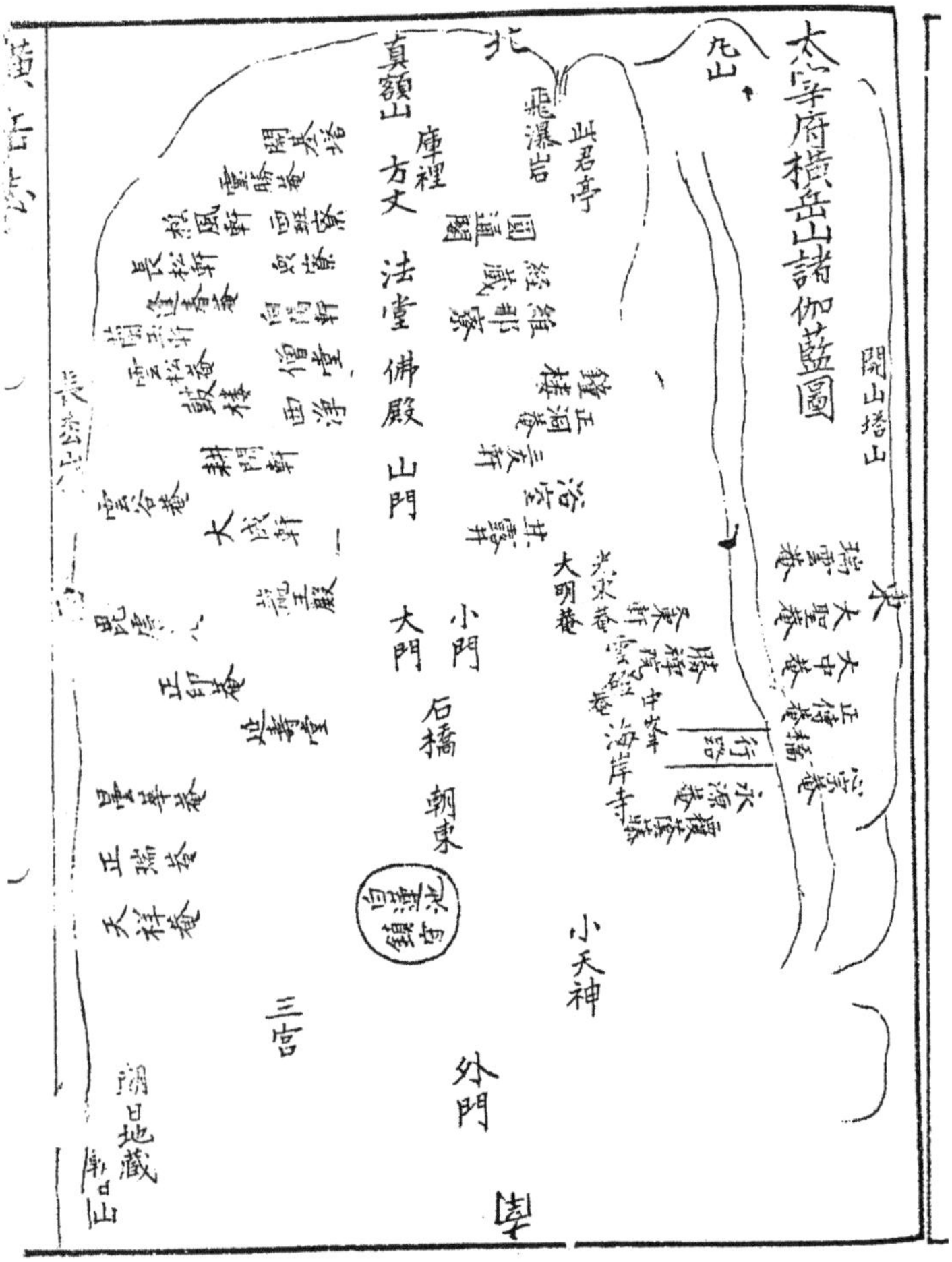

太宰府横岳山諸伽藍図（『横岳志』崇福寺所蔵）

の四王寺山を主戦場とした岩屋合戦で灰燼に帰したとされ、戦後の宅地開発で中心伽藍と塔頭において一部分で発掘調査がおこなわれた。同寺には江戸期に編纂された『横嶽志《おうがくし》』に文字による境内図が残されており、それによれば中心伽藍で見つかった礎石建物は仏殿（一説に法堂）と僧堂とされ、塔頭ゾーンで検出された礎石建物と掘立柱建物は瑞雲庵と心宗庵に想定されている。そのうち心宗庵《しんしゅうあん》推定地での調査で五輪塔を用いた鎌倉後期頃の再葬墓（墳墓堂の地下遺構との意見もあり）から、手のひら大の扁平な川原石（緑色片岩）に墨書した写経石（礫石経）が複数出土した。葬送の対象者は推定心宗庵に連なる継嗣の者たちと思われる。写経された経典は無量義経（功徳品）、法華経（信解品第四、五百弟子受記第八、法師品第十、提婆達多品第十二、安楽行品第十四、分別功徳品第十七、観世音菩薩普門品第二十五）、観普賢菩薩行法経、金剛波羅蜜経、阿弥陀経が含まれていた。一遍《いっぺん》などを輩出した浄土色の強い天台系の原山と寺域を接していたためか、法華経を主体に密教系のものに浄土系の経典が含まれていることが面白い。月堂宗規の例などから鎌倉期には多分に他宗兼学の気風が山内にあったものかもしれない。崇福寺境内の諸所には丸山、真頟山、比君亭、飛瀑岩、円通閣、又東軒、中峯、海岸、覆蔭藤、三友軒、甘露井、向陽軒、長松軒、長松嶺、白蓮池などが充てられ、山林の自然と寺院施設による境地観が示されている。博多の砂丘に造営された聖福寺や承天寺と異なり、四王寺山裾に拠った崇福寺の境内地は、湛慧や円爾、南浦らにとってはかつて親しんだ杭州の径山を偲ぶ景に映ったことであったろう。崇福寺境内の風光明媚な境地は、東側においては原山の境内域に接しており、『原山古図』によれば原山境内西側の乳味、酪味、生酥味、熟酥味（『大般涅槃経』の記述に擬えた名水の湧地)、醍醐山、扇子櫓、如法岩などに連接して、隣接する天台世界の聖地観と違和感なく並立していることが読み取れて面白い。
太宰府における天台系寺院と禅宗寺院との関係は、湛慧と観世音寺、有智山寺と崇福寺など、新旧宗派の抜き差しならない相克の歴史が有名であるが、その間でうごめいた人のつながりはより複雑で、絵画や地理情報、考古資料から読み取れる両者の関係は、まさに古代から中世へと社会が移り変わる中で、都市大宰府において起きた変化を読み取る一つの視点として大事である。

【注】
ダザイフの表記については、古代の官司やそれに係る事物に関しては「大宰府」、地理的用語や古代以降の事象に関しては「太宰府」を使用している

【参考文献】
山村信榮「大宰府の中世都市と寺院」『中世の都市と寺院』高志書院、二〇〇五年
『太宰府市史　通史編2』太宰府市、二〇〇四年

栄西と博多―「栄西と中世博多展」の開催を通して―

堀本　一繁

栄西に特化した展覧会を開催

平成二十二年、福岡市博物館の開館二十周年記念特別展覧会として「栄西と中世博多展」（会期：同年九月十一日―十月三十一日）を開催した。栄西は博多から二度入宋し、二度目の帰朝後の聖福寺建立が中世都市博多の都市的発展の起点になったことから、対外交流史をテーマとする福岡市博物館の記念展を開催するにあたり、栄西をテーマに選んだ。栄西は禅や茶の歴史を紹介する展覧会では必ず冒頭で紹介されるが、意外なことに栄西の名を展覧会名に掲げ、その全貌を取り上げた展覧会はそれまでなかった。

展覧会では「茶・密・禅・興」四つのキーワードを掲げ、栄西の多面的な活動に光を当てた【図版（展覧会図録表紙）参照】。一般に栄西は日本禅宗の祖、あるいは日本の茶祖として紹介される。しかし、栄西自身が禅師と名乗ったことはなく、栄西の本領は密教と戒律にあり、栄西は当時、「持律第一」（『源平盛衰記』）の人と評された。

栄西が日本禅宗の祖であると認識されるようになる鎌倉時代末期、時を同じくして栄西の「茶祖」

のイメージが形成され、それらが膨らんでいった。『喫茶養生記』の冒頭を紐解けば、栄西以前から日本に茶が存在したことは、栄西自身が語っていることである。栄西を茶祖と評するのであれば、日本で最初の茶書と評価しうる同書を執筆し、自ら実践したことをもってすべきである。

もう一つ栄西の重要な側面は、宗教家の枠に止まらない活動である。時に権力者に結びつくことをもって負のイメージで語られることもあったが、日本の仏法を再興するための手段であった。重源の跡を継いで造東大寺大勧進となったことをはじめ、南宋・天童山景徳寺の千仏閣や京都・法勝寺の九重塔を再建するなど、事業家としての手腕も発揮した。

そこで展覧会の企画にあたり以下の目標を立てた。①栄西の著作・自筆文書等、栄西に関する史料を可能な限り良本で網羅的に集め一堂に展示すること、②栄西の博多周辺での事績を確実な史料で明らかにすること、③栄西による聖福寺建立の意義を、日本における対外交流の拠点として栄えていた博多の都市的発展に位置付けること、の三つである。

展示内容は二部構成を採った。第一部「栄西の足跡」では、栄西の特徴的な風貌、「入唐上人」と呼ばれた宗教家としての活動、茶の普及、東大寺再建事業等、栄西の多彩な活動について、第二部「聖福寺の創建と中世博多の繁栄」では、栄西による聖福寺開創を起点に発展を遂げた中世都市・博多の歴史について紹介し、国宝三点、重要文化財一五点を含む一五二件三六四点余の文物を一堂に展観に供した。図録の巻頭論文には、阿部泰郎「思想テクストとしての栄西著作―真福寺伝来聖教にみる栄西の思想―」、米田真理子「真福寺大須文庫蔵『改偏教主決』にみる栄西の九州での活動」を寄稿いただき、展覧会の記念講演として末木文美士「新発見資料からみた栄西」(平成二十二年十月二日)を開催した。

新たに発見された栄西の自筆書状と著作

展覧会では栄西作と伝えられる二十五著作と自筆文書十七通(この他、栄西宛僧重行自筆書状も出品)を出品した。なかでも平成十四年の愛知県史編纂事業の調査で発見されて間もなかった大須観音寶生院真福寺文庫(愛知県名古屋市)の栄西自筆書状十六通と著作五点(『改編教主決』、『重修教主決』、『無名集』、『隠語集』、『諸秘口決』)をことごとく展示する機会を与えられたことは展覧会の大きな成果となった。

自筆書状は、紙背を再利用して『因明三十三過記』が記されたため、偶然にも今日まで伝来することになったものである。この新発見の自筆書状群からは五点の栄西の花押が確認された。何れも同じ形である。それまで栄西の花押は全く知られていなかったので、文字通り世紀の大発見であった。また、個人的にも思い出深い。展覧会の準備が押し迫り、連日深夜帰宅が続くなか、食卓にてコピー用紙に印刷した栄西の花押を眺め、筆順をなぞったり、回転させたり、あるいは裏返しにしたりしていると、ふっと花押の成り立ちが思い浮び、栄西の法諱の下字「西」を元にした一字体の花押であることに気付いた。この花押は「西」の草書体を裏返し、それを九十度反時計回りに回転させ、最終画を下に延ばして、当時、流行の三角形型に全体の形を調えて作られている。花押を読み解くことは難解であるが、作成過程を復原できる稀有な事例である。

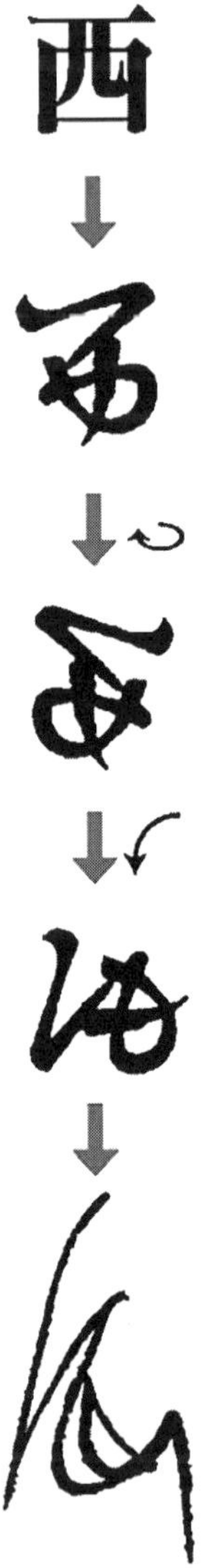

栄西における博多

従来、栄西の博多との関わりは、二度の中国渡海に際し博多から渡航したこと、博多湾の西奥に位置する今津の誓願寺において『誓願寺盂蘭盆一品経縁起』等を執筆したこと、香椎宮の側に菩提樹を植え、建久報恩寺を建立したこと、博多に聖福寺を建立したこと等、『元亨釈書』とその他の若干の史料から知られる程度であった。大須観音寶生院から新たに見出された著作は、栄西の事績に関する未知の貴重な情報を提供してくれた。

両度の入宋の間、栄西はその大半に当たる足かけ十五年を博多湾周辺で活動した。このことは単に博多が中国への渡航地という意味合いだけではない。二十八歳で初度の中国渡海を経験した栄西は、帰国後、中央から距離を置き、地方に活動の場を移す。帰国の翌年は故郷の備中・備前辺りで活動したが、三十三歳から四十七歳までの間、博多近辺で活動する。栄西の事績は関係史料の残り具合から、畿内や鎌倉での動向がクローズアップされがちであるが、鎌倉に寿福寺を建立したのが六十歳、京都に建仁寺を建立したのは六十二歳の時であった。重源の死後、二代目の造東大寺大勧進に就いたのは六十六歳の時であり、栄西七十五年の生涯のうち晩年に属する。栄西の博多滞在は壮年時代に相当する。

栄西は十六作品を博多近辺で執筆している。二度目の渡海後に著した『釈迦八相』・『未来記』を除く十四作品は、栄西が両度の中国渡海の間に博多に滞在していた承安五年（一一七五）から文治三年（一一八七）の間に書いたものである。栄西の博多滞在が単に長期にわたっただけでなく、いかにこの時期が栄西の思想確立に重要な時期であったかを示していよう。現存最初の著作『胎口決』・『出纏大綱』（ともに一一七五年成立）も博多近辺において執筆したと考えられるから、栄西の著作活動は博多において始まったといってよい。

『誓願寺盂蘭盆一品経縁起』によると、栄西は誓願寺への滞在理由を中国から一切経が輸入されるのを待つためと述べている。約六千巻の大部な経巻が買い主の当てもなく海を越えることは考えにくい。恐らくは栄西が発注したものであろう。栄西は一回目の渡海後、比叡山を離れ地方に活動の場を移したが、大寺院を離れることはそこに架蔵される経典や典籍の利用の便を失うことを意味した。宗教家としての鍛錬を積むにあたり、必要な道具を欠くことは大きなマイナスであったはずである。栄西が故郷を離れ、長らく博多で活動したのは、博多がこのデメリットを解消しうる地であったからに違いない。博多は古来、海外の文物を日本に受け入れる窓口の役割を果たし、国際貿易都市として栄えていた。

さらには、このことに裏打ちされて当地の宗教は高い水準にあったとみられる。栄西に論争を挑んだ太宰府の原山無量寺の尊賀の存在の他、博多周辺には背振山東門寺、香椎宮、筥崎宮等の有力寺社が点在した。そのような環境に刺激を受けながら、布教のため、あるいは論争のため、栄西は多数の著作活動を行ったのであろう。

国際貿易都市・博多には、博多綱首と呼ばれる中国人貿易商人の唐房（チャイナタウン）が存在した。栄西は彼らと親交があった。『未来記』には、栄西に将来の禅宗興隆を語った張国安が登場する。栄西が博多に創建した「扶桑最初禅窟」（日本で最初の禅寺）聖福寺は博多綱首たちの信仰の場であった「博多百堂の地」に建立された。聖福寺の創建には彼らの支援があったと考えられる。

総じて、博多滞在の十五年間は、栄西にとって中央で飛躍する前段階の、宗教家としての自己を確立する重要な時期に当たった。喩えれば、天に昇ろうかとする龍が水中深くに身を潜めているかのようであり、まさに博多は栄西にとって伏龍の地であったといえるのである。

【参考文献】

川添昭二『中世・近世博多史論』海鳥社、二〇〇八年
大庭康時・佐伯弘次・菅波正人・田上勇一郎編『中世都市・博多を掘る』海鳥社、二〇〇八年

5　禅と中世仏教

新しい中世仏教観へ向けて

中世仏教史の全体像をどう描くか

末木文美士

本稿では、本書で論じられてきた禅の問題に関するさまざまな新しい成果をもとに、そこから少し視野を広げて、十二―十三世紀の仏教史について見通しをつけてみたい。中世仏教研究では、いわゆる鎌倉新仏教中心論が長く常識化されてきた。そこでは、新仏教対旧仏教という構図で、新仏教が善玉、旧仏教が悪玉視されていた。黒田俊雄の顕密体制論は、顕密仏教こそが中世仏教の中心だと、従来の見方を大きく転換する画期的なものであり、顕密仏教への着目は適切で、今日でもそのまま通用する。しかし、過渡的な状況の中で新しいパラダイムを生み出したのであるから、完全には従来の新仏教対旧仏教の二項対立を脱し切れていないところがあった。その後、平雅行氏らによって、その二項対立が再び強調され（平雅行『中世日本の国家と仏教』、塙書房、一九九二）、従来の旧仏教を顕密仏教、新仏教を異端派と呼びかえただけの図式に逆戻りする傾向が主流となって、それが二十世紀終わり頃まで続くことになった。

しかし近年、密教研究の進展などによって、さすがにそれでは説明しきれないことが多くなってきた。かつての中世仏教研究は親鸞や真宗の研究が先行し、しかもそれを反体制的にみることが共通理解とされてきた。けれども、密教の新たな展開に、宋から導入された禅が融合していく運動を見ていくと、そのような権力をめぐる二項対立では到底理解できないところが大きい。それでは、どのように中世前期の仏教の動きの全体像を描き出すことができるだろうか。今のところまだ、かつての図式に代わる決定的な見方は現われていないように思われる。ここでは、こういう見方もできるという試論を提示してみたい。

中世仏教形成の運動と新宗

十二世紀後半から十三世紀にかけての仏教を考えるには、運動面と思想面の両方から考える必要がある。まず運動面から見ると、治承四（一一八〇）年の平家による南都焼き討ちに対して、その直後から盛り上がった復興運動が大きな出発点となっている。後白河法皇の指揮下に俊乗房重源が東大寺大勧進職に任ぜられ、大仏再建を合言葉に、官民を挙げて、日本中を巻き込んでの大運動となった。東国の源頼朝も積極的に協力し、さらに歌人西行が平泉に赴いたのも奥州藤原氏の援助を求めるためであった。戦乱の後の新秩序の形成と並行して、仏教再興の機運はあらゆるところに沸き上がり、それを集約する形で大仏再建がなされたのである。これこそ古代と異なる中世仏教の出発点と考えるべきである。

後に新仏教と分類されるような栄西や法然もこの運動と密接な関係を持つ。栄西は重源と宋で知り合ったと言い、重源を引き継いで二代目の東大寺大勧進職となっている。真福寺から発見された真蹟書簡はその時期のものである。円爾もその職に就いている。法然は、重源に請われて、再建途上の東大寺で講義を行っている（『東大寺講説三部経釈』）。このように見るならば、新仏教（異端派）対旧仏教（顕密仏教）という二項対立は全くのフィクションであり、たとえ部分的な対立や抗争があったとしても、仏教界が全体として復興へ向けて巨大なエネルギーを傾注していた時代と見るべきである。ただその際、中心となって活動した僧は、多く貴顕出身の僧位僧官を持つ官僧ではなく、周縁にあって山岳修行などを積んだ僧であった。その意味で、当時の仏教界は官僧による中心的な核と、その周縁に広がる自由な僧という重層的な構造を持っていたということができる。この点で、官僧と遁世僧の重層構造を説く松尾剛次氏の図式は有効性を持っていると思われる（松尾『鎌倉新仏教の成立』、吉川弘文館、一九八八）。ただ、両者は敵対するものではなかった。

このことは、栄西や法然が「開宗」したとされる「宗」の問題にも関わる。確かに『興禅護国論』では「禅宗」を、『選択本願念仏集』では「浄土宗」を説いている。それが、後には臨済宗と浄土宗の開創とみなされている。しかし、それを今日的な教団としての「宗」の開創と考えるならば、まったく間違っている。彼らは禅宗（臨済宗ではない）や浄土宗について、これまでの八宗に加えて公認されることを求めているのである。そこで言われる「宗」は理論・実践の組織的な体系ということであり、諸宗を兼学・兼修することは十分に可能である。それ故、「宗」は今日の大学における学部や学科のようなものと考えられる。栄西の禅が密教や律・天台教学などと併修されるのは当然であるし、「専修」を説く法然が戒師として活動したとしても不思議はない。

十三世紀後半になると、円爾の『十宗要道記』に見られるように、八宗に浄土宗、禅宗（仏心宗）を加えた十宗が常識となった。新しい禅・浄土・律などを含めて積極的に諸宗を学び、実践した無住道暁は、この時代を代表する仏教者であった。また、日蓮の遺文を見れば、彼がどれほど諸宗を広く学ぼうとしていたか、分かるであろう。

「宗」をこのように考えるならば、能忍の「達磨宗」の問題もおのずから明らかである。能忍が「達磨宗」という名の独立した教団を作ろうとしたということはあり得ない。「達磨宗」は達磨を開祖とする禅宗のことに他ならない。能忍は弟子を遣して仏照禅師拙庵徳光から印可を受けた文治五年（一一八九）を禅宗＝達磨宗伝来の年として、『禅家説』にも『成等正覚論』にも明記している。ただ、能忍の集団は宋に由来する特殊な舎利崇拝などを採用し、集団としての結束が強かったということはあったであろう。そこから、後になると、「達磨宗」が能忍に由来する特定のグループを指すようになった可能性は十分に考えられる（拙稿「日本における臨済宗の形成」、『禅文化』二四三、二〇一七）。

こうした諸宗兼修、融合のダイナミックな運動は、十四世紀には南北朝期を経て、次第に宗派性が強まっていく。仏教全体を学び、発展させるというよりも、自宗・自派だけ学び、勢力を拡張するようになっていく。それが、近世の幕藩体制下で固定され、近代の宗派につながるのである。そのような形態の源流は室町期に作られたところから、「室町新仏教」という呼び方もなされている。今日の仏教のあり方は、「鎌倉新仏教」よりも「室町新仏教」に由来すると考えるほうが適切かもしれない。

身体論をめぐって

以上、実践的な運動面から中世仏教の形成期の状況を検討し、その中での禅宗のあり方も考えてみた。次に思想面を考えてみよう。『中世禅籍叢刊』では、栄西や聖一派など、きわめて密教色の強い文献を多く紹介したが、これらは禅宗研究者に大きな途惑いを与えることになった。栄西の著作は完全に密教のものであり、円爾やその弟子の癡兀大慧の著作もきわめて密教色が濃く、従来の禅の理解では到底受け入れがたい内容であった。しかし、これは決して不純な混淆ではなく、豊かな知的生産力に富む思想史的に重要な動向であった。序章では、それを言葉と真理という側面から論じてみた。ここでは、身体論の展開という方向から、簡単に触れておきたい。

平安初期の最澄や空海の理論は、その後の日本仏教を規定するようなスケールの大きいものであったが、必ずしも個の身体に即した実践論ではなかった。確かに空海は三密加持による即身成仏を説いた。しかし、それ以上の具体的な実践法を提示しているわけではない。最澄や空海では、個人の修行よりも、国家レベルの問題のほうが大きかった。それが平安中期になると、この身体に即した実践が重要視され、その理論が形成されるようになる。

その大きな転機をなしたのは源信（九四二―一〇一七）においてであった。念仏という実践とともに、二十五三昧会では、死後の遺体の処理にまで及び、身体的要素が大きく取り上げられるようになった。さらに、身体論が理論的に確立するのは、覚鑁（一〇九五—一一四四）の『五輪九字明秘密釈』においてである。覚鑁は五輪（地・水・火・風・空）の理論をもとに、世界と我と仏の一体化を説き、個の身体に即した即身成仏の実践を理論化し、それを五輪塔によって表した。その一方で、浄土教を摂取して、現世を超えて死者供養や浄土往生をも可能とする理論を構築した。いわば密教を核とした総合的な実践理論を確立したと言える。

その総合理論が解体して、実践が分立していくところに、後の禅や念仏の行が成立すると考えられる。覚鑁は、三密で難しければ一密だけでもよいとした。こうして語密を中心とした念仏行、身密を中心とした坐禅行などが、それぞれ独立していくことになるのである。

栄西の密教は、このような覚鑁の身体論的密教の系譜を引くもので、とりわけ『隠語集』では、金剛界と胎蔵界の不二を説くのに男女和合の譬喩を用いて説明している。このような性的な言説はしばしば立川流として邪教扱いされ、栄西がそのような譬喩を説くことはきわめて奇異とされ、栄西撰述が疑問視されたことさえあった。しかし、今日の研究では、そのような言説は広く行われ、決して異端視されるものではなかったことが知られている。栄西の場合で言えば、後に『喫茶養生記』を著すが、そもそも身体を蔑視する仏教からすれば、身体を重んじる「養生」ということはありえないことであったであろう。

こうした身体論的密教の発展の中で、心・肝・肺・腎・脾の五蔵（臓）を観ずる五蔵曼荼羅が形成発展し、そこからさらに、男女和合から胎児が生育する胎内五位説が大きく展開していくことになる。円爾の弟子の癡兀大慧の著作にはその理論が明確に記されている。そのような説が邪教視されるのは後のことである。このような身体論的な密教の発想が、同じように身体的実践を核とする禅と密接に結びつくのは、ごく自然のことであったと思われる。

この他、序章で検討した言語論など、密教と禅が結びつくところから、きわめて高度な議論が展開されている。それは、禅だけではない。念仏という語密を中心とした実践もまた、さまざまな新しい問題を提起してくる。例えば、身体と結びついた煩悩をどう見るか、救済者である阿弥陀仏はいかなる性質なのか、など、この時代に提起された新しい問題である。中世仏教は、単なる実践仏教ではなく、その実践をどう理論づけるかという思想性を強く持って展開するのである。

【付記】

二〇二一年四月に、東京国立博物館で特別展「国宝鳥獣戯画のすべて」が開催された。鳥獣戯画研究は、平成の大改修を経て、今日大きく進展している。増記隆介「正倉院宝物と鳥獣戯画」（同展図録所収）によると、後白河法皇は正倉院宝物を実見しており、その宝物の図様が鳥獣戯画にも反映しているという。自らを聖武天皇になぞらえて仏教帝王たらんとした後白河の下で仏教復興が進められ、それがさらに総合的な文化に反映して、新しい中世仏教、中世文化の出発点をなしたと考えられる。今後の中世仏教研究は、これらの諸分野と協力して進めることが不可欠である。

聖一派における「禅密」——癡兀大慧の理解を中心に——

亀山　隆彦

聖一派とその教え

聖一派《しょういちは》は、栄西の孫弟子にあたる円爾を派祖として、京都東山に所在する東福寺を拠点に展開した臨済宗の一派である。鎌倉時代の末期に、九条道家といった権力者の手厚い支援を受けて隆盛し、顕密仏教が中心であった同時代の仏教・宗教界で、小さからぬ影響力を発揮したことでも注目される。

その思想面の特質をいえば、第一に祖父師の栄西と同じく純粋禅《じゅんすいぜん》ではなく、諸宗兼修《しょしゅうけんしゅう》の禅を勧めたことで知られる。特に「禅密《ぜんみつ》」、つまり臨済禅と密教の併修を奨励していたようで、派祖である円爾を筆頭に聖一派の有力な僧の中には、禅の研鑽の傍らで密教の秘説を積極的に授受し、また『瑜祇経《ゆぎきょう》』『大日経疏《だいにちきょうしょ》』『菩提心論《ぼだいしんろん》』といった密教経論の講義に取り組むものも、少なくなかったと指摘される。

本稿では、こういった僧達の活動、その口伝や講義の記録に焦点を当てて、聖一派における禅密の「密」＝密教思想の実態解明に取り組む。具体的には、円爾の高弟の一人である癡兀大慧（以下、大慧）と、その『東寺印信等口決《とうじいんじんとうくけつ》』（以下、『東寺口決』）という著作を題材として、聖一派僧の密教理解の一断面を明らかにする。

癡兀大慧の生涯と著作

具体的な検討に入る前に、大慧という人物の生涯と著作、および『東寺口決』の背景、内容に簡単に触れておきたい[1]。

先ずは大慧の生没年だが『仏通禅師行状《ぶつつうぜんじぎょうじょう》』、あるいは『本朝高僧伝《ほんちょうこうそうでん》』『延宝伝灯録《えんぽうでんとうろく》』に収録される伝記の記述から、寛喜元年（一二二九）の生まれで、正和元年（一三一二）に八四歳で没したと推定される。出生地は、各伝記ともに伊勢とする。

その経歴については、同じく『仏通禅師行状』に、もともと天台宗の学僧でありながら広く八宗の教えに通じ、中でも密教に優れた知識を発揮したこと、天台と真言の両密教を学び、それらが「平等義」であると喝破したこと、臨済禅を宣布し始めた円爾に問答を挑むも、その教えに感化され弟子になったこと、やがて高弟の一人に加えられ、師の没後、東福寺の第九世に任ぜられたといったエピソードが紹介される。

続いて、その著作を概観すると、大きく①禅に関わるものと②密教に関わるものに二分される。①としては、廓庵《かくあん》『十牛図《じゅうぎゅうず》』の解釈を述べた『東福仏通禅師十牛訣《とうふくぶつつうぜんじじゅうぎゅうけつ》』、禅と他宗の関係を論じる『枯木集《こぼくしゅう》』の二書があり、②としては、それぞれ『大日経疏』と『菩提心論』に関する講義を記録した『大日経疏住心品聞書《だいにちきょうしょじゅうしんぼんききがき》』と『菩提心論随文正決《ぼだいしんろんずいもんしょうけつ》』、密教の各種教理・実践に関する口伝を集成する『灌頂秘口決《かんじょうひくけつ》』『三宝院灌頂釈《さんぼういんかんじょうしゃく》』『東寺口決』といった著述が伝えられる。

その著作全体から受ける印象についても少し述べておくと、やはり①より②が目立ち、その点から、大慧の思想活動にとって密教がいかに重要であったかが推察される。

最後に『東寺口決』の背景と内容だが、第一に首題の「三宝院東寺印信等口決」から、本書は醍醐《だいご》寺《じ》三宝院《さんぼういん》流《りゅう》の口決に関連する文献と推定される。続いて奥書に目を向けると、例えば「(前略)仏通禅師(＝大慧)六十八御年御談話口決なり」とあり、(2) 大慧が病没する一六年前、つまり一二九六年に行われた「口決」に関する談話の記録と理解される。

引き続き内容を概観すると、計三十の問答から成り、i．即身成仏の可否、ii．顕密の差異、iii．禅密の優劣、iv．密教における自心の意義といったテーマをめぐって、議論が展開される。さらに、その議論を通じて「有覚門本有《うかくもんほんぬ》の法」「無覚門本有《むかくもんほんぬ》の法」と呼ばれる概念が頻出するが、次章では、その中の「無覚門本有の法」の内容に注目し、その検討を通じて、大慧の密教理解の思想史的位置づけを考察する。

『東寺口決』における「無覚門本有の法」

『東寺口決』における二種の「本有の法」

『東寺口決』の第三・四問答によると、真言密教における「本有《ほんぬ》の法」、その揺るぎない根本の教えの中にも二種の別がある。それが、すなわち「有覚門本有の法」と「無覚門本有の法」である。その意味に関しても、同じく『東寺口決』第四問答の中で概説される。次にまとめる通りである。

第一に「有覚門本有の法」は、いかなる有情も、その心の中に「覚悟の性」、つまりさとりの性質を必ず具えている。したがって表面的には迷っていても、その裏には、さとりの心が必ず存在する、と理解することである。続いて「無覚門本有の法」は、迷いも含めて、衆生の身心のすべてを「正覚の仏体」、正しくさとった仏陀の体と考えること、両者の関係には裏も表も内も外もなく、すべては密教の教主、法身大日如来の一部と理解することを指す(3)。

もう少し一般的な仏教用語に置き換えて解説しておく。前者＝「有覚門本有の法」は、迷いとさとりを峻別する「始覚」的な発想に基づく概念で、後者＝「無覚門本有の法」は、その二つを同一視する「本覚」的な発想に立脚する概念ともいえる。

以上の総説の後、第六―九問答で、後者＝「無覚門本有の法」について、さらに詳しい解説が試みられる。その内容を簡単にまとめておくと、①有情がこの世に生を受ける一連の過程（「輪廻受生の初後」）をもって、法身大日如来の成道の過程（「法仏成道の始終」）と捉えることが、すなわち「無覚門本有の法」である。②大日如来の成道は、具体的には発心、修行、証菩提、入涅槃、方便究竟の「五転」から成り、有情の受生とは、母の胎内でその「五転」を経験することである。③真言行者が経験する灌頂儀礼の中に、この「無覚門本有の法」を直接示す作法が含まれる。以下、原文をまじえて詳しくみていく。

「輪廻受生の初後」と「法仏成道の始終」の一致

伝統的な仏教の胎生学では、人間の懐胎・出産を以下のように解説する。第一に男女が性的に交合すると、その精子と卵子（赤白二渧《しゃくびゃくにたい》）が胎内で混ざり、そこに有情の心が加わって「羯刺藍《かららん》」と呼ばれる胚が形成される。その「羯刺藍」は、引き続き「頞部曇《あぶどん》」「閉戸《へいし》」「健南《けんなん》」「鉢羅奢佉《はらしゃきゃ》」と呼ばれる段階を経て、徐々に四肢を獲得し、最終的に出産に至る。

『東寺口決』の第六問答では、こういった胎生学の知識を総括して「輪廻受生の初後」と呼んでいる。その上で、次のように論を展開していく。

> 衆生在迷妄見は、妄りに一切衆生の色心、五蘊、十二入、十八界の生滅の法と見る。諸仏自証の知見は、一切衆生の色心実相にして、本際よりこのかた、常に是毘盧遮那平等の智と身となりと知見す。これをもって、直に輪廻受生の初後を押さえて、正しく法仏成道の始終と見るなり。これを無覚門の本有と名づける。(4)

前述の①について述べた文である。引用文によると、未だ迷いを抱えたままの衆生は、自らの身も心もすべて「生滅の法」と誤解してしまう。その一方で仏陀は、そのすべてが大日如来の「平等の智と身」そのものと理解している。その仏陀の知見をさらに詳しく述べると、直接「輪廻受生の初後」をおさえて、それをもって正しく「法仏成道の始終」とみることであり、それこそが「無覚門本有の法」と名付けられる。

母の胎内で経験する「五転」

続いて『東寺口決』における②の記述を紹介する。第八問答で、図を用いて「輪廻受生の初後」と「法仏成道の始終」の一致を解説した後、[5] さらに次のように述べる。

上来に図するところの五転とは、皆これ母の胎内に在る五転の次第にして、いまだ胎内を出ざる色相なり。この五転を法爾正覚と名づけ、または自然成道と号す。[6]

第一に「上来」の『図』が、第八問答中の図を指す。続く「五転」は、先に紹介した発心、修行、証菩提、入涅槃、方便究竟の五つで、真言の修行者がさとりに到達するまでの発展過程を指す。引用文によると、第六問答の「法仏成道の始終」＝「輪廻受生の初後」は、具体的には「母の胎内に在る五転の次第」である。つまり修行者は、母の胎内で育つ過程で「五転」のすべてを経験し、出産の時には既に成道しているのである。それ故、この胎内の「五転」は「法爾正覚」、または「自然成道」とも呼ばれる。

「無覚門本有の法」と灌頂の作法

さて、ここまで述べてきた「無覚門本有の法」、すなわち①や②の教えは、どのようにして師から弟子に伝授されるのだろう。最後に、その実践について確認しておきたい。

大慧自身は特に明記しないが、この『東寺口決』がそうであるように、師から弟子へ、言葉で伝えられることもあったと考えられる。その一方で『東寺口決』第七問答では、この教えを伝授するための作法として、灌頂に言及する。すなわち、灌頂の過程で印を結び、真言を唱える等の作法次第の中に、次に述べるような意義が認められるという。

かくのごとき作法次第、すなわちこれ直に無覚門の本有を示す作法次第なり[7]。

灌頂は、密教における一種の入門儀礼である。この儀礼を通じて、修行者は印や真言に関する秘説、さらに「阿闍梨」のような資格を授けられる。その一方で引用文によると、灌頂には、次のような隠された意義がある。すなわち、灌頂の中で真言や印の秘説を教えられ、それを実行する「作法次第」、それこそが「無覚門本有の法」を直に示すための「作法次第」であるという。

『東寺口決』からみる大慧の密教理解

以上『東寺口決』の「無覚門本有の法」を題材に、大慧の密教理解の特徴について考察を試みてきたが、その締めくくりに、本章で密教思想史上の位置を議論しておく。

結論からいえば、前述の①②③の主張は、大慧の独創というより、近い時代の真言僧が展開した教理・実践の解釈学の影響下で説示されたものと推測される。その根拠として挙げられるのが、成賢《せいげん》の記と伝えられる『纂元面授《さんげんめんじゅ》』、および道宝《どうほう》『理趣経秘決鈔《りしゅきょうひけつしょう》』の二書である。

第一に『纂元面授』は、中世醍醐寺の歴代座主が相伝する灌頂の「秘密口決」を記した文献で、既に複数の研究で指摘されるように、その中には「無覚門の本有」と「有覚の本有」の対概念、また

「輪廻受生の初後」「法仏成道始終」といった用語もそのまま登場する[8]。ただし、現行の『纂元面授』は成立時期がはっきりせず、大慧に確実に先行し、影響を与えたと断言はできない[9]。しかし、本書に記録される「秘密口決」が、大慧と『東寺口決』の主張に深く結びついているのは間違いない。

次に『理趣経秘決鈔』は、大慧の十数年前に活躍した勧修寺《かじゅうじ》の僧、道宝による『理趣経《りしゅきょう》』の注釈書である。この『理趣経秘決鈔』には「無覚門本有の法」の語こそ登場しないが、発心、修行、証菩提、入涅槃、方便究竟の「五転」を利用して、有情が生を受ける過程と成道の過程を一致させ、さらに灌頂の各階梯をそこに結び付けることも行っている[10]。つまり、構造的には『東寺口決』の「無覚門本有の法」のそれとほぼ同じ主張が、展開されているといえるのである。

もちろん、大慧がこれら文献を直接参照したかどうか、現時点で確たる証拠はない。その解明は、今後の大きな課題である。その一方で、若年から深く密教に関わってきた大慧の経歴を考慮すると、ほぼ同時代の真言僧の教説すら把握せずに、それとよく似た主張を独自に発したとも、考えにくい。やはり、それらとの結びつきの中で自説を明らかにしたと理解すべきではあるだろう。

今後の課題として、検討の範囲を『東寺口決』の他の概念・用語、あるいは大慧の他の著作の記述まで広げて、同時代の真言僧（あるいは天台僧）の主張との結びつきをより広範かつ精緻に分析する必要がある。

【注】

1　大慧の生涯と著作については、末木文美士「『聖一派』総説」（『中世禅籍叢刊』第四巻）、『東寺口決』の背景と内容については、拙稿「『東寺印信等口決』解題」（同上）を参照。
2 『中世禅籍叢刊』第四巻、五一二ページ下段。
3 『中世禅籍叢刊』第四巻、四九一ページ上段―下段。
4 『中世禅籍叢刊』第四巻、四九三ページ上段―下段。
5 『中世禅籍叢刊』第四巻、四九五ページ上段―下段。
6 『中世禅籍叢刊』第四巻、四九六ページ下段。
7 『中世禅籍叢刊』第四巻、四九四ページ上段。
8 この問題については、末木「『聖一派』総説」と拙稿「『東寺印信等口決』解題」を参照。
9 『纂元面授』の成立時期については、伊藤聡「三宝院流の偽書―特に『石室』を巡って」（『「偽書」の生成　中世的思考と表現』）、本書と大慧の関係については、拙稿「『纂元面授』と『灌頂秘口決』：日本密教史における癡兀大慧の位置」（『真宗文化：真宗文化研究所年報』二八号）を参照。
10 拙稿「『理趣経秘決鈔』にみる「灌頂成仏」説」（『密教文化』二三八号）。

【参考】

伊藤聡「三宝院流の偽書―特に『石室』を巡って」（錦仁、小川豊生、伊藤聡編『「偽書」の生成　中世的思考と表現』、森話社、二〇〇三年）
小川豊生『中世日本の神話・文字・身体』（森話社、二〇一四年）
亀山隆彦「『纂元面授』と『灌頂秘口決』：日本密教史における癡兀大慧の位置」（『真宗文化：真宗文化研究所年報』二八号、二〇一九年）
――「『理趣経秘決鈔』にみる「灌頂成仏」説」（『密教文化』二三八号、二〇一七年）
中世禅籍叢刊編集委員会編『中世禅籍叢刊』別巻（臨川書店、二〇一九年）
――『中世禅籍叢刊』第一二巻（臨川書店、二〇一八年）
――『中世禅籍叢刊』第一一巻（臨川書店、二〇一七年）
――『中世禅籍叢刊』第四巻（臨川書店、二〇一六年）

中世密教の教えの中の「以心伝心」——文観と禅密——

ラポー　ガエタン

現在、宗教史の分野では、従来蓋然視されてきた宗派観の再考を促すような研究が活発にされている。現代の我々の宗派感を意識的・無意識的に規定している枠組みは、必ずしも過去に同じような形で通用していたわけではない。中世における禅と密教の関係がまさにそうで、密教の影響を多分に受けた中世の禅の一部は、「禅密」と呼ばれて、近年新たな視角をもたらす研究対象として脚光を浴びている。本論考では、南北朝期の代表的な僧である文観の思想から、密教の教義の中で意識された禅について考えてみたい。

文観とは

文観房弘真は、後醍醐天皇（一二八八―一三三九、在位一三一八―一三三九）の側近となり南北朝期に活躍した僧である。網野善彦の『異形の王権』（一九八六）にとりあげられたことからも明らかなように、従来の史学研究における文観は、性的な儀礼を行ういわゆる「立川流」のような真言宗の異端的流派の大成者といったイメージが普及している。しかし、近年、文観の多数の著作が確認されてからは、その思想家としての側面が改めて注目され、その「異形」性も見直され始めた。後に破綻することになった後醍醐天皇の政権に、文観が深く関与していたことから、その「異形」性は、むしろ後世に付与されることになったイメージである可能性が高い。実際、文観の活躍は、日本史上特異視されがちな後醍醐天皇ぬきには語れない。元亨三年(一三二三)、勅により参内して以来、天皇の側近として活躍し、当時天皇であった後醍醐天皇の護持僧という極めて王権に近い立場で、天皇の宗教的活動を全面的にサポートする役割を担い、東寺長者さらには醍醐寺座主として実質的に当時の真言宗の権力の頂点に君臨する。それと同時に後醍醐天皇の倒幕計画にも積極的に関与することになった。このことからも、文観は単なる精神的な指南役の立場を超えて、後醍醐天皇を頂点とする権力構造の中枢に位置していたと考えられる。自ら天皇に灌頂《かんじょう》を授けただけでなく、天皇の希望に応じて様々な祈禱や儀礼を実修するなど、文観は実際に天皇周辺で多様な宗教的儀式を行ない、それに関連する多数の聖教《しょうぎょう》のテクストも書写・作成した。建武新制の崩壊後は、後醍醐天皇の吉野潜行にも同行するなど、天皇と運命の浮沈をともにし、天皇の死後も、その皇子であった後村上天皇に仕え、最終的には南朝の行在所であった河内金剛寺で執筆活動の後に没している。

文観の特異性が挙げられるとするならば、最初に西大寺の律僧として仏門に入ったにも関わらず、西大寺第二長老信空のもとで真言宗の教理・事相を学んだ上で、醍醐寺報恩院流の道順から伝法灌《でんぽうかん》頂《じょう》をうけ真言僧となったことである。また、その教義には、中世神道の影響を色濃く反映させたものもある。つまり、宗派横断的な教育を受けた上でその思想が育まれ、後の数々の儀礼の創造につながっていったのである。文観の著作のほとんどが密教儀礼に関する文献であるため、一般的には真言僧であると認識されてはいるが、その思想は、中世に興隆した多様な学問の潮流の影響を多分に受け、中世に登場した種々の信仰・伝説・言説の混淆《アマルガム》、ひいては到達点の一つの有り様とも捉えられる。これまでいわゆる「禅密」研究の文脈で語られることのなかった人物を、敢えてこの場で言及することになったのには、このような背景がある。

文観の思想と禅

文観の著作は、密教儀礼の中でも、特に灌頂と如意宝珠《にょいほうじゅ》に言及したものが多い。灌頂は、そもそも仏縁と人間を取り持つための儀式であり、また如意宝珠は仏の霊験が具現化したものである。両者ともに信仰のもたらす特殊で偉大な力に近づく手段と考えられた。こうした手段に、最高権力であることを志向した後醍醐天皇が興味を示し、これを南朝の王権の興隆のために利用したのも不思議ではない。実際、こうした文観の著作は、大部分が後醍醐天皇のために執筆されているのである。思想的には、『理趣経』・『瑜祇経』といった密教経典に依拠しており、その注釈から論が展開されている。しかし、文観関連著作のうちで、『瑜伽伝心抄《ゆがでんしんしょう》』（一三五八）と『秘密最要抄《ひみつさいようしょう》』（一三五四）の二点においては、禅の思想が直接言及され、密教と比較されている。ちなみにここで「文観関連著作」といったのは、実は正確には、文観自身ではなく、文観の弟子であった宝蓮が、書写した師の口決をもとに編纂したものであるからである。しかし、文観の流刑先や晩年までつきそった高弟であった宝蓮が記述したことから、文観の思想を伝えた資料であることは間違いないと考えられている。

『瑜伽伝心鈔』の内容は、西大寺の覚乗からの「以心伝心」についての質問に答えるために、宝蓮が師の文観の著作を参考に書き留めたという体裁をとっている。「以心伝心」は、現代日本語では一般的に禅宗の用語と理解されている。例えば『日本大百科全書』（小学館）では、釈尊《しゃくそん》が霊鷲山《りょうじゅせん》で八万の大衆に華《はな》を拈《ひね》って見せたところ、弟子の中で摩訶迦葉《まかかしょう》のみが釈尊の心を悟り微笑したという故事（拈華微笑《ねんげみしょう》）が紹介されている。この故事は、悟りの内容がそのまま師から弟子へと伝授されることを端的に示す「以心伝心」の語の基となった寓話である。教えが心から心へと伝わることを示す類似の語には、禅の悟りの内容が文字や言葉を介在せずに伝わることを示す「不立文字《ふりゅうもんじ》」があるが、「以心伝心」も「不立文字」とともに禅門の標語となっている。しかし、「以心伝心」は、現在広く認識されているように禅由来もしくは禅個有の概念ではない。実は、その歴史はかなり早く、空海に既に使用される語彙である。その背景にあるのは、『大日経』に見える「以心灌頂《いしんかんじょう》」で、隔絶された空間での師資相承を指している。ここでは、阿闍梨が心地《しんぢ》を開き、直に最極秘印明《さいごくひいんみょう》、つまり究極の秘密の奥義を伝えるのである。空海は、密教において、一人の人間が一人の人間に直接会って伝授を行うコミュニケーションの重要性を論じ、それを端的に伝えるためにこの表現を用いたのである。

一方、禅宗の経典に「以心伝心」が、用語として登場するのは、実は一〇世紀以降のことである。

『六祖大師法宝壇経』がその好例である。しかも、禅では、主に言葉の不要論という、文字・言葉の否定のような意味合いで使われる。公案においては、言葉と論理をつくしたレトリックの虚しさが、諧謔的なトーンで揶揄されている。これは、密教の奥義の伝承で、祖師空海を始めとする先人の言葉が重要視され、言葉を尽くして伝えられた複雑な教説や学術的な研鑽の上に構築された論理が大きな役割を果たしているのとは正反対である。つまり、密教における元々の「以心伝心」は、禅宗とはかなり異なる位相を指し示していたことになる。

『瑜伽伝心鈔』では、「以心伝心」は灌頂儀式での伝授の新しい形の一つとみなされている。灌頂儀式は、密教の教えの伝承のための根本的な通過儀礼であるが、中でも言葉に頼らない灌頂儀式が、「以心伝心」であるとされている。要するに、文観においては、禅におけるような「以心伝心」の意味合いが全否定されるのではなく、密教を頂点とする文観自身の思想にとりこまれ、彼の創造する儀礼の教理的根拠を裏付ける材料の一つとして受容されたと言えるだろう。このことは、宝蓮が編纂したもう一つの聖教『秘密最要抄』から、より明らかに理解される。ここでは、「禅宗門人」の説として、文字の否定である「不立文字」の概念について言及がなされる。その内容は、渡宋し後に宮中で禅を広めたことでも有名な円爾弁円《べんえん》の講義がその弟子である癡兀大慧によって記された『大日経義釈見聞』などと共通するところがあることから、その影響が示唆される。円爾・癡兀大慧の流れ（いわゆる聖一派）が醍醐寺三宝院流に浸透していたことを考えると、醍醐寺と深い縁のあった文観が、ここでの研鑽を通じて禅の説に触れた可能性が高い。しかし、『大日経義釈見聞』では、円爾弁円・癡兀大慧が直接的な悟りを導く禅宗の説の優秀さを明言しているのに対し、文観は、『秘密最要抄』で、円爾弁円や癡兀大慧を真言と禅の「以心伝心」に関する思想を混同する学者と批判している。文観は、必ずしも、禅の先人のテクストを忠実に踏襲するのではなく、密教を頂点とする文観なりの世界観の枠組みで禅の教えを受容し、密教的な解釈の優越性を同時に訴えている。

このような密教テクストにおける禅の教説への言及は、必ずしも文観において突然始まったことではない。すでに鎌倉時代には、天台の直談《じきだん》という相伝法の成立過程で、円爾弁円の教説を利用し、言葉から離脱するという意味での「以心伝心」を顕密仏教に取り入れる動きがみられる。中世の天台僧は、文字と言葉という従来の媒体に拠った伝達手段から脱却し、「実相《じっそう》」を直接伝えることを目指すようになった。こうした禅宗の教説を意識する顕密仏教の動向は、禅宗の影響力が政治・社会双方に浸透するにしたがい如実に現れていったものと考えられる。十四世紀中葉に現れた『瑜伽伝心鈔』と『秘密最要抄』における現象も、その好例であろう。禅と密教のこうした関わりを時系列的に追うために、上述『瑜伽伝心鈔』の記述は重要である。文観のように、権力の側にあり、その影響力がある程度担保されていた僧であっても、その思想を開陳するにあたり、禅の概念や考えを意識する必要があった（と弟子が判断した）背景からも、室町以降に影響力を浸透させていた禅の在り方が垣間見られる。『中世禅籍叢刊』に収録された聖一派を始めとする中世の禅密テクストの公刊により、宗派観にとらわれない中世日本宗教史の多面的な諸相の発掘と探求が今後も期待されるだろう。

【主要参考文献】

阿部泰郎「『瑜伽伝心鈔』解題」、「『秘密最要抄』解題」（『中世禅籍叢刊　第七巻　禅教交渉論』臨川書店、二〇一六年）
ラポー・ガエタン「「以心伝心」と密教灌頂――宝蓮筆『瑜伽伝心鈔』にみられるレトリックを中心に――」（中世禅籍叢刊編集委員会編『中世禅籍叢刊　別巻　中世禅への新視角　『中世禅籍叢刊』が開く世界』臨川書店、二〇一九年）

『教月要文集』を巡って

高柳さつき

本稿では、『教月要文集』（鎌倉時代末期〜南北朝時代）の「真心（一心）」に収斂される思想を紹介し、『十宗要道記』（一二五七年）との関係を考える。また、院政期写本である真福寺蔵『心性罪福因縁集』と『教月要文集』の類似点から、鎌倉期の禅思想が前代からどのように連続して形作られてきたのか、考えてみたい。

『教月要文集』について(1)

真福寺聖教調査により発見された三十六丁からなる『教月要文集』（『中世禅籍叢刊』第七巻所収）は表紙見返識語に舜恵《しゅんえ》とあり、舜恵なる人物によって著わされた鎌倉時代末期〜南北朝時代の写本である。

全体の構成は、「教月に云く」から始まる序文、一、二、三と付される部分の三章に分かれる。序文は以下のように作者の「真心」についての説明から始まる。

常住の真心は、本覚の浄心なり。真心は長く染浄を離れ、無生滅の相なり。この真心の外の分別思念は、染浄共に忘想なり。その体は虚無なり。……ただ、本覚の真心を守る、これ禅宗の肝心なり。乃至、禅宗に限らず、大乗至極の説なり。

本書で一番重要な語が「真心」であることが窺われる。この真心にはどのような意味があるのだろうか。

ひき続き序文では真心に関する諸々の教典の要文を引く。そして、第一章では仏性の話と要文及び『大乗止観法門』の一心にまつわる要文、第二章では大乗から禅に話が移り、第三章では『法華玄義』を出典とする定聖行である世間禅、出世間禅、出世間上上禅と『宗鏡録』に基づいた息妄修心宗、泯絶無寄宗、直顕心性宗の禅の三宗(2)について述べるが、残念なことに直顕心性宗の途中から後欠となる。全体を通じて、『法華文句』の「動樹訓風　挙扇喩月」（樹を動かして風を訓《おし》え扇を挙げて月を喩《さと》す）にちなんだのであろう、「風月」が問い、「扇樹」が答える問答が入り、その問答に関する要文を引く形で進む。数々の教典が引かれるが、飛び抜けて多いのは『宗鏡録』である。北宋の永明《ようめい》延寿による『宗鏡録』（九六一年）は、あらゆる思想を一心に包摂・統合する総合的・一元的な仏教教典であり、日本の禅宗の浸透に大いに用いられた。本書でもそのような意味合いで「一心」が「真心」のもう一つの言い方として使われる。また、途中数箇所、「裏に云く」、一箇所のみ「私に云く」の書き出しで、一心と真心について、序文を踏襲した文言等が入る。全体の流れを羅列化するとおおよそ以下になる。

序文……「教月に云く」に始まる真心の説明と要文。「私に云く」に始まる真心の説明と要文。

第一章……仏性の説明と要文。仏性の体である衆生心の説明と要文。『大乗止観法門』に基づく止観が依止する一心（この一心に止観が依止する）である自性清浄心、真如、仏性、法身、如来蔵、法界、法性の説明と要文。

第二章……一心法を論ずるのは大乗である説明と要文。華厳の法界唯心、浄名の不思議解脱、般若の尽浄虚融、法華の中道実相は全て一心であることの説明と要文。真如の生滅、二種の想、諸識、紇利陀等四心、遠慮心の五種、信心、知と無知、坐禅、心体平等、衣食の具足、食の五種等、禅をより具体的に考慮する説明と要文。

第三章……定戒慧三学の説明と要文。『法華玄義』に基づく世間禅、出世間禅、出世間上々禅（九種大禅）の説明と要文。[3]『宗鏡録』に基づく禅の三宗である息妄修心宗（天台止観）、泯絶無寄宗（『血脈論』、『悟性論』、『六祖壇経』等）、直顕心性宗の説明と要文。

このように、本書は『宗鏡録』のあらゆるものを一心に包摂・統合する総合的・一元的な仏教体系を応用し、一心（及び真心）を依用して『大乗止観法門』の一心と結びつけ取り込み、禅と天台宗を中心に大乗仏教全てを一心にまとめ上げることを試みている。

『大乗止観法門』が本覚思想との関連が指摘される文献であること、本書の序文が「常住の真心は本覚の浄心なり」で始まり、「ただ本覚の真心を守る、これ禅宗の肝心なり。乃至、禅宗に限らず、大乗至極の談なり」と真心の前に常住や本覚があること等から、この「真心＝一心」は四重興廃の最終的な絶対的境地である観心に繋がり、その観心が禅であり天台止観であるということになる。

『宗鏡録』の一心依用といえば円爾撰とされる『十宗要道記』が知られる。(4)『十宗要道記』では、それまでの八宗（律宗、倶舎宗、成実宗、法相宗、三論宗、華厳宗、天台宗、真言宗）の概念に禅宗と浄土宗を加え十宗とし、南宋で行われた分類方法である律門、教門、禅門の三門に振り分けた上で、『宗鏡録』の全ては一心に繋がるという思想体系に倣って、禅を中心とした諸宗の教判を試みる。『教月要文集』は、『十宗要道記』の『宗鏡録』の一心依用の方法を引き継ぎながら、特に禅と天台止観が同じであることを主張して、四重興廃の観心にあらゆる大乗仏教を統合しようとしたのである。

本書が著わされた直接的な背景には、『渓嵐拾葉集』や『七天狗絵（天狗草紙）』（『中世禅籍叢刊』第七巻所収）等にみられる新興勢力の禅宗と天台宗の軋轢があり、作者はその諍いを何とかしたいという思いがあったのだろう。『教月要文集』は、円爾の聖一派の周辺人物により著わされたのではないだろうか。「裏に云く」と「私に云く」は別人による可能性が高く、作者を合わせて三者が関わっていたとすると、こういう思いが共有されていた重みを感じざるを得ない。

いわゆる鎌倉新仏教の特徴の一つが一宗専修であると広く言われるが、それに対し兼修禅の根底には、自分の信じる一つの教えに邁進すれば、誰もが最終的に悟りに到達できるという考えがある。『十宗要道記』では禅を頂点とする教判を立てつつ「一門を非とし、一門を是とするは、聖意にあらず。他宗を是とするは自宗を非するにあらずして、得益実に大いに甚だしきなり。只宿縁に任せていずれの門も入るべし」とあらゆる教えを認め、それが禅の悟りに通じるとし、『教月要文集』では

「一心」の元にあらゆる大乗仏教を統合しようと試みる。もともと仏教では八万四千の法門があり、それらに矛盾があっても構わず、色々な教えがあって当然という考え方をする。兼修禅は鎌倉新仏教よりも仏教の本質的なあり方に近いのではないだろうか。全てを一つに統合しようとした『教月要文集』は、兼修禅の一つの思想的な到達点であったとも言えよう。

『心性罪福因縁集』との関連

同じく真福寺で新出写本が発見された『心性罪福因縁集』(『中世禅籍叢刊』第一二巻所収)は、末法における衆生、特に破戒者の勧誡と救済の話を集めたものである。従来、永明延寿著とされてきたが、吉原浩人氏が院政期の日本撰述であることを証明した(5)。氏によれば、本書は院政期から鎌倉期に延寿著の禅籍として流布していたが、その中には本覚讃の前半部分が含まれ、院政期の本覚思想の起点となった可能性を示すという。また、本書には北宋代の中国天台・山外派の源清《げんせい》『法華十妙不二門示珠指』の中の「心・仏・衆生の三つには差別がなく、仏界と衆生界が一つの世界である」という表現とほぼ同じ内容が見られ、これが本覚思想の中核的な考えに発展したのではないかとする。

源清は『法華十妙不二門示珠指』の中で、一心や一念の源として「霊知」を強調するが、これは中国禅宗の一派である荷沢宗が悟りの極致である空寂を霊知としたことを承けており、それが『宗鏡録』に受け継がれて、『十宗要道記』でも一心が霊知であると再三述べる。また、『教月要文集』の第三章で主だって引用される『禅源諸詮集都序』でも、荷沢宗に傾倒していた宗密が、その特徴を空寂である知あるいは霊知を掲げることとしている。

以上より、『教月要文集』は『心性罪福因縁集』の思想的な延長線上にある可能性が高いと思われる。

大まかなイメージにすぎない段階だが、筆者は日本の円爾を中心とした中世禅は、もとは最澄が請来した四宗（円・密・禅・戒）の禅に始まり、その後、中国からの仏教思想を取り入れつつ、本覚思想、密教等と絡み合いながら天台宗で醸成されたものに、宋から移入された禅が融合することにより形成されたと考える。

真福寺大須文庫に所蔵される写本群には、日本の禅思想のありようを理解するのに研究されるべき余地がまだまだ残されている。

【注】

1　拙論「『教月要文集』の思想――『宗鏡録』の一心依用の観点から」（『叢刊　別巻　中世禅への新視角『中世禅籍叢刊』が開く世界』二〇一九年）に詳しい論考を試みた。

2　もとは『禅源諸詮集都序』（宗密）の要文であり、『宗鏡録』の孫引きであるが、本書ではあくまで『宗鏡録』の引用とする。また、『禅源諸詮集都序』では、息妄修心宗∧泯絶無寄宗∧直顕心性宗の勝劣関係となるが本書では三宗全て同等とする。

3　出世間上々禅が教外別伝の禅に通じるとする。

4　拙論「日本中世禅の見直し――聖一派を中心に」（『思想』九六〇、岩波書店、二〇〇四年）参照。

5　吉原浩人「『心性罪福因縁集』解題」（『稀覯禅籍集　続　中世禅籍叢刊第一二巻』二〇一八年）、「呉越・北宋の書籍・文物交流と平安仏教・文学——源信と奝然を中心に」（『中国人民大学日本人文社会科学研究中心・同外国語学院日語系・早稲田大学日本宗教文化研究所共催講演会』二〇二〇年）口頭発表参照。

【参考文献】

柳幹康『永明延寿と『宗鏡録』の研究』（法藏館、二〇一五年）

6 文庫と中世禅

中世禅への新たな視野──大須文庫悉皆調査とその展開──

阿部　泰郎

名古屋大学によって四半世紀にわたり行われている大須観音真福寺の大須文庫悉皆調査は、数次の科学研究費により継続され[1]、その成果は『真福寺善本叢刊』（国文学研究資料館編、臨川書店、全二四巻[2]）として学界に提供された。それをふまえ、より包括的な真福寺聖教全体のアーカイヴ化を目指し、推進することを、その使命のひとつとする機関として、人文学研究科に付属する人類文化遺産テクスト学研究センター（ＣＨＴ）が二〇一三年に創設された。そのアーカイヴス部門では、大須文庫をはじめ、中部地域から全国に及ぶ宗教テクストの儀礼や図像を含む宗教文化遺産のアーカイヴ化と、人文学の先端・総合研究としてのテクスト学探究に取り組んでいる[3]。

二〇一四年に採択された基盤（Ｓ）「宗教テクスト遺産の探査と綜合的研究」により、その実施と、ＣＨＴを拠点とする人文学各分野の研究者・機関との相互連携と共同研究が可能となった[4]。五年間の計画対象のひとつが、真福寺聖教の特色である禅関係文献の本格的な調査と紹介であり、その目的は、既に知られていた金沢文庫寄託の称名寺聖教中の禅籍[5]と併せて総合的な集成を企て、中世前期の禅の思想展開をテクストそのものによって語らしめることであった。

『中世禅籍叢刊』に収められた、大半が新発見資料であるところの禅籍文献群は、中世禅の世界に画期的な新たな視野をもたらした。それは、後世に臨済宗や曹洞宗の成立にともなって形成された常識的な禅についての認識を大きく改めることを要請するものであり、禅学研究のみならず、仏教史や思想史の研究者が無視することのできない質と量を伴って出現した。その中には、栄西の『改偏教主決』(6)や、達磨宗の聖教法語集『禅家説(仮題)』のように、断簡と化した大量の聖教集積中から撰りだされて解読・復元して蘇《よみがえ》った書物も含まれる。

とりわけ重要なのは、『聖一派』等に収められた、東福寺開山聖一国師、円爾弁円の晩年の一連の著作、文永七年から一一年(一二七〇―七五)にかけての、『大日経』とその疏・義釈と『瑜祇経』という密教の経疏の談義聞書が大須文庫から出現したことである。この中には文永八年に『沙石集』の著者無住一円が東福寺に参学し聴聞した談義の聞書も含まれており、それもやはり断簡から見いだされたものである(7)。

東福寺は、九条道家が自ら国家の頂点に立つにあたり創建した、顕密仏教のうえに禅を加えた総合仏教の中心拠点《センター》である。その教学を担った円爾が講じていた内実は、これらの新出の談義書によれば、密教の奥義を禅思想を以て解釈し超克・統合するという、まさに総合仏教として諸宗の教説の統合を企てる議論であり、その生成が談義という注釈テクストにおいて実践されていたことは興味深い。

円爾が東福寺において主唱した顕密禅の融合的教説の筆受者であり継承者であったのが、のち伊勢に下り安養寺を拠点とした仏通禅師癡兀大慧である。真福寺初代能信が、大慧の法嗣である伊勢 泊《とまり》浦大福寺の寂雲から、東密三宝院流の金剛王院方を伝受すると共に、塔頭経蔵の祖師「御自筆本」の書写を許されたことにより、円爾と癡兀大慧の著作聖教、また大慧と寂雲の間で形成された、所謂安養寺流聖教が真福寺にもたらされ、更に能信はそれに拠って密教の経疏の談義を営む談義所としての活動を展開したのである。能信による大日経疏等の談義聞書も伝わり、それは大慧による円爾の談義聞書とほぼ共通する形式と内容を示している。本叢刊に収めた安養寺流聖教の全貌からは、禅が顕密仏教の法流相承の裡に一体化して流通する実態が明らかになり、それは共に伝えられた灌頂印信が如実に示すところでもある。

この叢刊の最大の特色は、第七巻『禅教交渉論』にある。円爾がもたらした禅は、天台・真言・南都諸宗に大きなインパクトを与えた。それは、顕密仏教を禅と融合させ超越する、より高い境地（それを円爾は「無相」あるいは「一智法身」という用語で示す）として禅が提示され、またその教義への帰依が摂関や院にまで及ぶ、広汎な社会的影響力を有したからであろう。天台宗の記家（円頓戒の律僧として上人の身分で山王神道の秘伝を相承し記録する学問を担った一派）光宗の『渓嵐拾葉集』「禅宗教家同異事」には、円爾はじめ道元や栄西、蘭渓道隆などの活動と主張を、天台教学の立場から検討し批判する問答が展開される。(8)

そこには円爾に南禅寺を寄進した亀山法皇に対する叡山の反発や、円爾門下の「放下の禅師」として芸能をもって唱導説経に活動した自然居士一党の山門による追却沙汰など、他に知られない、禅が王権や洛中庶民の間に信仰を広げる実態と、その流布への危機感が如実に伝わる。それはまた永仁三年（一二九五）に寂仙上人遍融により制作された『七天狗絵』[9]成立の直接の契機となり、そこでは自然居士が踊り念仏する一遍と共に登場させられて日本の仏法を滅す魔界の走狗の役回りを演ずる。[10]ちなみに、『渓嵐拾葉集』「縁起」には、この寂仙上人が登場し、禅と律、真言以外を無用という鎌倉幕府の要人に対して天台の重要性を力説する記事が見える。[11]つまり両書は互いに呼応して天台側の反《アンチ》禅キャンペーンの一環を担っていたのである。

禅に対しては、真言宗の側からも教学論争が頓瑜のような大学匠から挑まれていた（『顕密問答鈔』）が、注目されるのは、西大寺叡尊門下の真言律僧の出身ながら三宝院流の正嫡に連なり、東寺長者として真言密教の頂点に立った文観弘真の、その法弟である宝蓮が、西大寺流律僧覚乗（伊勢岩田円明寺に活動し神道と深く関わり、『天照大神口决』を著した）の問いに応えて禅に対する真言の優越を「以心伝心」について論じた『瑜伽伝心抄』である。管見に入る文観著作[12]のうち禅に言及するものはひとつもないが、その弟子の宝蓮は師説の継承者ながら盛んに禅に言及し批判するのは、夢窓派が席巻した南北朝期の宗教界の情勢を反映するものだろうか。[13]

中世の禅をめぐって、仏教テクストが実に豊かに多元的で多彩な論義論争を繰り展げる様相を焦点化した『禅教交渉論』から眺めた『中世禅籍叢刊《カノン》』の全体像は、後世の臨済宗における五山派と山下派の語録中心の禅学や、曹洞宗の祖師道元の聖典を頂点として、禅宗各派において体系化された宗典の世界とは全く異なった景観が望まれる。それは、中世に到達点を迎えた顕密仏教の巨大な思想体系に、その内部から融合し、超克しようとする新たな認識論理を生みだす絶えざる解釈の運動であり、また顕密仏教側からも厳しく批判され、審問されつつ位置づけを試みられる手強い対象であった。この二つの解釈のベクトルが宗教テクストのうえで交わり、拮抗する。禅は、そうした宗教のはたらきと営みのいわば臨界を中世にもたらしたのである。

中世禅をめぐるフロンティアは、真福寺や称名寺のような寺院アーカイヴスにのみ存在するのではなかった。真福寺もそのひとつであったのであるが、中世後期には日本の各地方に談義所と呼ばれた修学のための寺院が成立し、これらを遍歴する学僧たちの活動の所産が、今も至るところの地域に聖教として遺されている(14)。

その一例が、久野俊彦氏と小池淳一氏（国立歴史民俗博物館）の調査によって掘り起こされた福島県会津地方の真言宗や修験寺院の宗教文献である(15)。戦国時代に当地に密教伝授を行った醍醐寺光台院の亮淳の伝授した印信や、根来寺の学僧で智積院二世となった祐宜に右筆として仕えた祐俊の書写した大量の真言聖教が只見町の瀧泉寺から出現した。その中に含まれる『乾坤塵砂鈔』は、全てに禅の要語と論理を用いて密教の奥義を四重にわたり問答体で解説する。いわば禅によって真言を説く態の宗教テクストである(16)。室町期には既に禅を前提として密教は言説化され布置されるに至る。

さらに久野氏が南会津町龍福寺から見いだされた一片の聖教末尾断簡は、弘長二年（一二六二）に光明峯寺（東福寺の東山に道家が高野山に擬して建立した密教寺院）で写した本奥書を有し、「無相三密」

の境地を四種念誦に宛てて坐禅の調息法を説き、これを「真言禅ノ躰」として一篇を結ぶ、おそらく円爾の著作とみて誤たない中世写本である。[17] 中世禅の豊饒な所産の一端は、こうして全国各地へと流布展開していったのである。

会津における未知の禅籍の、このような発見は、今後、各地域の寺院資料、あるいは民間の宗教文献の調査が展開するに従って、さらに限りなく増えていくことだろう。禅を通してうかがいみた、中世仏教の融合と分離派生の運動は、ひとつの寺院経蔵から地域全体、ひいては全国的なネットワークの許で驚くべき展開を遂げたことを示している。テクストを介した宗教文化遺産の探査は、まさに未踏の大地《テラ・インコグニタ》として全国に及ぶのである。その探究を、仏教から汎宗教にわたり、人文学の諸分野と連携・協働して行う新たな学術領域の創成が求められよう。「宗教テクスト文化遺産学」の構築を、いま、この機に進めなければならない。

【注】

1　阿部を研究代表者として、JSPS科学研究費基盤（B）「中世寺院の知的体系の研究」（二〇〇〇―七）同「中世宗教テクスト体系の復原的研究」（二〇〇八―一〇）基盤（A）「中世宗教テクスト体系の綜合的研究」（二〇一一―一三）が遂行された。

2　第一期全一二巻（一九九八―二〇〇〇）第二期全一二巻（二〇〇四―一一）。

3　CHTの研究活動の成果は、学術誌『HERITEX』一―三号（二〇一五・一七・二〇、一・二号は勉誠出版により販売）を参照されたい。

4　その一例として、国文学研究資料館をはじめ、国立歴史民俗博物館、神奈川県立歴史博物館、神奈川県立金沢文庫、國學院大學博物館と名古屋大学ＣＨＴの諸機関連携研究にもとづく「列島の祈り―日本中世の祈りと救済」をテーマとする合同連携展覧会が二〇一八年から一九年にかけて開催された。

5　神奈川県立金沢文庫編『金沢文庫資料全書』一『禅籍篇』一九七四年（二〇一七年、臨川書店再刊）。

6　真福寺から出現した栄西の著作には、他に『無名集』や『隠語集』があるが、これは先立って『真福寺善本叢刊』第二期三『中世先徳著作集』（二〇〇六）に末木文美士氏の解題を付して公刊された。この紹介が後に『中世禅籍叢刊』刊行の大きな契機となった。

7　『中世禅籍叢刊』四『聖一派』、五『無住集』、一一『聖一派続』、一二『稀覯禅籍集続』所収。

8　『中世禅籍叢刊』七『禅教交渉論』に、大正新修大蔵経の底本となった真如蔵本が改めて校訂されて収められる。

9　注8前掲書所収、称名寺二世釼阿による詞書のみの写本。

10　阿部「中世の魔界と絵巻―『七天狗絵』とその時代」『中世日本の世界像』名古屋大学出版会、二〇一八年（初出二〇〇四年）。

11　大正新修大蔵経第七六巻（五〇五ａ）徳治年間（一三〇六―八）の出来事と伝える。

12　真福寺善本叢刊第二期三『中世先徳著作集』および阿部『中世日本の宗教テクスト体系』名古屋大学出版会、二〇一三年（第九章「中世密教聖教の極北」）。

13　顕密仏教側では、天台宗に属す浄土僧澄円（智演）による『夢中松風論』（『浄土宗全書』続九所収）が『夢中問答集』に浄土念仏を小乗と貶ることを批判し、また夢窓国師の禅とその教説を時衆の踊念仏などと共に批判するのが、了誉聖冏の『破邪顕正抄』（鹿嶋問答）である。

14　真福寺に伝来した伊勢泊浦大福寺からもたらされた安養寺流聖教の一角を成す、嶺翁寂雲「御自筆」の聖教『密宗超過仏祖決』一帖が、香川覚城院聖教調査において伊藤聡・中山一麿両氏によって発見され、『稀覯禅籍集続』に収められたことは、全国の談義所における学僧と聖教の交流に関する資料の再認識を、寺院資料調査研究が先端として担っていることを端的に示している。

15　久野俊彦「奥会津只見〝書物の郷〟のフィールドワーク―『神皇正統記』只見本と東国僧祐俊の聖教典籍書写活動」『ＨＥＲＩＴＥＸ』三（名古屋大学人類文化遺産テクスト学研究センター、二〇二〇年）。

16　奥書には、祐俊が天正十四年（一五八六）常陸下妻の円明寺で「初法談」の際に申請けて写したとし、更に遡って永禄十三年（一五七〇）深瑜の識語がある。その内容は謝辞に示した阿部論文参照。

17　龍福寺聖教の円爾著作と推定される断簡の全文（本文末尾と奥書）を以下に掲げる。本資料についてご教示下さった久野俊彦氏と、紹介をお許しいただいた福島県南会津町糸沢の龍福寺御住職宇佐見明香師に御礼申し上げる。

〔前欠〕无異《コト》一故名无相《トソ》一。无相三密《ノ》事、／更問之。秘々中深秘。又、経充説四／種念誦《ヲ》一。念誦之中《ニ》第三出入息／念誦為《ヲ》世間最上念誦《ト》一。以此念／誦《ヲ》一、得第四出世間心意念誦《ヲ》一。々々々《ト》／者、即无相三密自證也。此證《ト》者、即／還證《ス》出入息相應字門《ヲ》一。故出入息／念誦《ヲ》為真言禅《ノ》躰《ト》一也。

本云／弘長二年十一月三日、於光明峯寺／東坊書写畢

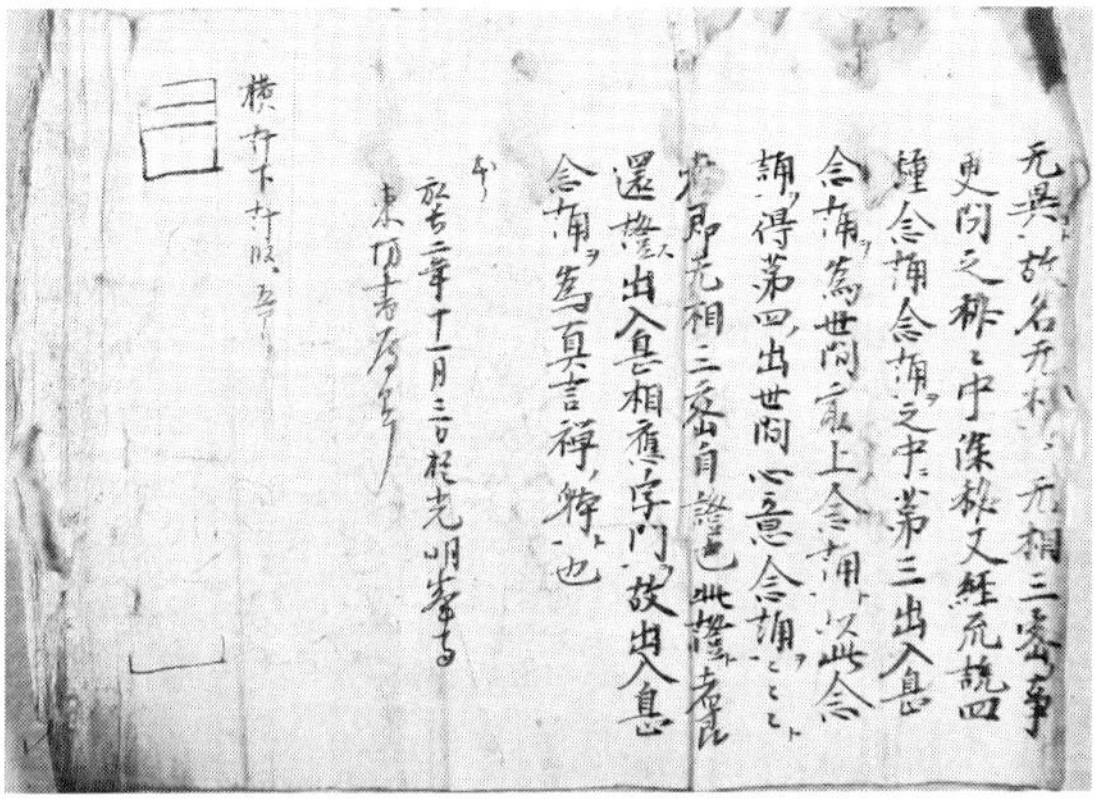

（龍福寺蔵・円爾著作聖教断簡）

本稿を元に、より論旨を詳しく展開させた論文を、末木文美士氏の許で編者に加えていただいた中世禅籍叢刊別巻論集『中世禅の新視角―『中世禅籍叢刊』が開く世界』（臨川書店、二〇一九年）の終章「宗教テクスト遺産としての寺院聖教典籍の再発見―『中世禅籍叢刊』が開示する中世禅の真面目』として収めることができた。本稿に紹介した会津瀧泉寺蔵『乾坤塵砂鈔』等についてより詳細に記述してあるので、ご参照いただければ幸いである。

なお、上に掲げた円爾著作聖教断簡（龍福寺蔵）の写真は、只見町教育委員会が行った龍福寺調査に際して、久野俊彦氏が撮影したものである。

末筆ながら、本『中世禅籍叢刊』の基礎となった調査研究から編集公刊まで一貫してお導きいただき御示教を賜った末木先生、石井先生、高橋先生に深く感謝申し上げる。それと共に、協働して貴重な文庫の蔵書公刊と研究に貢献された道津綾乃氏はじめ神奈川県立金沢文庫の皆様、更に、この調査研究を常に支え、お見守りいただいている大須観音宝生院貫主岡部快圓師に感謝を捧げる。

大須観音ゆかりの地—初代能信の足跡を訪ねる—

三好　俊徳

岐阜県羽島市桑原町大須は、木曽川と長良川に挟まれた中州に位置する。日本を代表する清流長良川下流域の堤防沿にあるこの地区に、真福寺《しんぷくじ》という寺院がある。現在の寺域は限られるが、旧国名で尾張国中島郡の一部であった中世には八坊を有する大規模な寺院であった。その中核であった宝生坊は、三代任瑜《にんゆ》（?～一四二二）の入寺に際して院号を名乗るようになり、さらに、慶長十七年（一六一二）に名古屋の地に移された。[1]それが現在の大須観音宝生院《おおすかんのんほうしょういん》である。

大須観音は、名古屋を代表する商店街の西の起点に位置する。家電から古着、飲食など多様な店が並び老若男女が集まる商店街の入口にあたるため、境内はいつも多くの人で賑わう。そのなかで、観音菩薩を祀る本堂前で足を止めて手を合わせる人の姿を見かけることは珍しくない。また、観音の化身と伝えられる鬼面を有していることから、「鬼は外」とは言わず「福は内」とのみ唱える節分会には、毎年人集りができる。このように現在の大須観音は観音菩薩を祀る寺院として多くの信仰を集めている。

しかし、名古屋移転前には中世の尾張地区を代表する談義所《だんぎしょ》（学問寺院）として発展し、そこに多くの僧が集まって講義を受け、聖教《しょうぎょう》典籍を閲覧して学んでいたのである。

真福寺は鎌倉時代末期に能信によって創建された。能信は文保二年（一三一八）頃から嘉暦三年（一三二八）頃にかけて真言密教小野三宝院流《おのさんぼういんりゅう》の三法流を受けている。伊勢国関慈恩寺《せきじおんじ》の実済《じっさい》から受けた慈恩寺流、伊勢国鳥羽泊浦《とまりのうら》大福寺《だいふくじ》および斎宮安養寺《さいくうあんようじ》の寂雲から受けた安養寺流、武蔵国高幡不《たかはたふ》動《どう》虚空蔵院の儀海《ぎかい》から受けた武蔵流である。これらは「大須三流」と呼ばれて門弟に伝えられることになる。重要なことは、能信は法流の伝受の過程で、複数の同法・門弟と共に大量の聖教を書写していることである。この聖教群が談義所としての真福寺の基盤となったのである(2)。

大須三流の実態については、一九九八年頃から継続的に行われている名古屋大学を中心とする大須文庫調査のなかで研究が重ねられてきたが(3)、『中世禅籍叢刊』の刊行準備が進められる過程で、改めて禅密に関する聖教伝受の場として安養寺における能信の書写活動が注目されることになった。そこで、二〇一二年七月に真福寺の故地、慈恩寺流および安養寺流の伝受に関わる場所を『中世禅籍叢刊』執筆者を中心としたメンバーで訪ねた。以下に、そのときの記録をもとにそれぞれの地の現在の姿を報告する。

真福寺

岐阜県羽島市桑原町大須にある真言宗寺院である。木曽川と長良川に挟まれたこの地域は、洪水に

真福寺（羽島市桑原町大須）
写真提供：羽島市観光協会

真福寺（名古屋市中区大須）
写真提供：真福寺宝生院（大須観音）

よって古代から何度も地形が変わっているが、鎌倉末期の大洪水によって大須という大きな中州が生まれ、他郷とは独立して大須荘と呼ばれるようになった。その地に建立されたのが真福寺である。[4]真福寺宝生院が名古屋に移転して以降、真福寺は江戸時代に村民により再度建立されたが、その後も何度か洪水に遭って場所が変わり、現在の地に移ったということである。このように、現在のお堂のある場所は中世と同じではない。しかし、すぐそばの長良川の堤防の上から眺める水の流れは、在りし日の大伽藍から見た景色を想い起こさせる。

現在の真福寺の隣には徳林寺がある。徳林寺は、元徳二年（一三三〇）に真福寺に入る前に能信が書写活動を行っていた寺院である。徳林寺で書写したとの奥書を持つ聖教は多く真福寺に所蔵されており、両寺の関係の深さを示している。

また、真福寺はもともと北野社があった場所に創建されたと考えられている。[5]その社を探したが、近隣に関連する事物を見つけることはできなかった。

慈恩寺流

能信が実済から法流を受けた場所は関の慈恩寺である。現在、関（三重県亀山市）に慈恩寺という浄土宗寺院がある。寺伝では、行基創建で、中世には七堂伽藍を有する大寺院であったが、焼失などを経て江戸時代に他寺と統合されたとされる。平安時代初期に作られた木造阿弥陀如来像（国重要文化財）[6]を所蔵しており、由緒ある寺院であることは確認できるが、現在のところ、能信が学んだ慈恩寺とのつながりを示す資料を見つけることはできていない。

慈恩寺流に関して、実済の師にあたる賢誉《けんよ》が住持を務めていた大福田寺《だいふくでんじ》（三重県桑名市）は現在も往時の姿を留めている。本尊阿弥陀如来のほか、聖天（歓喜天）を祀っており、「桑名の聖天」として親しまれている。聖徳太子の創建と伝えられ、鎌倉後期に後宇多院の勅願所として忍性《にんしょう》（一二一七～一三〇三）が再興している。忍性は、戒律復興を行い真言律宗を興した叡尊の弟子である。再興以降、大福田寺は真言律宗の拠点寺院として繁栄した。そのことは「絹本着色忍性上人画像」など国重要文化財四点を含む多くの寺宝からもうかがうことができる。

また、賢誉は意教上人頼賢《いぎょうしょうにんらいけん》（一一九六～一二七四）が鎌倉に伝えた三宝院流を、頼賢の弟子の定仙《じょうせん》（一二三三～一三〇二）から受けている。その教学の体系は実済を通して能信および真福寺にも伝えられた。そのことは、賢誉が所持していた聖教目録である『真言書目録《しんごんしょもくろく》桑名大福寺[7]』の写本が真福寺に所蔵されていることからも明らかである。

安養寺流

能信に受法した師の一人である寂雲は斎宮の安養寺と鳥羽の大福寺の住持を務めていた。

現在の安養寺は三重県多気郡明和町に所在している臨済宗東福寺派の寺院である。『明和町史』によると、永仁五年（一二九七）に仏通禅師《ぶつつうぜんじ》の諡《おくりな》でも知られる癡兀大慧により創建されたが、その地から中世後期に現在の場所に移転したということである。(8) 創建の地は平成十一年（一九九九）から発掘調査が行われ、その成果は『安養寺跡を探る』(9) にわかりやすく報告されている。

癡兀大慧は聖一国師《しょういちこくし》円爾の法弟である。円爾は入宋し禅を学び、帰国後は禅密兼修を実践して信仰を集め、九条道家の発願で建立された東福寺の開山として招かれている。大慧もその教えを引き継ぎ、応長元年（一三一一）には東福寺九世に就任している。その大慧が開山を務めたのが安養寺である。また大慧は鳥羽泊浦の大福寺も創建している。両寺は大慧の弟子である寂雲に伝えられ、特に密教法流は寂雲から能信に伝授された。江戸時代の真福寺の寺伝によると、安養寺および大福寺には禅密の聖教が収められていたが、寂雲以降に両寺は禅宗寺院となり、密教聖教は法流とともに能信に伝えられたということである。(10) たしかに、大須観音には安養寺流の密教系の聖教が伝えられている。これが真実であれば、安養寺に伝えられたとされる禅関係聖教の全貌が気になるところであるが、残念ながら現存していないようである。なお、大慧関連資料も含む「安養寺文書」は『三重県史』(11) に収録されている。また、大慧（大恵）に関するものでは、「紙本墨書癡兀大恵印信附紙本墨書空然印信及び合行図紙本墨書寂誉印信」は三重県の有形文化財に指定されており、「仏通禅師所用法衣並びに什物」七点が明和町の有形文化財に指定されている。

安養寺と同じく、寂雲が住持を務めた鳥羽大福寺は現存していない。『鳥羽市史』によると、大福寺は成立年代不詳で、中世後期には鳥羽城主の九鬼氏の信仰を受けていたが、慶長十二年（一六〇七）九鬼守隆による両親の菩提供養を祈っての改築に際して常安寺《じょうあんじ》と改められたということである。そのときに禅宗寺院となり、志摩国自他宗の触頭として曹洞宗六十六ヶ寺の僧録寺となり隆盛を誇った。[12] 常安寺は、現在、曹洞宗永平寺派に属している。常安寺を訪ね大福寺の痕跡を探索したが、見つけることはできなかった。

【注】

1　稲葉伸道「真福寺の創建」（『大須観音　いま開かれる、奇跡の文庫』、大須観音宝生院、二〇一二年）。同「尾張国真福寺の成立―中世地方寺院の一形態」（『名古屋大学文学部研究論集』史学四八、二〇〇二年）。

2　能信の聖教書写活動の全貌は、能信を同法として補佐した宥恵の手により編まれた真福寺の蔵書目録『聖教目録真福寺』（真福寺善本叢刊『真福寺古目録集』、臨川書店、一九九九年）からうかがい知ることができる。

3　『中世寺院の知的体系の研究：真福寺聖教の復元的研究』（科研成果報告書、研究代表者：阿部泰郎、二〇〇四年）、『中世寺院の知的体系の研究―真福寺および勧修寺聖教の復原的研究』（科研成果報告書、研究代表者：阿部泰郎、二〇〇七年）、『中世宗教テクスト体系の復原的研究―真福寺聖教典籍の再構築』（科研成果報告書、研究代表者：阿部泰郎、二〇一〇年）などにまとめられている。その成果は、『大須観音　いま開かれる、奇跡の文庫』（大須観音宝生院、二〇一二年）および『愛知県史　別編文化財4　典籍』（愛知県、二〇一五年）に反映されている。

4　注1参照。

5　注1参照。

6　『三重県史　別編　美術工芸　解説編』（三重県、二〇一四年）。

7　真福寺善本叢刊『真福寺古目録集』（臨川書店、一九九九年）に「大福田寺目録」として収録されている。本文の書名は外題に拠るが、「大福寺」は誤りで「大福田寺」が正しい。

8　『明和町史』（明和町、二〇〇四年）

9　『安養寺跡を探る―安養寺跡発掘調査概要―』（三重県多気郡明和町、二〇一六年）。奈良文化財研究所ＨＰ上の「全国遺跡

報告総覧」(https://sitereports.nabunken.go.jp/ja) から閲覧することができる。

10 大須文庫に所蔵される江戸時代に記された真福寺の寺伝『大須三流由来』(新七号三四号)、『真福寺列祖伝』(新五合六〇号)などに記される。

11 『三重県史　資料編　中世2』(三重県、二〇〇六年)。

12 『鳥羽市史』上下巻(鳥羽市役所、一九九一年)

金沢文庫管理『禅門詩文集』の本態

髙橋　秀栄

一

平成二十九年夏、臨川書店から『中世禅籍叢刊』巻十・稀覯禅籍集が刊行、配本された。鮮明な影印に厳密な翻刻、解題つきというじつに懇切丁寧な学術研究書である。同書には「嘉泰普灯録《かたいふとうろく》・覚《かく》性論《しょうろん》・見性成仏論《けんしょうじょうぶつろん》・舎利礼文《しゃりらいもん》〔医王山一歩一礼文〕・宗鏡録要処《すぎょうろくようしょ》・正法眼蔵打聞《しょうぼうげんぞうちぎき》・禅宗法語・禅《ぜん》門詩文集《もんしぶんしゅう》（付『伝記勘文』）・宋人参詣医王山之時礼拝文・百丈禅師広説・法門大綱・明心・養心抄・伝心法要」など十四点の古写本禅籍が収録されている。『伝心法要』の一点のみが大谷大学図書館所蔵で、そのほかはすべて称名寺所蔵、金沢文庫の管理本である。

収録資料のうち、『覚性論』と『禅門詩文集』および『養心抄』の三書は昭和四十八年発行の『金沢文庫資料全書』第一巻・禅籍篇には未収録の禅籍であり、その現存を知る人は稀にして、また関心を寄せられることもなかったが、今後は少なからず禅宗研究者の関心と注目を集めることであろうと推察される。

ところで筆者は臨川書店から届いた『同書』をパラパラめくりながら、影印《えいいん》、翻刻《ほんこく》の頁立てに狂いが生じていないかどうか、点検を兼ねながら頁めくりをしていて、「オヤ、これは？」という感じを抱く場面に直面した。『禅門詩文集』の影印を拝見しようとしたところで、その表紙に貼られている題簽《だいせん》文字に多少の違和感を覚えたからである。通常、題簽に書かれる書名は一つである。それなのに『禅門詩文集　伝記勘文』と二つの書名が併記されている。それはそれでいいのだが、「禅門詩文集」は紙片の中央に大きく筆文字で書かれているのに、「伝記勘文《でんきかんもん》」は左下寄りにペン書きで小さく添え書きされている。これは何の意味であろうか。以来、その大小二つの書名表記が気になりだし、その理由を知りたいと思い続けた。その時のことは今もありありと脳裏に焼きついている。

筆者はこの『中世禅籍叢刊』（以下、叢刊）に収録される資料の大半が金沢文庫の管理本ということもあって、編集委員の一人に加えられ、時々に送り届けられる校正ゲラの点検に目通しさせてもらったが、本文の誤字や脱字のチェックばかりに気をとられ、題簽の表記文字の点検まで思いが及ばなかった。書誌学に興味をもち、崩し文字に関心を寄せる身の上でありながら、校正の段階で『禅門詩文集』の題簽文字に注意を払わなかったことは失敗であったと反省しているが、届けられた配本を手にしての最初の素朴な疑問が、なぜ題簽に二つの書名が書かれているのか、ということであった。そしてその根拠、理由を探るには、直接原本にあたって調べることが大事だと考え、数日後、

巻子装の表紙に貼られた題簽

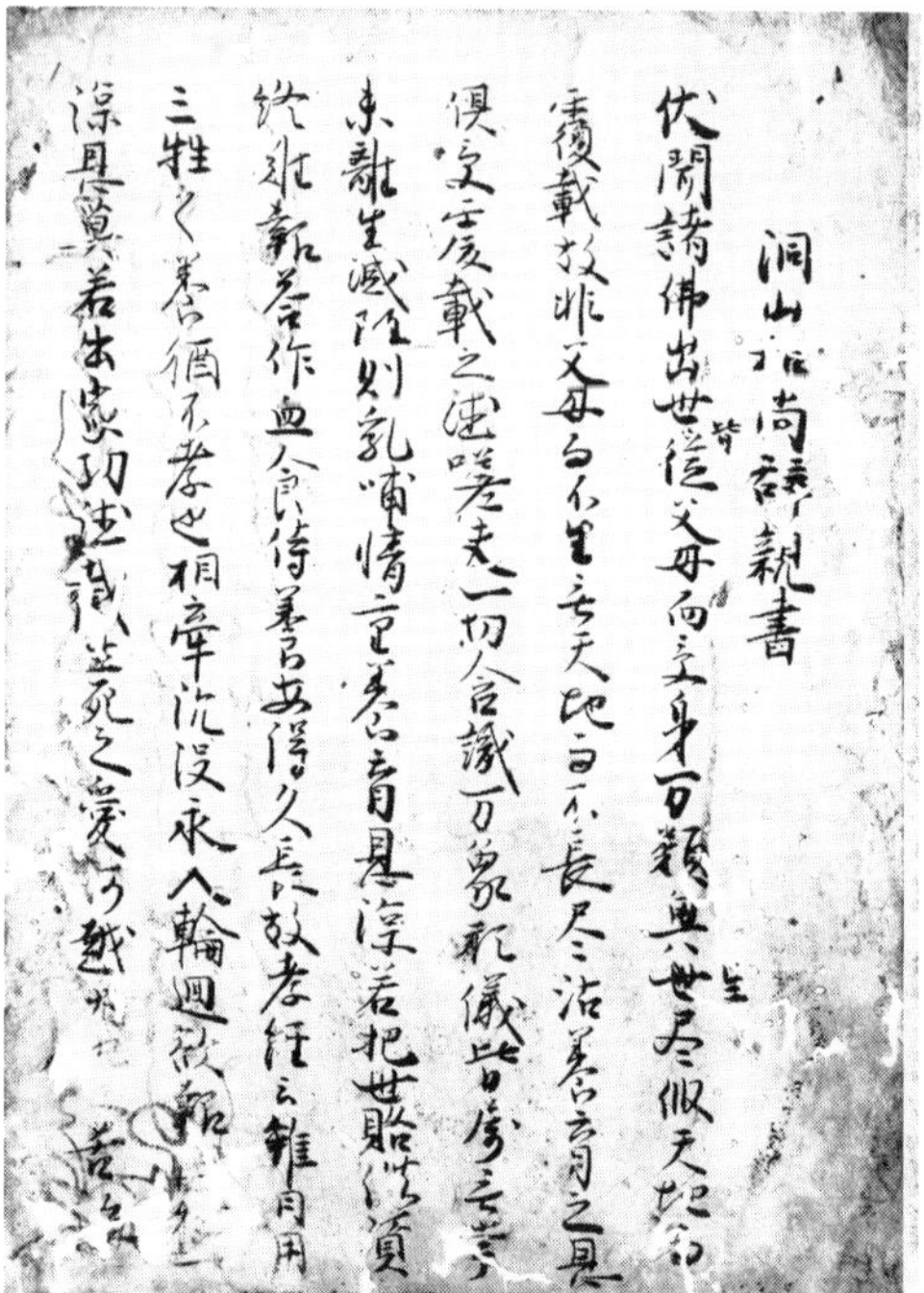

禅門詩文集の初丁　四行目の下部に「へ」の字形にみえる虫喰い穴がある。

金沢文庫に出かけ、道津主任学芸員の手を煩わせて『禅門詩文集』を拝見した。
巻子本の綴じ紐を解き、初丁に目を注ぐと、そこには「洞山和尚辞親書」という見出しはあるが、『禅門詩文集』や『伝記勘文』という文字は見あたらない。では尾題はどうか、と思って料紙《りょうし》を巻き込んでいったが、末尾の料紙のどこにも書名らしい文字はない。尾題の表記もなければ、いつ、誰が、どこで書写した、という書物誕生の趣旨を明記した奥書もない。それなのに、どうして『禅門詩文集伝記勘文』という書名を題簽に書き添えることができたのか、原本を拝見しても筆者の疑問は解消されなかった。

そこで今度は視点を変えて、昭和五年（一九三〇）以来の金沢文庫の歩みをたどりながら、その周辺をあれこれ調べてみることにした。その結果、『禅門詩文集』と『伝記勘文』は現在、装丁が異なる二つの資料として厳重に管理されているが、古くは袋綴じの装丁になる一冊の聖教であったことが判明した。以下はそのことが明らかになるまでの経緯報告である。

二

『禅門詩文集』は鎌倉時代の後期に生成をみた古写本であるが、研究者に恵まれず、長年放置され続けてきた聖教であった。今回、道津綾乃氏がはじめてその全文翻刻と解題に取り組まれ、『叢刊』に収録された。ようやく学術的な光が照射された感じであり、その学術的意義は大きい。とはいえ、現存する『禅門詩文集』は鎌倉時代の後期に生成をみた当時の姿そのままではなく、近代に修理の手が入って改装された聖教であることは疑いない。それではその修理はいつ頃のことであったか。そのおおよその時期が分かれば、題簽に二つの書名が書かれた時期も理由も判明するのではないか、と筆者は考え、熊原政男氏の編集になる『金沢文庫復興三十年誌』や金沢文庫に関する新聞記事や雑誌記事などを貼り付けたスクラップ帖などをたよりに、『禅門詩文集』に関係する記事などを探し求めてみたところ、以下の事項を拾い集めることができた。

（一）昭和五年（一九三〇）八月、大橋新太郎氏の絶大な尽力により、神奈川県立金沢文庫が再建され、初代文庫長に関靖氏が就任した。関氏は同時に、称名寺及び子院に伝存した古書・古文書類を新設の文庫に運び、熊原政男司書（第二代文庫長）と共にその整理、調査、研究を開始した。

（二）昭和十二年（一九三七）四月、『金沢文庫古文書』第一輯・第二輯が刊行された。関氏の序文には、「之を刊行するに当り、史料編纂官相田二郎氏は、繁劇なる公務の余暇をさきて、屡文庫に来往し、親しく文古《（マヽ）》を調査し、或は編纂の方法に、或は原稿の修正に、或は印刷の校合に、甚大なる努力を尽され、漸く之を世に出すの運びに至りたるものにして、（後略）」と記されている。

（三）昭和十四年（一九三九）『金沢文庫古書目録』（以下、目録）が刊行された。その中に「〇伝記勘文　一巻一冊　二六五　写　釼阿手沢本」および「〇禅宗詩文集（仮題）一巻一冊　二六五写　洞山和尚辞親書等紙背有連歌一葉」の記載があり、両書名の初出となる。文庫長の関氏は『目録』の巻頭に「本書の編纂に就いて」と題する一文を寄せ、「本書の編纂刊行に就いては前司書熊原政男氏及現司書木谷孝氏の努力に俟ちたるものが極めて多い」と記し、二人の労をねぎらわれている。

（四）昭和十七年（一九四二）八月、関氏は「金沢文庫の禅籍に就いて」と題する論文を執筆し、『積翠先生華甲寿記念論纂』に寄稿された。文中に「この雑抄は今残っているのは、美濃判二十張のもので表紙を欠いているし、また沢山の脱丁もあるらしいが、（略）強いてそれに書名を興《マヽ》えるとしたら、「禅家詩文集」とでもいうべきものであろう」と記述しているが、『目録』と違う一字違いの書名を表記している。

（五）昭和二十七年（一九五二）三月、『金沢文庫古文書』第一輯・第二輯が刊行される。第二輯の一二三六号と一二三七号の「源阿書状」の表題下に（『禅門詩文集』紙背）との注記があり、その書名も一文字ながら違っていることが確かめられる。ちなみに『禅門詩文集』が現状の巻子本に改装修理されたのはこの頃であったらしい。

（六）昭和三十一年（一九五六）三月、『金沢文庫古文書』第九輯が刊行される。六七九七号の「相州禅門送蘭渓書」の表題下に（伝記勘文紙背）との注記がある。

（七）昭和四十九年（一九四七）三月、『金沢文庫資料全書』第一巻禅籍篇が刊行される。総説を執筆された鏡島元隆氏、解題を執筆された石井修道氏は共に『目録』の表記の書名を尊重し、それに準拠して『禅宗詩文集』（仮題）の書名を表記されている。

（八）平成十五年（二〇〇三）九月、『建長寺史』編年資料編第一巻が刊行される。金沢文庫管理の『蘭渓和尚坐禅儀識語』「北条時宗書状写」「大宋高僧伝奥書」『禅門詩文集』『伝記勘文』などの要文などが引用掲載されている。

（九）平成二十九年（二〇一七）八月、臨川書店から『叢刊』巻十が刊行され、「禅門詩文集」（仮題）ならびに『伝記勘文』が付録として収録される。

三

前述するように初代文庫長の関靖氏は、昭和十七年（一九四二）に石井積翠氏の還暦を祝う記念論集に「金沢文庫の禅籍について」と題する論文を寄稿された。その論文で注目されるのは「禅家詩文集」という書名が見いだされることである。すなわち「この雑抄は今残っているのは、美濃判二十張のもので表紙を欠いているし、また沢山の脱丁もあるらしいが、全部湛睿《たんえい》（一二七一～一三四六）が他人の消息の紙背を利用して雑録用に充てたものである。そしてその内容の大部分が禅宗関係のものであるから、強いてそれに書名を興《マヽ》えるとしたら、「禅家詩文集」とでもいうべきものであろう」と。文中に湛睿の名がみえるが、それは釼阿《けんな》（一二六一～一三三八）の間違いである。それより注意を払いたいのは「美濃判二十張」という数字である。その紙数は『伝記勘文』の料紙の枚数に近しいからである。

さて、関氏が目に止めた聖教は「雑抄」であった。表紙が失われていた、いうなれば書名未詳の聖教であったわけである。そこで関氏は「禅家詩文集」という仮題の書名を案出され、その書名を論文に記したわけである。だがしかし、論文が印刷される三年前に発行されていた『目録』にはすでに

「禅宗詩文集」(仮題)という書名が明記されていた。それにも関わらず、関氏はそれに準拠せず、「禅家詩文集」という書名を用いられたのである。じつに不審なことである。

不審といえばさらにもう一つ同様のことがある。それは関氏が東大史料編纂所の相田二郎氏の協力のもと昭和二十七年に発行した『金沢文庫古文書』の中に「禅家詩文集」と一字違いの『禅門詩文集』という書名が記されていることである。つまり関氏は『目録』掲載の書名を採らず、時には『禅家詩文集』と呼称し、時には『禅門詩文集』と表記されていた、そんな感じを受けるのである。古典籍を取り扱う分野(例えば、図書館学、文献学、書誌学)においてはけっして許されることではないと思うが、ともあれ一冊の書物の書名にちなんで、「禅宗」「禅家」「禅門」など三つの書名が生み出されていたのである。「雑抄」ともみなされる聖教であっても、すでに『目録』に「禅宗詩文集」(仮題)と載録された書名があったからには、それにしたがうべきではなかったか。『禅門詩文集』にはそうした奇妙特異な一面が付随している。

四

それはさておき、筆者が金沢文庫に出向き、『禅門詩文集』と『伝記勘文』の原本にあたって調べたことを略述すると、『禅門詩文集』は巻子本で、料紙は二十一紙。本文は全て称名寺二代の釼阿の自筆書写である。尾丁が失われているのでその確かな書写年代は不詳であるが、鎌倉後期の写本と推定される。その内容は石井修道、道津綾乃両氏が解題に明記されているように、冒頭に中国唐時代の禅僧・洞山悟本《とうざんごほん》大師の行状（辞親、復書、娘回書）が筆録され、ついで雲峰悦和尚の小参、眞観法師の僧伝、「相州禅門送蘭渓回書」と続き、さらに巻末近くに『寒山詩』の中から二三の詩が抜書きされている。

そしてそれらの要文の典拠を探れば、仏典では『禅門諸祖師偈頌《ぜんもんしょそしげじゅ》』『続高僧伝』『寒山子詩集』『弁正論』など、漢籍では『貞観政要《じょうがんせいよう》』『晋書武帝紀』『唐会要』『册府元亀』『尚書正義』などであったことが指摘されている。仏典と漢籍から適宜に要文が抜書きされたものであるが、要文相互にさしたる関連性は見られないから、いうなれば釼阿の個人的な学習ノートとでもいうべきものとみなされるかも知れない。釼阿はこれらの諸本を居室の机辺に置き、必要とする本文を抜書きしたものかとも推察されるが、その原本がはたして称名寺所蔵の宋版大蔵経や外典類であったかどうかは明らかでない。その検証は容易ではないが、今後、折を見て、称名寺所蔵の宋版本と釼阿が引用した文章の異同につき点検を試みたいと思っている。

つぎに『伝記勘文』はどうかというと、本書は『禅門詩文集』と違って袋綴じの装丁本である。表紙の中央にやや大ぶりな文字で外題が書かれ、左下の隅に「山谷隠士桑門ケンア（梵字）」と署名されている。「山谷隠士」とは俗世間を逃れて山中に隠れ住む人のことで、別に「山谷之士」ともいう。釼阿自身の境地を暗示させる文句であろう。

見返し（表紙裏）には鎌倉建長寺の開山・蘭渓道隆に関わる二つの文章が備忘風に書写されている。

それらの文章もまた釼阿が自ら書写したものである。よってこの『伝記勘文』は表紙の外題に似合わず、禅籍の一面を伝えていることが知られる。これにも奥書はないが、その筆跡の字体から鎌倉後期の古写本と推定される。だが、料紙がわずかに四紙というのは不自然な感じがする。元来はそれ以上の枚数があったのではあるまいか。

釼阿は料紙をすこぶる大切にする人であった。他人から受け取った消息の料紙の裏面を再利用して典籍の本文を筆録することに鋭意、努力した人でもあった。『禅門詩文集』の料紙の裏面には「かねさハ明忍御房　源阿」と書かれた消息をはじめ、数人の僧侶の文書が混じっていることからも疑いない。

伝記勘文の表紙　外題の下部に「へ」の字形にみえる虫喰い穴と、その右側斜め上に「265」という算用数字が確認できる。

以上のように、『禅門詩文集』は巻子本の装丁であり、『伝記勘文』は袋綴じ本の装丁である。装丁の形態が違えば、誰の目にも両者は別物と映るはず。ましてや昭和十四年刊行の『目録』には「〇伝記勘文　一巻一冊　二六五　写　釼阿手沢本」「〇禅宗詩文集（仮題）　一巻一冊

二六五　写　洞山和尚辞親書等紙背有連歌一葉」と記載されている。よって『禅門詩文集』と『伝記勘文』は別々の書物とみなされてきたが、なぜか両書ともに、その本文内容を考察してみようという奇特な研究者には恵まれなかった。わずかに石井修道氏が『金沢文庫資料全書』の禅籍篇に「洞山和尚辞親書」「雲峰悦和尚小参」「真観法師伝」「恵浄法師伝」などの出典を探索された解題にそえて、「相州禅門送蘭渓回書」の本文を翻刻掲示されたのが注目されるだけだった。

以上のことをふまえ、簡単な結論を述べるとしよう。『禅門詩文集』という書物は、元来『伝記勘文』と合綴されていたものであり、袋綴じの装丁本であったということである。その証拠は六つ提示できる。一つには、料紙一枚の寸法が同じであること、二つには、本文の筆跡が同筆（筆者は釼阿）であること。三つには、『金沢文庫研究紀要』第二号の関氏の論文中に掲載された『禅門詩文集』の図版が冊子装（袋綴じ装）であること。四つには、『伝記勘文』の表紙下段隅に点在する汚れや破れの痕跡が『禅門詩文集』の初丁の下段と同じであること。五つには、紙の虫に喰われてできた「へ」のような字形の穴が両書の同じ箇所に一致すること。六つには、前田育徳会尊経閣文庫に所蔵される延宝六年（一六七七）三月書写の『称名寺書物之覚』という古記録の中に「一、伝記勘文、無作人、廿三枚、一冊。僧イ書簡、高僧伝、貞観政要ナト少々書之」との記述があることである。

以上の要旨から、現在巻子本に仕立てられている『禅門詩文集』は本来、袋綴じと呼ばれる装丁の冊子本で、しかも『伝記勘文』という書名の聖教そのものであったことがわかるのである。とりわけ注目すべきは『称名寺書物之覚』に「廿三枚、一冊」と明記されていることである。現存する料紙はわずか四紙を数えるだけであるが、江戸時代の延宝六年三月には廿三枚を数えていたという事実は重く受けとめていい。

五

以上、『禅門詩文集』という聖教の書名をめぐって、いろいろ疑問を提起しながら考察してきた。昭和五年に称名寺の子院から題未詳の古写本として発見されたことに端を発し、昭和十四年発行の『目録』に「禅宗詩文集」と命名されながら、関靖初代文庫長が「雑抄」と呼称したり、さらには目録の表記と違う「禅家詩文集」という書名を使ったり、そのほかに『禅門詩文集』などという書名もあてがわれて今日に伝わってきたということである。喩えていえば、まさしく流浪の長旅を続けながら今日に伝存をみたという、不思議な聖教ともいえるわけである。

とはいえ、結局のところ、関氏の論文に掲載された一枚の写真図版と、前田尊経閣文庫所蔵の『称名寺書物之覚』の記述が有力な証拠となって、『禅門詩文集』は『伝記勘文』のつれあいであったことが明確になったのである。従来は『目録』所載の書名の違いから『禅門詩文集』と『伝記勘文』は別々の聖教として取り扱われてきたけれど、実際は元来同本であったということがハッキリしたわけであり、また関氏が「雑抄」と呼称した聖教も、その本体は『伝記勘文』という聖教であった、ということである。

本書の所持者であった釼阿が本書を書写した当初は二十数紙の消息料紙を反転して束ね、袋綴じ装の聖教に整えられた一冊本であった。それが長きに渡る風雪の間に綴じ糸がほぐれ、料紙も離ればなれになり、昭和初期に発見された時には表紙のない「雑抄」とみなされる状態の聖教となり、ために「禅宗詩文集」（仮題）という書名が付けられたわけであるが、その時にもし『題未詳』とか『書名未詳』、もしくは『無題号』というような書名で掲載されていたら、後人を悩ますような事態にはならなかったかと思われる。さらに混乱の火種となったのは、昭和二十六、七年頃、料紙の傷みを経師に修理させたときに、当初の袋綴じ装を巻子装に改めさせたことが大きなあやまりであったといわざるをえない。表紙が欠損した聖教や資料に書名を付す際は慎重を期さねばならないという教訓でもある。

六

筆者は金沢文庫に勤務すること三十六年を数えたが、その間、一度もこの聖教を調査する機縁に恵まれなかった。禅宗に関する聖教より、天台学に関する聖教に関心を寄せていたからである。だが退職後、臨川書店企画の『叢刊』発刊との縁が生じたことから、編集責任者として助言、点検の任が与えられたこともあって、偶然のことながら、「禅宗詩文集」（仮題）の表紙に貼られた題簽文字に疑問を抱く機会にめぐりあった。そのことが機縁となり、思考錯誤を重ね、ささやかな疑問を晴らすことができたわけである。

くり返しになるが、『禅門詩文集』と『伝記勘文』は現在、二点に分離保存されているが、鎌倉時代に成立した当初は『伝記勘文』という外題の本体そのものであった。『禅門詩文集』という書名は昭和一〇年代後半に仮に案出された新しいものであった。『禅門詩文集』＝『伝記勘文』という結論にたどり着くまでにはかなりの時間を費やしたが、試行錯誤の末に、ささやかながら文献書誌学的な考察解明の糸口を見いだすことができた。そうした経過をふり返り、本論文の論題を「禅門詩文集の本態」としたわけである。「本態」とは、辞典によれば、「もとの姿、本来の姿」（漢語新辞典）、「本来の様子・姿」（新明解国語辞典）の語義であるというから、すこしはその語意に近い考証ごとができたかなと思っている。もし臨川書店の『叢刊』が企画されなかったら、「禅宗詩文集」（仮題）はその出自を知らないまま、まだまだ深い眠りについていたはずである。

本書はようやく歴史の呪縛から解き放たれ、本来の古巣に落ち着くことができたといえようか。長年の経験がものをいう、という先学の言葉の重みも受けとめながら、さらに今後とも厄介きわまりない書名未詳の聖教の書誌的研究に取り組んで行きたいと願うばかりである。

文を結ぶにあたり、禅宗研究の日が浅い筆者を『叢刊』の編集委員に加えていただき、かついくつかの資料の翻刻、解題を担当するよう格別な計らいを巡らしていただいた末木文美士、阿部泰郎両氏、さらに『叢刊』全十二巻の編集に従事された西之原一貴氏に心から厚くお礼申し上げたい。

あとがき

中世禅の知を解き放つ――――亀山隆彦

二〇一九年後半から二〇二一年にかけて、新型コロナウィルスとは別に、筆者の人生にとって重要な転機となる出来事が二つあった。一つは、京都市の町家を拠点とする私塾「上七軒文庫」の設立、もう一つは、本書『中世禅の知』の出版である。この二つの出来事を通じて、大学外での研究・教育活動を本格化し、自身の研究成果を広く一般の読者に普及する機会を得た。

本文でも繰り返し述べるように『中世禅の知』は、二〇一九年に刊行が完了した『中世禅籍叢刊』の内容に基づく。筆者が本書の編集に参加したのは、第一巻出版直前の二〇一二年のことであった。当初より、癡兀大慧という鎌倉期の禅僧の著作の翻刻と解題の執筆を担当したが、その作業の中で、常々次のような疑問を抱いていた。癡兀大慧の一連の主張は、従来の禅のイメージにいかなる影響を与えるのだろう、どうすれば、日本の禅のイメージを変える教説を一般読者に届けられるだろう、すなわち「中世禅の知を解き放つ」方法は何かという疑問である。

そのような筆者の長年の思いが具現化したのが、この『中世禅の知』といえる。本書は『中世禅籍叢刊』で明らかとなった日本の禅、特に中世期の禅に関する新知見を一般読者層に普及することを目指して制作された。筆者は編集に加え、第一部と二部で計二本の論考を担当した。前者では、日本の禅研究の方法と視点の問題を議論し、後者では、前述の『中世禅籍叢刊』の作業を通じて得た知見を紹介している。二つを合わせて読むことで、議論を立体的に把握できる内容になっている。

『中世禅の知』の刊行が、前述の「中世禅の知を解き放つ」活動にとって、画期的な一歩なのは間違いない。ただ、その力を十全に引き出すプロセスが、引き続き重要とも考える。その中には、議論の場を作ることも含まれる。編著者、そして中世禅研究者の一人として、今後、そういった取り組みにも積極的に関わるつもりである。

一編者として、一受益者として ―― 榎本 渉

長年にわたる名古屋真福寺の資料調査の成果として、『中世禅籍叢刊』は刊行された。そしてこれにより明らかになった中世禅の姿を多くの方々に知ってもらうことを目的として、本書『中世禅の知』は企画された。常識的な宗派史としての「禅宗史」を越えて、禅を日本仏教という広い視野から問い直す、意欲的な内容になったと思う。

もっともこの魅力的な執筆者陣の選定に、私が寄与したところはほとんどない。私が編者に加わる以前から、監修の末木文美士先生や編者の亀山隆彦・米田真理子両先生によって、本書の構想や執筆候補者はおおむね議論されていたからである。そもそも私は他の先生方のように、資料調査や『叢

刊』の編纂に関わってきたわけでもない。調査成果にはかねてより関心を寄せており、岐阜・三重のフィールドワーク（本書の三好俊徳論考参照）に参加させていただいたり、関連のシンポジウムを拝聴しに行ったりしたこともあった。だが私は成果を供給する側にいたわけではなく、あくまでも『叢刊』の恩恵を受ける受益者の側にいた。その私が本書の編者として名を連ねる奇縁を得たのは、いささか恐縮するところもある（執筆者の多くも不思議に思っていらっしゃるだろう）。

私が編集に関わったきっかけは、末木先生からのご連絡だった。その時は私が編者に適任とも思えず、いささか躊躇したというのが正直なところだったが、数回の打ち合わせに際して催された研究会や懇談会では、興味深い議論やお話を伺うことができた。今思えば、私はここでも受益者として、楽しい時間を過ごさせていただいたのである。編者として原稿に目を通す作業においても、刺激を受けるところは多かった。もしも本書読者の方々が私と知的刺激を共有していただけたのならば、嬉しい限りである。

扉の向こうへ――米田真理子

本書は、中世禅籍叢刊全十二巻（二〇一三〜一八年、以下「叢刊」）と別巻『中世禅への新視角―『中世禅籍叢刊』が開く世界』（二〇一九年）によって切り拓かれた中世禅の新たな探究の世界を、より広く一般にも知ってもらうべく企画されたものである。叢刊の完結を記念した研究集会（二〇一八年七月七日、於名古屋大学）を取材された中外日報（記事は七月一八日付）に、同年一〇月三日から翌年一月二五日にかけて「中世禅の再考」と題して連載された十二名の論考（文末に一覧を付す）を軸に、全体の構想を末木先生が示され、榎本・亀山・米田の三名で意見を出し合って組み立てを考えた。主要関連人物一覧は叢刊の立ち上げ当初からの担当者である臨川書店の西之原さんが主だって作成した。序章と第Ⅰ部は、全体・歴史・文学・思想の視角からの新稿であるが、中外の論考をもとに再構成したものである。第Ⅱ部は、中外の連載から亀山、古瀬、原田、ラポー、舘、和田、米田、ダヴァン、阿部、末木の十本を、いずれも改訂して収載し、さらに叢刊とその主旨に深くかかわる伊吹、土屋、柳、石井、舘、山村、堀本、高柳、三好、髙橋による各論を加えた（敬称略）。

叢刊の第一巻『栄西集』が刊行されてから、八年が経ったことになる。叢刊完結までの経緯は別巻の末木先生の序章に詳しく、最初の打ち合わせは二〇〇九年だった由、私が末木先生に初めてお目にかかったのは、それより三年ほど前の真福寺での調査だった。私は茶祖伝承を調べていた頃で、真福寺の展観で栄西著「諸秘口決」（『結縁一遍集』）に栄西と明恵の名前を見つけ、展示ケースを前に見入っていたところ、阿部さんが調査に誘ってくれたのだった。しかし、原本で全体を拝見しても内容は理解できず、ぼんやり座っていると、翻刻を見せて欲しいと声をかけられた。それが末木先生で、真福寺善本叢刊第二期『中世先徳著作集』（二〇〇六年）の解題のための調査だったことは、あとになって知ったことである。

その後、新発見の栄西の著作の研究メンバーに加えてもらった。『改偏教主決』はもとは冊子で、綴じていた糸が外れ、真福寺の経蔵にばらばらに保管されていたのを、阿部さんを中心とする名古屋大学の悉皆調査で、一枚、また一枚と発見されていったものであった。翻刻は四名で分担し、カラー写真からのコピーによって行ったのだが、深く刻まれた皺と破損・虫損の跡が模様になって邪魔をして、読解は難航した。担当分を翻刻しても、断片的であるため内容は掴みづらく、そもそも全部で何紙あるのか見当が付かなかった。数年かかって七十八紙まで見つかり、それらの翻刻を終え、補修も済んだところで、原本の並べ直しをすることになった。その日の調査の終了が近づいた夕刻、一紙ずつ前後のつながりを確認していき、すべてが並べられたとき、静かな拍手が起こった。

叢刊第一巻『栄西集』には、叡山文庫蔵『胎口決』や西本願寺蔵『釈迦八相』なども収録されているが、いずれも禅の書とは言いがたい。古典文学を専門とする私にも馴染みのある第四巻『聖一派』、第五巻『無住集』も同様であった。斬新で画期的な企画だと思った。それらは名古屋大学による長期にわたる調査に立脚する成果であり、文学、歴史学、仏教学、思想史、美術史などの諸分野の研究者が集い、ときには海外からの研究者も参加して、右に示したような基礎的な調査・研究が行われた。内輪の研究会や学会で報告を重ね、内容の把握に努めるとともに、国内外への公表も怠らなかった。こうした整った研究環境が提供され、隣接領域の研究者たちと闊達に意見を言い合い、自由に研究させてもらえたことは、僥倖としかいいようのない経験で、扉が次から次へと開かれていく実感があった。二〇一〇年に福岡市博物館で「栄西と中世博多展」が開催されたことも幸運な偶然だった。中世禅を見直す機運が高まりつつあったのであろう。そして叢刊を通して得た知見を、担当者がおのおの論文にしたのが別巻であり、当時の到達点を示している。それをさらに発展させたのが本書である。新しい地平を目指す意気込みに変わりはないが、なかなか周知されないもどかしさもある。阿部さんによると二十年あれば状況は変わるとのこと。どの時点からカウントすればよいのか。とにかく今はまだ通過点であることに違いない。今後の展開が楽しみである。

最後に、記事の再録を許可してくださった中外日報に感謝の意を表する。

中外日報連載「中世禅の再考」論考一覧

2018年

10.3　亀山隆彦／『中世禅籍叢刊』にみる聖一派の禅密思想―癡兀大慧の理解を中心に―

10.5　榎本　渉／日宋交流と禅僧

10.17　古瀬珠水／「達磨宗」についての新見解

10.19　原田正俊／鎌倉時代後期の南都北嶺と禅宗

11.9　ラポー　ガエタン／文観と禅密

11.14　舘　隆志／鎌倉時代における兼修禅と宋朝禅の導入

11.23　和田有希子／新発見『禅家説』と「達磨宗」

12.7　菊地大樹／円爾系の印信から見る禅と密

12.12　米田真理子／「茶祖、禅始祖」としての栄西

12.19　ダヴァン・ディディエ／「兼修禅」から「純粋禅」を再考する

2019年

1.23　阿部泰郎／中世禅への新たな視野―大須文庫悉皆調査とその展開―

1.25　末木文美士／新出禅資料から見た新しい中世仏教観

なお、第Ⅱ部の舘隆志「達磨宗新出史料『心根決疑章』の発見」も、同じく中外日報二〇二〇年九月二〇日に掲載された同題の論考に加筆したものである。

また、第Ⅱ部の髙橋秀栄「金沢文庫管理『禅門詩文集』の本態」は、叢刊別巻の同題の論文より、改訂再録した。

執筆者紹介（所属・専門・主著、50音順）

阿部泰郎（あべ　やすろう）

龍谷大学教授、名古屋大学高等研究院客員教授。日本中世文学、宗教思想、宗教テクスト学。

『中世日本の宗教テクスト体系』名古屋大学出版会、2013年。『中世日本の世界像』名古屋大学出版会、2018年。『中世日本の王権神話』名古屋大学出版会、2020年。

石井修道（いしい　しゅうどう）

駒澤大学名誉教授、松ヶ岡文庫文庫長。禅宗史、道元学。

『宋代禅宗史の研究―中国曹洞宗と道元禅―』大東出版社、1987年。『〈原文対照現代語訳〉道元禅師全集［第８巻・第９巻］正法眼蔵』春秋社、2011年。『石頭―自己完結を拒否しつづけた禅者』臨川書店、2013年。

伊吹　敦（いぶき　あつし）

東洋大学文学部教授。中国禅宗史。

『禅の歴史』法藏館、2001年。『中国禅思想史』禅文化研究所、2021年。「『師資血脈伝』の成立と変化、並びに他の神会の著作との関係について」『東洋思想文化』７号、2020年。

榎本　渉（えのもと　わたる）

国際日本文化研究センター准教授。中世国際交流史。

『東アジア海域と日中交流―９～14世紀―』吉川弘文館、2007年。『南宋・元代日中渡航僧伝記集成　附江戸時代における僧伝集積過程の研究』勉誠出版、2013年。『僧侶と海商たちの東シナ海（増訂版）』講談社学術文庫、2020年。

亀山隆彦（かめやま　たかひこ）
龍谷大学世界仏教文化研究センター研究員、京都大学こころの未来研究センター研究員、上七軒文庫代表。仏教学、密教学。
「『駄都秘決鈔』の五蔵曼荼羅理解」『仏教学研究』71号、2015年。「中世期の真言密教学における五蔵曼荼羅の位置―『駄都秘決鈔』の理解を中心に」『密教文化』239号、2017年。「六大と赤白二渧―真言密教思想における胎生学的教説の意義」『真宗文化：真宗文化研究所年報』26号、2017年。

菊地大樹（きくち　ひろき）
東京大学史料編纂所教授。日本中世史、日本宗教史。
『中世仏教の原形と展開』吉川弘文館、2007年。「日本中世における宗教的救済言説の生成と流布」『歴史学研究』932号、2015年。「日蓮『念仏者追放宣状事』と鎌倉時代の専修念仏」『興風』30号、2018年。

末木文美士（すえき　ふみひこ）
国際日本文化研究センター名誉教授。仏教学、日本思想史。
『日本思想史の射程』敬文舎、2017年。『仏教からよむ古典文学』角川選書、2018年。『冥顕の哲学　1・2』ぷねうま舎、2018–19年。

ダヴァン　ディディエ（DAVIN Didier）
国文学研究資料館准教授。中近世の臨済宗の思想史。
「室町時代の禅僧と『臨済録』」『『臨済録』研究の現在』禅文化研究所編・発行、2017年。「海を渡った禅―欧米「ZEN」の誕生」『別冊サンガジャパン5号　増補版禅』、2019年。Between the Mountain and the City - Ikkyū Sōjun and the Blurred Border of *Awakening, Studies in Japanese Literature and Culture*, 2, 2019.

高橋秀栄（たかはし　しゅうえい）

元金沢文庫文庫長。日本仏教史（鎌倉仏教）。

『大乗仏典〈中国・日本篇〉第20巻　栄西・明恵』中央公論社、1988年。「泉涌寺出身の律僧たち―金沢文庫の聖教を手がかりに」『戒律文化』5号、2007年。「称名寺の二代長老釼阿と『関東往還記前記』」『金沢文庫研究』333号、2014年。

高柳さつき（たかやなぎ　さつき）

公益財団法人中村元東方研究所専任研究員。日本中世仏教思想。

「日本中世禅の見直し」『思想』960号、2004年。「伝栄西著『真禅融心義』の真偽問題とその思想」『禅文化研究所紀要』27号、2004年。「『禅宗綱目』の思想的考察」『禅学研究』96号、2018年。

舘　隆志（たち　りゅうし）

駒澤大学仏教学部専任講師。曹洞宗学、日本禅宗史、禅と文化。

『園城寺公胤の研究』春秋社、2010年。『蘭渓道隆禅師全集　第一巻』（共編）思文閣出版、2014年。『別冊太陽　禅宗入門』（共著）平凡社、2016年。

土屋太祐（つちや　たいすけ）

新潟大学人文社会科学系准教授。中国禅宗史。

「公案禅の成立に関する試論―北宋臨済宗の思想史」『駒沢大学禅研究所年報』18号、2007年。『北宋禅宗思想及其渊源』巴蜀書社、成都、2008年。『新国訳大蔵経・中国撰述部①-6〈禅宗部〉法眼録・無門関』（訳注、法眼録担当）大蔵出版、2019年。

原田正俊（はらだ　まさとし）

関西大学文学部教授。日本中世史。

『日本中世の禅宗と社会』吉川弘文館、1998年。『天龍寺文書の研究』（編著）思文閣出版、2011年。『アジアの死と鎮魂・追善』（編著）勉誠出版、2020年。

古瀬珠水（ふるせ　たまみ）

鶴見大学仏教文化研究所・花園大学国際禅文化研究所客員研究員。仏教学、日本禅宗。

「再考―大日房能忍と「達磨宗」―」『鶴見大学仏教文化研究所紀要』18号、2013年。「円爾の修行・坐禅論―『法華問答正義抄』における『修行用心』と『坐禅義』―」『花園大学国際禅学研究所論叢』16号、2021年。

堀本一繁（ほりもと　かずしげ）

福岡市博物館主任学芸主事。日本中世史。

「茶の湯からみた博多」『茶道学大系』第2巻、淡交社、1999年。『黒田家文書』第1巻（編著）福岡市博物館、1999年。『宗像大社文書』第3巻（共著）宗像大社復興期成会、2009年。『戦国期九州政治史の研究』吉川弘文館、2021年予定。

三好俊徳（みよし　としのり）

佛教大学仏教学部准教授。日本中世文学、日本宗教思想史。

「歴博本『転法輪鈔』密教帖の世界」『国立歴史民俗博物館研究報告』188号、2017年。「『扶桑略記』のなかの聖徳太子―慧思転生説を中心として」『南岳衡山と聖徳太子信仰』阿部泰郎・吉原浩人編、勉誠出版、2018年。「『扶桑略記』の宗派性―宗論・相論に関する言説を中心として」『説話文学研究』54号、2019年。

柳　幹康（やなぎ　みきやす）

東京大学東洋文化研究所准教授。中国仏教。

『永明延寿と『宗鏡録』の研究――心による中国仏教の再編』法藏館、2015年。『一心万法―延寿学研究』（共著）宗教文化出版社、北京、2018年。『新国訳大蔵経・中国撰述部①-6〈禅宗部〉法眼録・無門関』（訳注、無門関担当）大蔵出版、2019年。

山村信榮（やまむら　のぶひで）

太宰府市教育委員会文化財課調査係長。考古学。

「中世大宰府の展開」『中世都市研究』4 新人物往来社、1997 年。「大宰府の中世都市と寺院」『中世の都市と寺院』高志書院、2005 年。「大宰府における国境祭祀と宝満山・有智山寺」『仏教芸術』282 号、2005 年。「鎌倉時代の武士の館と原山」『一遍聖絵を歩く　中世の景観を読む』高志書院、2017 年。

米田真理子（よねだ　まりこ）

鳥取大学地域学部教授。日本中世文学。

「『徒然草』と仁和寺僧弘融―『読遮要秘鈔』・『康秘』奥書から見えること」『中世文学』47号、2002年。「茶祖栄西像の再検討―『喫茶養生記』をめぐって」『芸能史研究』177号、2007年。「無住における密教と禅―栄西「禅宗始祖」説を考える」『説話文学研究』52号、2017年。

ラポー　ガエタン（RAPPO Gaétan）

同志社大学文化情報学部准教授。日本中世宗教史。

「近代の立川流研究の端緒―井上吉次郎著『文観上人』の誕生の背景を水原堯榮との交流から読み解く」『早稲田大学総合人文科学研究センター研究誌』4 号、2016年。「いわゆる「赤童子」図（日光山輪王寺・大英博物館・大阪市立美術館）の検討―文観による「三尊合行法」の本尊図像化の一例として」『仏教芸術』350号、2017年。「南北朝動乱期の王権と調伏法―文観著『逆徒退治護摩次第』の秘密修法」『中世日本の王権と禅・宋学』小島毅編、汲古書院、2018年。

和田有希子（わだ　うきこ）

早稲田大学日本宗教文化研究所招聘研究員、群馬県立女子大・武蔵大学・中央大学非常勤講師。日本中世思想史。

「鎌倉初期の臨済禅―栄西における持戒持斎の意味」『仏教史学研究』49 巻 1 号、2006年。「思想史からみた『聖財集』」『無住―研究と資料』小島孝之監修、あるむ、2011年。「禅林の思想と文化」『日本思想史講座 2 中世』末木文美士他編、ぺりかん社、2012年。

中世禅の知

二〇二一年七月三十一日　初版発行

監修者　末木文美士
編　者　榎本　渉
　　　　亀山隆彦
　　　　米田真理子
発行者　片岡　敦
印刷
製本　亜細亜印刷株式会社

発行所　株式会社　臨川書店
606-8204　京都市左京区田中下柳町八番地
電話（〇七五）七二一-七一一一
郵便振替　〇一〇七〇-二-八〇〇

落丁本・乱丁本はお取替えいたします
定価はカバーに表示してあります

ISBN 978-4-653-04184-9　C0015